# 运动训练学理论与方法研究

刘美含 ◎ 著

吉林出版集团股份有限公司

版权所有　侵权必究

图书在版编目（CIP）数据

运动训练学理论与方法研究 / 刘美含著． — 长春：吉林出版集团股份有限公司，2024.2

ISBN 978-7-5731-4661-8

Ⅰ．①运… Ⅱ．①刘… Ⅲ．①运动训练－研究 Ⅳ．①G808.1

中国国家版本馆CIP数据核字（2024）第049952号

## 运动训练学理论与方法研究
YUNDONG XUNLIAN XUE LILUN YU FANGFA YANJIU

| 著　　者 | 刘美含 |
|---|---|
| 出版策划 | 崔文辉 |
| 责任编辑 | 侯　帅 |
| 封面设计 | 文　一 |
| 出　　版 | 吉林出版集团股份有限公司 |
| | （长春市福祉大路5788号，邮政编码：130118） |
| 发　　行 | 吉林出版集团译文图书经营有限公司 |
| | （http://shop34896900.taobao.com） |
| 电　　话 | 总编办：0431-81629909　营销部：0431-81629880/81629900 |
| 印　　刷 | 廊坊市广阳区九洲印刷厂 |
| 开　　本 | 787mm×1092mm　1/16 |
| 字　　数 | 216千字 |
| 印　　张 | 13.25 |
| 版　　次 | 2024年2月第1版 |
| 印　　次 | 2024年2月第1次印刷 |
| 书　　号 | ISBN 978-7-5731-4661-8 |
| 定　　价 | 78.00元 |

如发现印装质量问题，影响阅读，请与印刷厂联系调换。电话 0316-2803040

# 前　言

随着社会的发展进步，国家对人才的建设越加重视。学生作为未来国家的建设者，必须是拥有强健体魄和广博知识的全面型人才，这就要求他们在掌握社会科学知识的同时，还必须培养自身体育运动的能力。这是我国建设体育强国的要求，更是社会发展的需要。

体育运动训练是运动员在教练员的指导和有关人员的共同配合下，按人的发展和比赛的要求，提高运动成绩，促进运动员个性全面发展的教育过程。发展竞技能力与提高运动成绩，是体育运动训练活动的直接目的。运动员在训练中完成竞技能力的变化，并在比赛中力求使它变成相应的运动成绩，得到社会的承认。训练要从比赛的实战出发，紧紧围绕着目标的实现去组织训练活动，才能取得更好的训练效果。现阶段，我国的体育运动发展水平较高，在一些国际大赛上取得了不错的成绩。要想实现体育运动水平的持续提高，应注重各项目运动训练水平的提高，探索运动科学训练理论与方法的应用。

本书从运动训练学概述入手，介绍了运动训练的原理与方法，接着详细地分析了基础竞技能力训练、一般体能运动训练与实践、专项体能训练方法以及运动训练的处方与监督，并重点探讨了球类运动训练的科学方法以及传统与时尚体育运动训练的科学方法等相关内容。本书注重理论与实践的紧密结合，对我国体育教育发展具有一定的参考价值。

本书在撰写过程中得到了广大同事的帮助，也参考了许多同行及相关领域专家的文献资料，在此表示衷心的感谢！由于笔者水平有限，时间较为仓促，书中难免有遗漏或不足之处，敬请广大读者和专家提出宝贵意见。

# 目 录

## 第一章　运动训练学概述 ······1
### 第一节　运动训练与竞技体育 ······1
### 第二节　运动训练学的研究任务 ······4

## 第二章　运动训练的原理与方法 ······9
### 第一节　运动训练的理念及发展创新 ······9
### 第二节　运动训练的基本原理及原则 ······12
### 第三节　运动训练的方法及创新性探索 ······22
### 第四节　运动训练负荷的科学安排 ······27

## 第三章　基础竞技能力训练 ······32
### 第一节　体能训练 ······32
### 第二节　技术能力理论与训练方法 ······51
### 第三节　战术能力理论与训练方法 ······56
### 第四节　心理能力训练 ······63
### 第五节　智能训练 ······70

## 第四章　一般体能运动训练与实践 ······74
### 第一节　力量素质训练 ······74
### 第二节　速度素质训练 ······83
### 第三节　耐力素质训练 ······90
### 第四节　柔韧素质训练 ······95

## 第五章　专项体能理论及训练方法 ······101
### 第一节　专项特征基础认知 ······101
### 第二节　体能与专项能力 ······104

第三节　专项身体素质训练方法 ································································ 112

# 第六章　运动训练的处方与监督 ························································· 128
　　第一节　营养处方 ········································································ 128
　　第二节　运动处方 ········································································ 136
　　第三节　自我监督 ········································································ 138

# 第七章　球类运动训练的科学方法 ···················································· 142
　　第一节　篮球运动训练 ·································································· 142
　　第二节　足球运动训练 ·································································· 153
　　第三节　排球运动训练 ·································································· 161
　　第四节　乒乓球运动训练 ······························································· 167
　　第五节　羽毛球运动训练 ······························································· 175
　　第六节　网球运动训练 ·································································· 182

# 第八章　传统与时尚体育运动训练的科学方法 ···································· 186
　　第一节　武术运动训练 ·································································· 186
　　第二节　搏击运动训练 ·································································· 193
　　第三节　街舞运动训练 ·································································· 198
　　第四节　形体训练 ········································································ 201

**参考文献** ························································································ 206

# 第一章 运动训练学概述

运动训练学作为一门系统的综合性的应用学科，发展至今已有半个多世纪。在其发展过程中，受竞技体育世界化、商业化、职业化潮流的影响，广大学者对于学科本身的研究越来越深入，对于运动训练实践的指导作用发挥得越来越明显，这极大地推动了竞技运动水平的不断提高，运动训练学作为一门独立的学科，世界各国的运动训练学专家对构建较为完整的运动训练体系都做出过巨大的贡献。几十年来，在田麦久领衔的一大批学者的努力下，通过探索和创新，已初步形成自己的特色，并且影响和带动了一大批年轻学者投身其中。

## 第一节 运动训练与竞技体育

### 一、运动训练释义

自从有了运动训练活动，出现了零散的运动训练理论，对运动训练本质的认识就一刻没有停止过。随着人们对运动训练实践活动认识水平的深入，运动训练的内涵得到了充分的挖掘。国内外众多体育专家和学者都尝试着从不同角度出发对运动训练这一实践活动进行界定，给出了具有不同侧重点的定义，对运动训练实践起到了很大的促进作用。通过总结前人的研究成果，我们认为运动训练是竞技体育活动的重要组成部分，是在运动训练团队成员的积极参与下，为提高运动员的竞技能力和运动成绩，专门组织的有计划的体育活动。

运动训练活动都是围绕着提高运动员的竞技能力和运动成绩进行的。运动训练的直接目的是提高运动员的竞技能力，继而通过参加运动竞赛，将其已获得的竞技能力转化为运动成绩。

教练员和运动员是运动训练活动的主体，教练员是运动训练计划的制订者及运动训练活动的组织者与指导者。运动员既要在教练员的指导下从事训练实践，也要积极配合教练员，与教练员一起设计、组织自己的训练活动，并参与对这一训练过程的有效控制。同时，训练管理工作者、科学家、医生等也都是运动训练活动的积极参与者。

运动员的竞技能力和运动成绩的提高有着客观的规律，只有遵循训练规律，科学地制订并认真地执行运动训练计划，才能取得运动训练活动的成功。

## 二、竞技体育释义

竞技体育是体育的重要组成部分，是以体育竞赛为基本特征，在体育竞赛中把创造优异运动成绩、夺取比赛胜利作为主要目标的体育活动。

### （一）竞技体育的起源

体育运动是在人类发展的过程中逐步形成与发展起来的，竞技体育也是一样。原始人类为了能够在赖以生存的狩猎活动中，更快地、更长时间地追逐，为了能够在猎取野兽的搏斗中，更容易获胜，开始采取跑、跳、投等多种形式的身体活动，有意识地对自己的运动能力进行培养，逐渐形成了初级的身体练习活动。随着社会的发展，各种身体活动形式被人类不断地加以分类、提炼和总结，并相互比较，渐渐演化出了区分胜负的竞技活动。此外，在原始社会末期，由于部落间频繁发生武装冲突，为了增强部落成员的作战能力，也逐渐在备战以及宗教活动中，加入竞技运动的内容。史料表明，人类在旧石器时代晚期就已经有了初步的分胜负的比赛意识和一定的体育竞赛形式。随着人类社会文明的发展，人们的价值取向逐渐由单纯的生存需要转为包括休闲、愉悦、观赏在内的多元需要，人们出于强身健体的目的而参加竞技活动的现象越来越普遍，竞技运动的审美观念也逐渐形成。随着价值观的演化，竞技运动与宗教、军事和生产活动的联系逐渐减弱，成为一种更具相对独立性的社会活动。

综上可见，竞技体育形成和发展的基本动因是多元的。一是生物学因素，即人们为了更好地提高自身活动能力而创立和发展了竞技体育活动；二是心理学因素，人的"取胜和对抗的本能"及"追求胜过对手"的动机推进了竞技运动的形成；三是社会学因素，人们已全面地认识到竞技体育在推进经济和社会发展进程中的重要价值，参与和观赏竞技体育已经成为人类社会生活不可缺少的组成部分，从而有力地推动了竞技体育的发展。

### （二）现代竞技体育的发展

通常人们把1896年第一届奥林匹克运动会的召开，视作现代竞技体育的发端。120多年来，现代竞技体育作为体育这一具有重大影响的社会活动的基本组成部分，获得了蓬勃的发展。

#### 1.竞技体育在世界范围内广泛开展

19世纪后半期，现代竞技体育首先在欧美工业发达国家开展起来。而随着经济、文化、科学技术的全球性发展，亚非拉众多国家加快了现代化的进程，竞技体育也得到了广泛的开展。世界各地的无数青少年积极参与运动训练和竞技比赛；对各个地域、各种肤色、各个阶层的人们来说，观赏竞技体育已成为人们生活中不可缺少的重要组成部分。不发达国家的竞技运动水平也得到了迅速的提高。亚洲的乒乓球、羽毛球、体操、柔道，非洲的中长跑，拉丁美洲的足球、排球与短跑等项目的竞技水平都位居世界前列，成为欧洲与北美国家在世界赛场上的有力对手。

### 2. 建立了相对完整的管理体制

竞技体育百年发展的同时，也建立了相对完整的管理体制。现代世界竞技体育活动是以国际奥委会及各单项联合会为核心组织进行的。另外，还有不同人群的国际体育组织（如国际大学生体育联合会、国际军人体育联合会、国际残疾人体育联合会等）分别组织自己领域内的竞技体育活动。在各大洲、各个国家及地区，也都相应地建立了奥委会和单项联合会（或协会），肩负着同样的使命。这些体育组织确定规则，组织比赛，筹集资金，进行培训，构成了全球性的管理网络。

### 3. 运动竞赛活动日益活跃

运动竞赛是竞技体育领域最有代表性、最有活力的组成部分。运动选手们在竞赛中显示本领，较量实力，决战胜负；观众在竞赛中欣赏技艺，观战搏击，并会亲聚友，进行社会交流；竞赛的组织举办者则开展广泛的文化及商业活动，树立并宣传举办国或城市的发展形象，亦谋求可观的经济效益。百年来，各种类型、各种规模的运动竞赛在世界各地日益活跃地开展起来。奥运会、单项锦标赛、世界杯赛及系列大奖赛是最有代表性的世界性比赛，已经形成了完整的赛事体系。与其相对应的各洲、各国、各地区、各省市、各协会组织的比赛，以及不同职业、不同年龄等不同人群的比赛为现代社会生活增添了绚丽的色彩。产生于希腊的古代奥林匹克运动会自公元前776—393年，举办了293届运动会。1888年，法国人皮埃尔·德·顾拜旦（1863—1937）首先倡议恢复奥运会。第一届现代夏季奥林匹克运动会于1896年在希腊雅典举行。至2008年，112年中举行了28届夏季奥运会及20届冬季奥运会。今日的奥运会已成为世界性的盛大节日，是规模最大的世界性民众聚会，是高水平竞技体育的世界赛事。2008年北京奥运会获得了巨大的成功，中国政府和人民遵循"绿色奥运、科技奥运、人文奥运"三大理念，以一届"有特色、高水平"的奥运会和残运会赢得了"无与伦比"的称誉，为世界竞技体育和国际奥林匹克运动的健康发展做出了卓越的贡献。

### 4. 竞技运动水平及运动训练科学化水平不断提高

现代竞技体育发展百年来，各国优秀选手们的竞技运动水平明显提高。如男子田径世界纪录提高了8%~55%；网球运动员发球的球速已高达230千米/小时；体操、跳水、蹦床以及自由式滑雪空中技巧运动员在空中同时沿着身体的纵轴和横轴做出了令人眼花缭乱的旋转；举重运动员把3倍于体重的杠铃举过了头顶；篮球选手飞身空中，由上而下地把篮球扣入篮筐；花样滑冰选手则在冰上跳起旋转1440°。

### 三、运动训练与竞技体育

无论从活动的时间、活动的容量,还是从人们投入的力度来看,在竞技体育的多种构建中,运动训练都是最主要的。理想的运动员选材是为运动员训练提供优质的素材,运动竞赛则是对训练成效的检验。运动员的竞技能力来自遗传效应、生活效应及训练效应多元的途径,其中,训练效应是运动员获得竞技能力最重要、最有效的途径。只有通过长期、系统、科学的训练,运动员的竞技能力才能达到较高水平,才能在复杂多变的比赛中取得优异的成绩。

### 四、运动训练与运动员选材的关系

运动员的竞技能力包括先天遗传性竞技能力和后天训练获得性竞技能力两个部分。科学的选材选出了具有优越的先天性遗传能力的可造之才,还必须在此基础上通过科学的训练才能有效地发挥运动员的竞技能力,并使得运动员先天遗传性的竞技能力得到充分的展现。选材为成功的训练准备了重要的前提条件,但如果没有科学的训练,再好的素材也不可能成为优秀的选手。

### 五、运动训练与运动竞赛的关系

成功地参加竞赛是运动员训练的最终目的。运动训练的内容和安排应力求符合各个运动项目的特点和竞赛规则的要求,最终求得在比赛中充分表现出已经具备的竞技能力。同时运动竞赛的特定条件和气氛,为创造高水平运动成绩提供了平时训练中难以具备的良好条件,而运动成绩也只有在专门组织的比赛中表现出来,才能得到社会的承认。运动员的比赛成绩正是对其训练效果的最好检验。

## 第二节 运动训练学的研究任务

运动训练学(sports training theory)是研究与运动训练有关的规律的一门学科,运动训练学是连接体育基础学科和运动训练实践的重要桥梁。运动训练学一方面将运动生理学、运动心理学和运动生物力学、人文社会科学等学科的理论整合并应用到训练实践之中,另一方面将运动训练的实践经验经过整合升华为理论。运动训练学包括"一般训练学""项群训练学""专项训练学"三个层次。

一般训练学是阐明运动训练基本理论和训练过程中带有共性及普遍性规律的理论体

系;项群训练学是研究项目本质相关度较高的项目群组共性规律的理论;专项训练学是研究一个项目本质特征、训练控制规律和参赛行为的理论。在这三个层次的运动训练理论研究中已经形成了一个较为完整的体系,其中一般训练学源于专项训练理论,其是以专项训练理论为基础,从各个专项训练理论中总结出带有广泛适用性的共性规律,并使其上升为对不同项目的运动训练活动具有普遍指导意义的理论。因此,运动训练学研究的主要目的是揭示运动训练活动的普遍规律,指导各专项运动训练实践,使各专项的训练活动建立在科学的训练理论基础之上,努力提高训练的科学化水平。

从现代运动训练学发展的趋势来看,运动训练学研究的主要任务概括为:

①研究现代竞赛制度下,各个项目本质特征变化的总体趋势。

②深入探索负荷刺激产生的生物适应性变化规律。

③广泛吸纳现代科技成果和多学科的前沿理论,提高训练、参赛过程的科技含量,探索训练方法手段的原始性创新。

④研究多种竞赛体系对运动训练过程和参赛过程的普遍影响。

⑤系统研究训练过程的质量控制规律,提高现代运动训练的绩效。

运动训练学的研究方法如下:

理论与实践相结合是运动训练学方法理论研究最基本的方法。运动训练学方法理论是一种具有非常鲜明实践性特征的方法理论。它的研究必须依托于实践。实践既是理论研究的基础,同时实践和理论紧密结合也是运动训练方法研究的极其重要的方法之一。理论研究的目的在于解决问题,运动训练学方法理论研究的问题则是来自运动训练的实践,而理论研究的结论和成果又必须回到运动训练的实践中去接受检验,由此才可以形成具有科学性和权威性的理论,并真正达到服务于运动训练实践的目的。所以,从实践到理论,再从理论到实践是运动训练方法理论研究的基本方法。

在运动训练学方法理论的研究中,同样也遵循着其他理论研究的共同规律,在自然科学和社会科学研究中所运用的研究方法也同样体现在运动训练学方法的理论研究过程中,如观察法、实验法、模拟法等。同时作为理论研究还必须要运用科学的抽象和概括的方法,因为对于在观察、实验或模拟的研究过程中所获得的经验材料,还要进行理性的加工,才能把客观事物和客观现象运动的本质抽象出来,通过科学的抽象才能对观察、实验和模拟的结果进行科学的说明,在此基础上也才能实现理论上的真正创新。其次,在运动训练方法理论的研究中,还要运用到一些基本的逻辑方法,如比较和分类、类比、归纳和演绎、分析和综合、证明和反驳等。这些逻辑方法的运用,可以将观察、实验和模拟方法中获得的经验材料上升为能够真正反映客观事物和现象的本质特征和内在规律的科学严谨的理论。同样要将现代先进的信息理论、信息技术以及计算机技术和网络技术,融入运动训练方法理论研究的方法体系之内,使研究工作的方法体系更具科学性和严谨性。

运动训练学的未来发展趋势如下。

## 一、运动训练理论体系在严峻的挑战中将得到进一步发展

从20世纪50年代起,随着系统、不间断训练的开展,运动训练理论得到完善,形成了完整的体系,并始终支配着其后几十年的训练实践。从20世纪70年代末起,当竞技体育进入商业化、职业化进程时,这一理论体系就逐渐受到了严峻的挑战,争论纷起。迄今为止,因各项赛制均产生重大改变,训练界、学术界的质疑、辩论、探讨虽然已进行了30多年,但依然热烈。争论的焦点突出表现在有关训练过程控制的理论原理方面。

不可否认,建立在较低成绩水平上的训练理论体系,面对当前高水平的成绩与新的赛制,肯定有其不适应的地方。但是,在探讨问题时必须分清:是该理论体系的核心原理不适用,还是操作步骤不适用?是因操作者理解有异而产生的失误,还是原理本身存在着荒谬?

近20多年来,我国对传统训练理论体系也进行了多次深入讨论,绝大多数学者与教练员认为传统理论体系的核心原理基本揭示了运动员训练的客观规律,这是无可非议的。我国优势项目的训练实践也证实,如乒乓球、跳水、体操等项目,核心原理并不因赛制的改革与比赛次数的增多而改变,在现实中并没有失去其运用的价值。

传统理论中有关操作的内容应在新的形势下得到改变,这已是势在必行。传统理论体系的奠基人、俄罗斯学者马特维耶夫教授并没有故步自封,他针对近些年的变化已提出了新的操作方案,并在21世纪初又出版了多部理论新著。不久的将来,随着商业化、职业化进程的深化,新的思维、新的研究成果必将出现,将进一步充实与丰富训练理论宝库。特别是运动训练过程的控制理论,将得到更新。

## 二、运动员体能训练的基本手段与方法将得到重新审视和发展

在奥林匹克运动百年的发展中,各项目的运动成绩均达到了前所未有的高水平。从近几十年的比赛看,除以动作技巧作为胜负判别标准的项目外,相当一部分项目的技术已近乎完善,以新异动作出奇制胜的可能性已极小。同时,近些年各单项联合会已对不以运动员自身因素发挥而由高科技无限制地渗透,或背离本项目宗旨的动作形式和做法来提高运动成绩的行为给予一定的重视或予以限制。如国际自行车联合会以规定车的结构和部件标准来限制车辆的研制。加之反兴奋剂的措施与力度的加大,就使运动员自身体能在创造优异成绩过程中的重要性达到了前所未有的程度。

历年来运动员的基本体力能力的训练手段与方法,如力量、速度、耐力、柔韧等素质的训练手段与方法,在较为成熟的生物学科原理支撑下,均已得到较为深刻的研究与实施,已趋于成熟。这方面的突破将有赖于这些学科的深入发展及新的发现。

高水平的专项运动成绩将要求运动员在专项活动中把它们更为和谐地融合在一起，更为协调地相互配合，独立地对它们的训练将不再与成绩提高的要求相吻合。在相对较长的时期内生物学原理不会有大的变化的前提下，人们必然将对它们相互间的影响与协同开展新的研究，进行新的思考与探索。未来的训练手段与方法将紧密结合这方面内容而产生，并得到完善。

## 三、训练理论的研究重点将围绕揭示各个运动专项的特点展开

现代运动训练的特点之一是训练负荷的量与强度均处于极限水平。在目前量与强度再也无法增加的情况下，训练的科学性将突出地表现为如何施加有效的训练负荷，减少无谓的、盲目的、无效的训练。提高训练的有效性，关键在于全面、准确地理解"专项"，把握专项特点，这样才能使训练有针对性地、合理和科学地进行。

可以认为，现有训练理论和有关的生物学科最大的不足，在于把各个运动项目的特点作为"专项"的特点对待，而没有把"专项"看作是一个相对的概念，是与运动员训练水平相符的比赛本身。现代运动训练的原则之一就是必须进行"专项训练"，达到优异运动成绩的唯一途径只能是"专项训练"。也正是由于缺乏对各个专项特点的研究，缺乏对专项特点的揭示，才使许多训练变成无效的劳动。

从目前训练理论的研究动向看，上述问题已被许多学者、教练员有意或无意地认识和思考，并正在进行一些有益的工作，但是尚未得到广泛、全面的展开，尚未有深入的成果。因此可以预见，在实践需要的驱使下，训练理论的研究将在这方面得到新发展。

## 四、运用现成的高科技成果使训练更为理性化的工作将有所为

信息化、系统化是当前各个产业发展的方向。近30年来，相当一部分学者和科研人员在力图运用高科技的成果使运动训练向这个方向发展，以使训练有控制地进行，并做了大量的、有益的，甚至是十分艰苦的尝试。然而，迄今为止，这方面的成果仅表现为对个别或局部问题的统计、归纳，或对结果的监测，仅处于对表面现象的解释的低层次阶段，离建立起依托于高科技，能有效指挥训练运作的完整体系尚远。其原因在于：生物学科研究工作的滞后，基础学科还没有完全揭示训练中生物学变化的根本规律；研究人员缺乏对"专项"特点的正确理解；运动员创造运动成绩是其训练水平诸因素动态的结合，而不是一种静态的表现，高水平成绩的产生并不存在"客观的模式"。组成训练水平的诸因素均是变量，而寻求影响各个变量之间动态结合的"点"，其面之广难以想象，以至于难度极大；运动员的成长是一个庞大的系统工程，

既有生物学的内容，也有社会学的内涵；既有可控的因素，也有不可预见的变化；既有可量化的指标，也存在着不可估测的因素。对那些非可控、无法量化的东西予以计量，尚需时日；没有形成群体合作研究。每个科研人员囿于自身学识的狭隘，不可能对影响运动员训练水平的所有因素都有透彻的认识，因此必须形成研究的合作群体才能有所作为。

鉴于当前运用高科技成果使训练更为理性化的工作非常缺乏，随着教练员与科研人员素质的提高，训练中各方面客观规律的进一步揭示，训练理论未来在这方面的研究将会得到一定的发展，相信一定会有所作为。

# 第二章 运动训练的原理与方法

## 第一节 运动训练的理念及发展创新

### 一、运动训练理念

（一）教育性训练理念

1. 教育性训练理念的内涵

在运动训练过程中，教练员要重视对运动员的文化教育和素质培养，并注意强调这方面的重要性，从而使训练和教育紧密地融合在一起，达到训练与教育相结合、相协调、相促进的效果，这对于促进运动训练效果的提高具有积极的作用。

2. 教育性训练理念的理论基础

教育性训练理念的理论基础是多方面的，为了对这一理念有一个更加深入、全面的了解，从以下两个方面来介绍其理论基础。

（1）运动员的健康成长与自身文化教育水平有密切的关系

运动训练是一种社会活动，这一社会活动能否顺利进行，主要取决于教练员、运动员、管理人员和科技人员等相关人员是否能够积极参与运动训练活动，并在活动过程中密切配合。由此可以看出，教练员与运动员这两个运动训练中的主体的知识水平是影响竞技运动发展的重要因素。现阶段，在运动训练过程中，运动员主体性难以得到充分的发挥，而且运动员文化素质的培养也没有得到应有的重视，所以导致了以往运动训练中出现了一系列的不科学现象，具体表现在以下几个方面：训练方法与手段单一，过分强调身体素质、技战术修养、心理素质等的训练，轻视了对运动员文化和人文素质的培养，使得大部分运动员在激烈竞争的训练和比赛中显得力不从心。这就在很大程度上制约了运动的发展，并且导致运动出现滞缓现象。

（2）运动员运动水平的提高与其自身的文化素质水平相关联

现代运动的较量，主要表现在体能、技能、心智能力等几个方面的较量上。在某些条件下，心智能力要比体能、技能更重要，尤其是随着运动员年龄的增长，心智因素的影响就显得更为明显。一般情况下，具有较高运动智能的运动员，之所以能够大幅度提高自身的竞技能力，除了由于能够较为深刻地把握运动的特点和规律，并且能够更准确地认识运动训练理论和方法外，还因为能够对教练员的训练意图有更正确的理解，在高质量地完成预定的训练计划中能够与教练员完美配合。与此同时，更准确地把握运动战术的精髓和实质，在比赛中灵活机动地运用战术，动员和控制自己的心理活动等也是高智能运动员竞技能力水平较高的重要因素。

### （二）人文操作性训练理念

#### 1. 人文操作性理念的内涵

运动训练中，人文操作性理念的内涵主要从以下四个方面体现出来：①强调对运动员的尊严与独立的重视；②对运动员思想与道德的关注；③对运动员权利的关注；④对运动员生存状况与前途命运的关注等。

#### 2. 人文操作性理念的理论基础

人文操作性训练理念的理论基础同样是多方面的，下面主要从三个方面来介绍人文操作性训练理念的理论基础。

（1）人的行为的实施在一定程度上受到其自身感知或信念体系的指导

人的行为受其自身感知或信念体系的影响。从人文主义、感知经验主义的角度上来说，人之所以能够有行为，主要是因为有人的感知或信念体系的指导。从人本主义的角度上来说，所谓的人文操纵的方法，就是教练员或领导者必须按照他们的信念体系和他们要领导的运动员或人员的信念体系来认识领导工作。

（2）运动水平的提高，基础性的要求是与自然规律和价值规律相符合

运动是自然规律和价值规律的双重存在。现代运动训练要求讲求科学性，并且符合该项目运动的客观规律。因此，为了取得理想的训练效果，在进行运动训练时，不仅要符合科学规律，还要在追求目标与实现目标的过程中符合人类正常的价值规律。除此之外，不仅要体现人文特征，还要将科学性与人文特征相结合、相统一，从而达到真与善的统一。

（3）人的主体性是人文的重点，人与技术的关系因此而更加明确

人文不仅凸显了技术的灵动，而且摆脱了"技术"对"人"的控制，这就明确了人的主体性以及人与技术的关系。运动训练的过程就是教育的过程，教育重视的是发展内在动力，行动力是由内在动力引导而来的。

### （三）技术实践性训练理念

**1. 技术实践性理念的内涵**

在运动训练过程中，运动员的训练不仅要符合运动训练的一般规律，还要符合竞技项目的本质特征及规律。运动员本身具有双重性，他们不仅是技术的主体，同时也是技术的客体。技术的物质手段作为客体，与作为主体的主观精神因素是统一的。

**2. 技术实践性理念的理论基础**

下面主要从两个方面来介绍技术实践性理念的理论基础，同时这两个方面也是运动员在运动训练中要注意的两个要点。

（1）技术实践性理念要与事物的客观规律相符

技术实践性的基本要求就是求真。具体来说，就是运动的技术实践性的训练要符合事物的客观规律，也就是说运动要与运动项目的本质特征及规律相符。所谓的求真，就是在运动训练过程中，要以运动的本质特点和规律为主要依据，科学指导运动训练过程，力争做到结合实际，并且与事物的客观规律相符合。

（2）技术实践性理念要遵循从实际出发的原则

在现代运动训练中，一切都要以符合实战为主，从实际出发和结合实战是对技战术进行训练最有效的方法。运动员只有通过不断的练习，才能够在比赛中有轻松、熟练和优秀的表现。要想取得理想的比赛成绩，一定要做到积极训练，并且训练要与比赛的情况尽可能一致，最大限度地包括比赛过程中出现的所有因素，这样才能取得良好的训练效果。

## 二、运动训练理念的发展创新

### （一）运动训练理念需要创新思维

回顾运动训练理念的发展，不难发现，运动训练理念一直是在科学理论与实践经验的不断冲突和碰撞过程中得到丰富和发展的。科学理论与实践经验的不断冲突和碰撞激发了竞技体育活动过程中的创新思维。在竞技体育活动中，研究者通常把研究对象的顺序、原理、属性、结构、大小等因素通过改变常规思考和处理方向，从而引发创新的理念。例如，力量训练方法中"正金字塔"与"倒金字塔"训练方法的应用、速度与耐力训练过程中组数与次数的逆变性组合都会对运动训练产生一定的影响；田径竞赛规则在田赛比赛中运动员轮次的变化也深刻地体现了逆变的色彩与效用。徐福生改变足球传统技术训练的教材顺序，从相对较难的运球技术入手，以过人突破技术为核心的侧变思维使得足球技术的掌握明显加快；球类项目中诸多类似"扬长避短"、"攻其不备"和"黑马奇兵"的战术变化，都是通过部分改变对象的顺序、原理、属性、结构、大小等因素或者是融合了其他思想而引发的创新思维，对竞技体育发展起到了推动作用。

## （二）运动训练理念的变化发展

运动训练活动是一种开放的物质活动，总是在不断地拓展和深化，并不是原有物质活动的简单重复，因而必然会产生新情况，涌现新问题。作为训练活动的指导思想也不是一成不变的，当原有的运动训练理念不能有效地阐释新情况和解决新问题时，就要求对运动训练理念进行创新，对运动训练的本质、规律和发展变化的趋势做出新的理论概括。在不同的时期和阶段，随着项目发展的形势和变化需要，运动队和运动员的具体情况和特点各不相同，训练理念也在不断变化。这种变化反映了人们在使自己的思想符合客观实际，以形成正确的指导思想，促进训练的发展。不过，理念的主观形式与客观实际的统一也不是绝对的，而是相对的，因为人们的认识只能相对地逼近客观实际，而不可能穷尽客观实际。因为事物的发展变化是相对的，不以人的主观意志为转移。随着运动训练实践的进一步发展，原来与客观实际相统一的理念又变得不那么一致了，并且差距越来越大，于是又需要创新。在当代科学技术快速发展并向竞技运动训练大规模介入和渗透的背景下，运动训练发生了深刻和巨大的变化，教练员的训练理念也在不断进行着补充与更新。实践证明，一个运动员成绩的快速提高，乃至一个运动项目水平的快速发展，往往都与教练员训练理念的补充和更新密切相关。科技的进步、经济的发展、社会的繁荣，为运动训练理念的发展提供了必要的条件，同时也会催生出更新的运动训练理念，而原有的运动训练理念不会像人们所预言的那样进入衰退期甚至是衰亡期，而是经过一段时间的调整后，立足自身的优势，借鉴其他学科的长处，对自身进行有效的改造而获得新的发展。

# 第二节 运动训练的基本原理及原则

## 一、运动训练的基本原理

### （一）运动训练的运动学基础

运动学基础主要指的是运动技能的基础。所谓的运动技能是指人体在运动中掌握和有效地完成专门动作的能力，也就是在准确的时间和空间里大脑精确支配肌肉收缩的能力。提高运动技能依靠人们对人体机能客观规律的深刻认识和自觉运用。

**1. 人体运动系统的构成**

（1）肌肉

肌肉组织主要由肌细胞组成，肌细胞为细长的细胞，故亦称肌纤维，其是肌肉的基本结构和功能单位。每条肌纤维外面皆由一层薄的结缔组织膜包裹，称为肌内膜。数条肌纤维构成肌束，一个个的肌束表面也由肌束膜包裹。肌束再合成从外表看到的一块块肌肉，外面包以结缔组织膜，称为肌外膜。肌肉中，水分约占3/4，另外1/4为固体物质（如能量物质、蛋白质、酶等）。

人在参加运动的过程中，其动力是由骨骼肌不断地运动来提供的，骨骼肌在神经系统支配下，收缩牵动骨骼，维持人体处于某种姿势，或产生人体局部运动，最终促进机体完成运动所需的各种动作。人体内脏器官的活动也离不开相应的平滑肌和心肌的作用。

骨骼肌是指附着于骨骼上的肌肉，是肌肉的一种。骨骼肌在人体内分布广、数量多，是运动系统的主体部分。人体内约有400块大小不一的骨骼肌，约占体重的36%~40%。成年男性约占40%，成年女性约占35%。可分为中间庞大的肌腹和两端没有收缩功能的肌腱，肌腱直接附着在骨骼上。骨骼肌收缩时通过肌腱牵动骨骼而产生运动。肌腱由排列紧密的胶原纤维束构成，肌腱内胶原纤维互相交织成辫子状的腱纤维束。肌腱的一端与肌内膜、肌束膜和肌外膜相连接，另一端与骨膜紧密结合。肌腱本身虽无收缩能力，但能承受很大的拉伸载荷，而肌腹的抗张力强度远远不及肌腱。

（2）骨骼

骨骼是由骨膜、骨质、骨髓及血管、神经所构成的，它以骨质为基础，表面被骨膜包裹，内部充满骨髓。骨是人体运动系统的重要组成部分，对运动员的运动训练起着至关重要的作用。但是骨不仅具有运动功能，还有支撑身体、保护脏器、造血、运动的杠杆、储备微量元素等功能。

（3）关节

关节是骨与骨之间借助于结缔组织、软骨或骨的一种连接。借助它连接起全身的骨骼，从而对整个人体起到支撑和保护的作用，特别是人体的运动更加依赖关节的活动是否顺畅。

关节主要是由关节面、关节囊和关节腔所组成的，辅助以韧带、关节内软骨和关节唇等结构。根据关节运动轴的多少和关节面的形状等因素，可以将关节分为单轴关节、双轴关节和多轴关节三种形式。此外，也可以根据两骨间连接组织的不同，将关节分为纤维性关节、软骨关节和滑膜关节。

**2. 运动过程中人体机能的变化**

（1）比赛前后身体机能变化的基本过程

在运动训练的过程中，多重刺激源作用于运动员机体，引起各器官系统的机能发生一系列变化。依据机能表现形式，大致可分为赛前状态、进入工作状态、稳定状态、运动性疲劳和恢复过程五个阶段。

①赛前状态

运动员在训练前，某些器官、系统产生的一系列条件反射性变化称为赛前状态，赛前状态可出现在比赛前数天、数小时或数分钟。

②进入工作状态

在训练活动开始后，虽然经过了一定的准备活动适应，但是人体并不能立刻达到最高的水平，而是一个逐步提高和适应的过程，这一过程被称为进入工作状态，其实质就是人体机能的动员。

③稳定状态

当机体逐渐适应比赛时，则进入稳定状态。这时，人体的机能活动在一段时间内保持在一个较高的变动范围。

④运动性疲劳

机体在运动过程中会产生一定的运动能力暂时下降的现象，一般称之为运动性疲劳。该现象是由运动训练负荷引起的一种正常生理现象。适度的疲劳可以刺激机能水平不断提高，但发展到一定程度时就会出现过度疲劳，可能会造成机体损伤以致损害健康。

⑤恢复过程

恢复是指人体在运动之后，人体的各项生理功能恢复、能源物质补充、代谢物排出等一系列变化。运动时体内代谢过程加强，不间断地代谢以满足运动时能源的补充需要，在运动中及运动停止后能源物质都在不断进行补充和恢复，只不过运动中的能量消耗大于补充，运动后的体内能量消耗慢而小于补充。

（2）一次训练中身体机能变化的基本过程

人在运动过程中，运动训练负荷作为一种刺激，必然会引起各器官系统机能发生一系列应激性反应。在运动训练前后，这些反应可表现为耐受、疲劳、恢复和消退等不同阶段。

①耐受阶段

在运动训练开始阶段，人体的各项机能会在一定的水平上维持一段时间，并不会马上表现出衰减或降低，这一阶段称为"耐受阶段"。在这段时间内，由于机体已经从上次训练课中得到不同程度的恢复，会表现出比较稳定的工作能力，能高质量地完成各项训练任务。训练的主要任务正是在这个阶段完成的。

②疲劳阶段

在经过一定时间的运动训练负荷的刺激，人体会产生一定的疲劳状况，机能能力和效率都会逐渐下降。达到何种程度的疲劳深度，正是训练安排所要达到的目的。只有机体达到一定程度的疲劳，机体在恢复期才能发生结构与机能的重建，运动能力才能不断得到提高。

③恢复阶段

训练结束后，即进入了恢复阶段，机体开始补充所消耗的能源物质、修复和重建所受到的损伤并恢复紊乱的内环境。机体在恢复阶段恢复的速率，主要受两方面的影响：一方面，身体的耐受阶段持续时间的长短，耐受阶段持续时间越长，则疲劳程度越深，恢复需要的时间就越长；另一方面，运动结束后能量的补充是否及时，能量补充越及时到位，则恢复的速度越快。

④消退阶段

超量恢复不会一直持续，它会随着时间的进行而逐渐消失，而如果不及时在超量恢复的基础上施加新的刺激，已经形成的训练效果就可能会逐渐消退。

运动效果保持的时间和消退速度主要取决于超量恢复的程度，所出现的超量恢复现象越明显，保持的时间相对越长。因此，在安排运动训练的内容时，不仅应重视训练负荷安排的合理性，而且必须重视运动训练后的恢复，并在出现超量恢复后及时安排下一次训练。

### 3. 运动训练对人体运动系统的影响

经常参加运动训练对人体运动系统有着重要的影响，其影响主要表现在以下几个方面。

（1）运动训练对肌肉的影响

参加运动训练能够充分地发展骨骼肌，使其肌纤维增粗，肌肉的体积增大，肌肉力量增加。该项运动能够使肌纤维中线粒体数目增多，肌肉中脂肪减少，从而减少肌肉收缩时的摩擦，即肌内膜、肌束膜、肌腱和韧带中的细胞增殖、增厚、坚实、粗壮；肌肉内化学成分发生变化，如肌糖原、肌球蛋白、肌动蛋白和水分等含量都有增加，从而使ATP加速分解，与氧的结合能力增强，有利于肌肉收缩，表现出更大的力量；可使肌肉中毛细血管增多，改善骨骼肌的供血功能。因此，经常参加运动训练的人的肌肉会显得发达、结实、健壮、匀称有力，收缩力强，运动持续时间更长。

（2）运动训练对骨骼的影响

青少年新陈代谢旺盛，在这一时期进行合理的运动训练，对骨的生长和发育有着良好的作用。经常参加运动训练，可使骨表面的隆起更为显著，骨密质增厚，管状骨增粗。这一系列骨形态结构的改变，使骨的抗压、抗弯、抗折断和抗扭转等机械性能得到提高。

骨的这种良好变化，与肌肉的牵拉作用有密切关系。肌肉力量的增加与骨量的增加有着显著相关性，且骨量增加部位与肌肉训练部位有关。当肌肉力量增大，肌肉收缩对骨骼产生的应力刺激可有效提高成骨细胞的活性。

（3）运动训练对关节的影响

定期适量的运动训练可以使骨关节面的密度增加，骨密质增厚，从而越发能够承受更大的运动训练负荷。由于运动训练项目不同，它对关节柔韧性所起到的作用也就不同。如乒乓球、羽毛球、篮球等项目，对于参与者的急转、急停能力的要求极高，这就需要参与者拥有良好的关节柔韧性。同时，关节的稳固性和灵活性又是一对矛盾，因为肌肉力量大，韧带、肌腱、关节囊就会增厚，这对关节稳固性和防止关节损伤有很大好处，但这样又势必会影响关节的灵活性。所以，在进行运动训练时，运动者要处理好关节的这对矛盾。

## （二）运动训练的生理学基础

### 1. 物质代谢

食物中包含多种营养素，人体从食物中摄取各种营养物质，经血液循环输送到各人体器官，通过相应的代谢为人体提供能量。糖、脂肪和蛋白质等营养物质经人体吸收后，人体的组织、细胞一方面通过合成、代谢构建和更新自身储存的能源物质，另一方面通过分解代谢（氧化分解）以产生能量。物质代谢又主要包括以下几种：

（1）脂肪代谢

脂肪分解代谢产生的能量是长时间中低强度运动的主要供能物质。人体的肌肉组织中储存着少量的脂肪，在运动时产生一定的能量。当脂肪的动用（氧化）增加时，血浆中的游离脂肪酸即透过肌细胞膜进入肌细胞被氧化，而脂肪组织则水解成甘油和脂肪酸进入血浆中，以补充被消耗的游离脂肪酸。因此，脂肪首先是在酶作用下水解成脂肪酸和甘油来释放能量的。

（2）糖类代谢

食物中的葡萄糖经消化吸收后，汇集于门静脉，经肝进入血液循环，其中大部分运到各组织合成为糖原和含糖化合物，其中最主要的是到肝中合成肝糖原储存，一部分转变为脂肪和氨基酸，血液中保留的一部分糖称为"血糖"；另一部分直接供组织氧化利用放出能量，同时产生 $CO_2$ 和 $H_2O$ 并将其排出体外。糖的氧化分解是供应人体活动所需能量的主要来源，全身各组织都能进行这一反应。糖的氧化分解包括无氧分解和有氧氧化两种主要方式，从本质上来讲，这两种形式是同一过程在两种情况下（缺氧与氧供应充足）的不同反应方式，其反应过程在前一阶段是完全相同的，差别是在丙酮酸产生以后。糖的无氧氧化产生乳酸；氧供应充足时，丙酮酸继续氧化生成 $CO_2$ 和 $H_2O$，并释放出蕴藏在分子中的能量。

（3）蛋白质代谢

蛋白质是人体生命活动的重要组成部分，也是人体重要的能源物质之一，与机体运动之间存在着非常紧密的联系。它在调节机体各种生理功能中起着不可替代的作用。一般来说，蛋白质不能直接提供人体运动所需的能量，为人体提供能量只是蛋白质的次要功能，只有在某些特殊情况下，如长期饥饿、疾病或体力极度消耗时，人体才会依靠蛋白质氧化供能。但蛋白质分解代谢过程中能产生许多物质，对糖和脂肪的供能有着重要的作用；同时，蛋白质的分解代谢和合成代谢平衡是维持人体生命活动的基础。蛋白质主要参与实现人体代谢更新，由于其主要由氨基酸组成，因此，其代谢过程是以氨基酸代谢为基础的。蛋白质的代谢需要很多激素参与调节，如肾上腺素和甲状腺素能促进蛋白质的分解，表现为甲亢时，甲状腺素分泌增加，人体蛋白质分解增加，人体逐渐消瘦；当生长激素分泌增加时，人体蛋白质合成增加，肌肉健壮。

## 2. 能量代谢

（1）人体物质能量储备

人体通过消化系统摄取必要的能量物质，这些物质在人体中通过生物氧化反应，分解成一些代谢物，同时释放出大量的能量，这些能量通常大部分以热能的形式释放于体外，还有一部分则转化为化学能，储存在一种称之为三磷酸腺苷（ATP）的高能磷酸键中，人体活动的直接能量就来源于三磷酸腺苷的分解，肌肉收缩需要 ATP 供能，消化管道的消化和吸收都需要 ATP 供能。ATP 的重新合成需要糖、脂肪和蛋白质的氧化分解供能。ATP 的再合成有多种途径，就其供能系统而言，主要有以下三种。

第一，磷酸原系统（三磷酸腺苷-磷酸肌酸，ATP-CP）。它是由细胞内的 ATP 和 CP 这两种高能磷化物构成，具有供能绝对值不大、持续时间很短的特点。但是，它供能快速，因为 ATP 是体内唯一的直接能源，所以其能量输出功率最高。

第二，有氧氧化系统。它是指在氧供应充分的条件下，糖和脂肪完全分解生成二氧化碳和水，同时生成大量的能量，使 ADP 再合成 ATP。有氧氧化系统能生成丰富的 ATP，不生成乳酸之类导致疲劳的副产品，它是人进行长时间耐力活动的主要供能系统。

第三，乳酸能系统。乳酸能系统又称为无氧糖酵解系统。它的能量产生是靠肌糖原的无氧酵解，最后产生乳酸，而放出的能量由 ADP（二磷酸腺苷）接受，再合成 ATP，它是在机体处于缺氧的情况下的主要能量来源。乳酸能系统对人体进行能量供应，它的作用与磷酸原系统一样，能在暂时缺氧的情况下迅速供能。

在进行不同项目的训练时，运动者应根据自身的年龄、身体条件以及个人需要来选择适合的能量系统作为主导作用的运动项目，同时还要注意所选择的运动手段和项目的科学化。运动者除了选择有氧氧化系统的项目外，还可以适当选择乳酸能系统供能的项目，发展身体的无氧耐力。

（2）运动中三大供能系统活动的关系

在人体运动过程中，人体运动形式的不同，则其不同的能量代谢系统提供能量的能力和速率也会不同。磷酸原系统和乳酸能系统都供应能量，但 ATP 和磷酸肌酸的最终合成以及糖酵解产物乳酸的消除却要通过有氧氧化来实现。所以，肌肉活动所需能量的最终来源是糖和脂肪的有氧氧化。人体中磷酸原系统供能的绝对值不大，在运动中维持的时间也很短，但是能在短时间内快速作用。

总体来说，人体在运动过程中，各供能系统之间的关系与运动训练负荷的强度和持续时间密切相关。在 0~180 秒最大运动时，各供能代谢系统的基本活动主要表现为如下特点：在 1~3 秒的全力运动中，基本上由 ATP 提供能量；在完成 10 秒以内的全力运动时，磷酸原系统起主要供能作用；30~90 秒最大运动时以糖酵解供能为主；约为 2~3 分钟的运动，糖有氧氧化提供能量的比例增大；而超过 3 分钟以上的运动，则基本上是有氧氧化供能。

随着人体运动时间的延长，供能物质由以糖有氧氧化为主逐渐过渡到以脂肪氧化为主。

总之，人体在运动中，并不是由一个供能系统完成供能的，在有一个主要的供能系统的基础上，其他的供能系统也会参与其中，共同完成人体运动所需要的能量供应。每个供能系统都有其独特的特点和供能能力，供能系统不同，所需要的能源物质也不同，运动中的输出功率和供能时间也会有明显的差异。

3. 运动与呼吸

运动员在运动训练的过程中，机体与外界环境之间的气体交换称为呼吸。呼吸系统包括呼吸道和肺，而呼吸道是一系列呼吸器官的总称，这些器官包括鼻、咽喉、气管、支气管。人体的呼吸过程由外呼吸、内呼吸和气体运输三个环节构成。

呼吸系统是氧运输系统的重要组成部分，其主要机能是实现机体与外界环境的气体交换，以使血液中的氧分压、二氧化碳分压、酸碱度维持在正常生命活动所允许的范围之内。人体通过肺实现与外界气体的交换，通过血液实现气体的输送和排出。人体在运动时，机体代谢旺盛，所需氧量及二氧化碳排出量明显增加，呼吸系统加强，所以运动训练（特别是耐力训练）必将使呼吸系统的形态、机能产生适应性变化。

呼吸肌主要是膈肌和肋间外肌。当膈肌收缩时腹部随之起伏，肋间外肌收缩时胸壁随之起伏。因此，以膈肌运动为主的呼吸形式称腹式呼吸，以肋间外肌运动为主的呼吸运动称胸式呼吸。成人的呼吸一般都是混合式的。呼吸形式与年龄、生理状态、运动专项等因素有关。在进行运动训练时，要根据动作的特点灵活转变呼吸方式。

4. 运动与心率

心率是运动生理学中最常用而又简单易测的一项生理指标。在运动实践中常用心率来反映运动强度和运动训练对人体的影响，并用于运动员的自我监督或医务监督中。成年人静息时心率在60~100次/分，平均为75次/分，但随着年龄、性别、体能水平、训练水平和生理状况的不同而有所不同。

一般来说，人的心率会随着年龄的增长而有所减慢，至青春期时接近成年人的频率。在成年人中，女性心率比男性快3~5次/分。有良好训练经历或体能较好者心率较慢，尤其是优秀耐力运动员静息时心率常在50次/分以下。在运动过程中，人的心率会逐渐加快，随着运动强度的增加，心率也会相应地增快，因此，心率也是判断运动训练负荷的一项简易指标，能够在一定程度上反映运动员的体能水平以及运动训练的水平。

## 二、运动训练的原则

运动训练的原则是运动员参加运动训练需要遵循的基本准则。这些原则是在长期的运动训练实践中积累起来的具有普遍意义的概念总结和有关科学研究的成果，反映了运动训练的客观规律。运动训练中运动员如不遵循这些基本原则，盲目地进行训练，不仅不能促进身心全面发展，获得良好的训练效果，反而易引起运动损伤或者运动性疾病，损害健康。下面对运动训练的基本原则进行具体介绍。

## （一）竞技需要原则

竞技需要原则即指根据提高运动员竞技能力及运动成绩的需要，从实战出发，科学安排训练的阶段划分及训练的内容、方法、手段和负荷等因素的训练原则。贯彻这一原则可使训练更好地结合专项的特点和专项竞技比赛的需要，提高运动训练的专项针对性、实战性和实效性，争取获得满意的竞技比赛成绩。

贯彻竞技需要原则，需要注意以下几个方面。

第一，要围绕运动训练的基本目标，全面安排好训练和比赛。

第二，正确分析专项竞技能力的结构特点。每个运动项目由于其专项的特异性，决定了其竞技能力构成因素的差异性。对不同专项竞技特点和运动员竞技能力结构特点的分析，正是确定不同项目训练负荷内容的重要基础。

第三，依据竞技需要原则的要求，负荷内容和手段的选择是由不同专项竞技能力的主要因素与运动员自身的具体情况决定的。

第四，注意负荷内容的合理结构。在训练过程中，在熟练掌握合理动作的基础上，应将主要精力放在如何更有效地提高体能水平上，以获得更大的力量、更快的速度和更强的耐力来实现竞技水平的不断提高。同时，对同一项目的不同运动员，还要求根据运动员自身竞技能力的特点和对手的特点，安排好心理训练的内容和手段。

## （二）动机激励原则

所谓动机激励原则，指的是促使在运动员以个体为主的运动训练过程中，更好地激励其培养具备良好的运动训练动机和行为，在完成训练任务的过程中更加积极主动的训练原则。在运动训练中，要通过各种合理的途径和方法激励运动员主动从事训练。

遵循动机激励原则就是要不断激励运动员的运动训练积极性和主动性，培养其自我调控能力、独立的思考能力以及创造能力。其有如下几个方面的具体要求。

第一，要满足运动员的基本生活需求。实践证明，人们只有在基本的物质得到一定的保障之后，才会进行更好层面的追求。所以，在运动训练中，运动员的物质生活需求要得到一定的保障，同时还要注意其人身安全等。只有这样，才能更好地引导其形成实现自我价值的更高层次的目标和追求，从而产生良好的运动训练动机。

第二，要对运动训练的目的性和运动员正确的价值观进行培养，使其逐步形成自觉从事运动训练的态度和动机，引导其从不同的角度和层次认识参与运动训练的意义和价值，培养其正确的价值观。

第三，在运动训练中，要以运动员为主体。这就要求教练员在对运动员进行运动训练时，必须注意以下几个方面：一是明确运动员的主体地位；二是要注意有意识地培养运动员独立思考的能力；三是要引导运动员提高和加强自我反馈的能力，培养运动员进行自我分析和评价的能力。

第四，在运动训练中，要选择科学的训练方式。对于过去那种简单、粗暴的"从严"训练方式，教练员要在正确认识和理解"从严"含义的同时，结合现代科学合理的方式对其进行调整和改变。

## （三）适宜负荷原则

在训练过程中，要根据训练任务、对象水平与要求，科学合理地在各个训练环节中提高运动训练负荷量，直至达到最大负荷要求，这就是所谓的适宜负荷原则。因此，首先要以训练任务和对象水平及每个练习的目的、要求、负荷为主要依据来对运动训练负荷进行科学合理的安排。在训练过程中，运动训练负荷要经过加大、适应、再加大、再适应这样一个逐步提高的过程。

在球类运动训练中，加大运动训练负荷，直至最大限度，首先要从训练任务和运动员身体状况、机能能力和训练水平出发，考虑运动训练负荷安排的合理性。训练过程的不同时期、周期、阶段及每一节训练课的任务都有所不同，运动员承受运动训练负荷的能力也不同，这主要反映在运动员承受负荷能力的大小和恢复的快慢上，以及对负荷强度和负荷量的承受能力上。因此，只有根据训练的不同任务和运动员的训练水平安排运动训练负荷，才是合理的。同时，在运动训练过程中，运动训练负荷的加大必须循序渐进。在加大运动训练负荷过程中要处理好负荷量和负荷强度的关系，掌握好负荷与恢复的关系。除此之外，需要注意的是，运动训练负荷的增加必须达到极限。因为只有极限负荷的刺激，才能将运动员机体的机能潜力充分挖掘出来，并且经过不断的训练形成超量恢复，才能够提高运动员的身体素质和运动水平，才能够达到参加激烈比赛、创造优异运动成绩的要求。

## （四）周期安排原则

周期安排原则是指周期性地组织运动训练过程的训练原则。依运动员机体的生物节奏变化规律，竞技状态形成与发展的周期性规律，以及运动竞赛安排的周期性特点，按一定的动态节奏，逐步提高安排训练内容和负荷强度。

贯彻周期安排原则要掌握以下几点。

### 1. 掌握各种周期的序列结构

了解各种周期的时间构成及其应用范畴，对于教练员在训练实践中贯彻周期安排训练原则是一个必不可少的重要条件。

### 2. 选择适宜的周期类型

贯彻周期安排时，要考虑到选择适宜的周期类型。例如，确定年度训练的安排时是采用单周期、双周期还是多周期，第一周期的训练应该是加量周期、加强度周期还是赛前训练周期。

3. 处理好决定训练周期时间的固定因素与变异因素的关系

周期安排原则的依据是人体竞技能力变化和适宜比赛条件出现的周期性特征，其中，后者是决定训练周期时间的固定因素，而前者则是变异因素。因为重要比赛日程的安排通常与某个项目最适宜的比赛条件的出现是一致的，而且通常在上一年度即已确定。尽管人体本身受着生物节律的影响，但它并非绝对不变，人们完全可以通过训练安排使其在特定的时间里表现出最佳的竞技状态。竞技状态的发展过程是可以由人来控制的，教练员应努力做到有把握地调节这一变异因素，使之与特定的比赛日程安排相吻合。

4. 注意周期之间的衔接

把一个完整的训练过程划分成若干个较小的周期之后，人们往往会忽视各周期之间的衔接，主要表现在注重训练过程的阶段性而忽略了连续性。整个训练过程中不同时间跨度的周期组成了一个连续发展的过程，因此在具体的训练过程中应特别注意周期之间的衔接。

（五）区别对待原则

区别对待原则是指在运动训练中要根据运动员各方面条件及不同训练条件和不同训练任务等，有区别地确定训练任务，对训练方法、内容、手段和负荷有相应的安排。

运动员在身体条件、心理品质和个性特征等方面都表现出明显的差异，因此在训练中要始终遵循和贯彻区别对待的原则。贯彻区别对待原则，有利于发掘运动员的潜力，防止训练中个别人脱离整体现象，只有进行正确的区别对待，有的放矢地进行训练，才能取得良好的训练效果。

（六）直观训练原则

直观训练原则是一种非常重要的运动训练原则，它是依据直观性与动作技能形成的教学论原理所确立的大学生运动员必须遵循的准则。其主要目的是为了使这些大学生运动员能更有效地完成技术、战术和智力训练的任务。在教学过程中，直观性教学有很多种手段和方法，而且现代运动训练更加强调直观性原则的运用。

运动训练中，尤其是训练初期，遵循和突出教学训练的直观性十分重要，具体来说，应注意以下几点。

1. 合理地选用直观手段

选用各种直观手段时要注意选择那些目的性最强、最有成效的手段，同时必须明确所选的各直观训练手段所能解决的主要功能，并根据不同对象、不同运动项目和训练内容的特点，选择和应用有针对性的直观手段。

2. 根据运动员的个体特征选择直观手段

选择和运用符合运动员个体的特点及训练水平的直观手段，且对不同训练水平运动员进行训练时，应采用不同的直观方法和手段；同时，还要注意采用不同的训练强度。

### 3. 运动训练中，应先进行直接示范

使运动员掌握到一定的水平后，再通过录像、图解、直接观摩优秀运动员的表演和比赛等手段，同时结合清晰、准确、形象的讲解，以及教练员对运动员技术动作的观察分析，经过研究讨论，来启发训练者进行积极思维活动，并逐步找出体育运动的规律性。

### 4. 注意掌握运用直观手段的时机和方法

要根据不同年龄阶段运动员的感觉器官发育的敏感发展期的不同，合理地选择和运用直观手段。教练员可用语言信号、固定的身体姿势或慢速动作，来加深运动员对空中的方位、肌肉用力情况进行体会等。

### （七）系统训练原则

在现代运动训练中，只有坚持进行多年不间断的系统训练，才能对所要掌握的运动技能进行不断重复和巩固，才能完成运动技能系统化积累。另外，这种多年的系统性训练也是在现代竞技运动中获得优异运动成绩所不可或缺的一环，多年的系统训练和周期性训练是贯彻系统性原则的重要手段。

### （八）适时恢复原则

适时恢复原则是指及时消除运动员在训练中所产生的疲劳，并通过生物适应过程产生超量恢复，提高机体能力的训练原则。在运动员疲劳达到一定程度时，应依照训练的统一计划，适时安排必要的恢复性训练，采取有效的恢复措施，使运动员的机体迅速得到充分的恢复和提高。

## 第三节 运动训练的方法及创新性探索

### 一、运动训练的方法

运动训练采用的方法有很多，具体要根据实际情况和需要进行有针对性的选用，以达到最佳的训练效果，下面介绍几种常见的训练方法。

#### （一）分解训练法

分解训练法指的是将完整的技术动作或战术配合过程合理地分成若干个环节或部分，然后按环节或部分分别进行训练的方法。在需要集中精力完成专门训练任务，对主要技术动作和战术配合环节的训练进行加强时，适合采用分解训练法进行训练，这样可使训练取

得更高的效益。分解训练法有着自己的适用范围,主要适用情况包括技术动作或战术配合过程较为复杂、可予分解,且运用完整训练法又不易使运动员直接掌握的情况下,或者技术动作、战术配合的某些环节需要较为细致的专门训练。

单纯分解训练法、递进分解训练法、顺进分解训练法、逆进分解训练方法是较为常见的四种分解训练法类型。

### (二)完整训练法

完整训练法指的是从技术动作或战术配合的开始到结束,不分部分和环节,完整地进行练习的训练方法。完整训练法的运用可以帮助运动员对技术动作或战术配合进行完整的掌握,良好地保持技术动作或战术配合的完整结构和各个部分之间的内在联系。

完整训练法具有广泛的适用范围,既包括单一动作的训练,也包括多元动作的训练;既有个人成套动作的训练,也有集体配合动作的训练。但是在不同的范围内运用时,要注意有所侧重。

### (三)持续训练法

持续训练法是指负荷强度较低、负荷时间较长、无间断地连续进行练习的训练方法。练习时,平均心率应在每分钟 130~170 次。持续训练主要用于发展一般耐力素质,并有助于完善负荷强度不高但过程细腻的技术动作,可使机体运动机能在较长时间的负荷刺激下产生稳定的适应,内脏器官产生适应性的变化;可提高有氧代谢系统供能能力以及该供能状态下有氧运动的强度;可为进一步提高无氧代谢能力及无氧工作强度奠定坚实的基础。

根据训练时持续时间的长短,可以将持续训练法分为短时间持续训练方法、中时间持续训练方法、长时间持续训练方法三种类型。

### (四)间歇训练法

间歇训练法是指对多次练习时的间歇时间做出严格规定,使机体处于不完全恢复状态下,反复进行练习的训练方法。运动员在严格的间歇训练过程中,心脏功能能够得到明显的增强;通过运动训练负荷强度的调节,机体各机能与有关运动项目相匹配的适应性变化也会产生;通过不同类型的间歇训练,可以有效地发展和提高糖酵解代谢供能能力;通过对间歇时间的严格控制,可以使运动员在激烈对抗和复杂困难的比赛环境中发挥出更加稳定的技术动作;在较高负荷心率的刺激下,有利于促进机体抗乳酸能力的提高,从而能够保证运动员在较高强度的情况下仍具有持续运动的能力。

高强性间歇训练方法、强化性间歇训练方法以及发展性间歇训练方法是间歇训练法的三种基本类型。

### （五）变换训练法

变换训练法是在综合考虑实际比赛过程的复杂性、对抗程度的激烈性、运动技术的变异性、运动战术的变化性、运动能力的多样性以及中枢神经系统的灵活性等因素的情况下提出的。所谓的变换训练法就是指对运动训练负荷、练习内容、练习形式以及条件进行变换，以使运动员的积极性、趣味性、适应性及应变能力得到提高的训练方法。通过运动训练负荷的变换，能够产生机体与有关运动项目相匹配的适应性变化，从而使承受专项比赛时不同运动训练负荷的能力得到提高。通过变换练习内容，能够使运动员的训练更加系统，并使运动员的不同运动素质、运动技术和运动战术得到协调发展，从而使之具有更接近实际比赛需要的多种运动能力和实际应用的应变能力。

依据变换内容的不同，可以将变换训练法分为形式变换训练方法、内容变换训练方法和负荷变换训练方法三种类型。

### （六）重复训练法

重复训练法指的是多次重复同一练习，并在两次（组）练习之间安排相对充分的休息时间的训练方法。采用重复训练法，多次重复同一动作或同组动作，经过不断强化运动条件反射的过程，有利于运动员对技术动作的掌握和巩固。通过相对稳定的负荷强度的多次刺激，可使机体较高的适应性机制尽快产生，有利于运动员身体素质的发展和提高。单次（组）练习的负荷量、负荷强度及每两次（组）练习之间的休息时间是构成重复训练法的主要因素。静止、肌肉按摩或散步是较常采用的休息方式。

依据单次练习时间的长短，可以将重复训练法分为短时间重复训练方法、中时间重复训练方法和长时间重复训练方法三种类型。

### （七）循环训练法

循环训练法指的是根据训练的具体任务，将练习手段设置为若干个练习站，运动员按照既定顺序和路线，依次完成每站练习任务的训练方法。运用循环训练法可使运动员的训练情绪得到有效的激发，并且使负荷"痕迹"得以累积、不同体位得到交替刺激。每站的练习内容、每站的运动训练负荷、练习站的安排顺序、练习站之间的间歇、每遍循环之间的间歇、练习的站数与循环练习的组数是循环训练法的结构因素。运用循环训练法，可以使不同层次和水平的运动员的训练情绪和积极性得到有效提高；可以使运动训练过程的练习密度得到增加；可以随时根据具体情况因人制宜地加以调整，做到区别对待；可以防止局部负担过重，延缓疲劳的产生，对全面身体训练非常有利。在实践中，循环训练法中有"站"和"段"的说法，其中的"站"指的是练习点。如果一个循环内的站数中，有若干个练习点是以一种无间歇方式衔接，那么这几个练习点的集合可称之为练习"段"。"站"和"段"是安排循环练习的顺序时应该考虑的。

以各组练习之间间歇的负荷特征为依据，可以将循环训练法分为循环重复训练方法、循环间歇训练方法和循环持续训练方法三种基本类型。

### （八）比赛训练法

比赛训练法指的是在近似、模拟或真实、严格的比赛条件下，按比赛的规则和方式进行训练的方法。比赛训练法的提出有着一定的依据，包括人类先天的竞争和表现意识、竞技能力形成过程的基本规律和适应原理、现代竞技运动的比赛规则等因素。运动员全面并综合地提高专项比赛所需要的体、技、战、心、智各种竞技能力可以通过比赛训练法的运用来实现。

教学性比赛方法、模拟性比赛方法、检查性比赛方法和适应性比赛方法是较为常见的四种比赛训练法的类型。

### （九）综合训练法

综合训练法是指把重复训练、循环训练、变换训练等各种训练法结合起来运用，或者在一组训练中安排各种技术训练、灵敏训练、力量训练等多种内容的训练方法。

在训练实践中，以上各种训练方法并不是单一的存在和使用的，因此，需要通过综合训练来灵活地调节运动员的训练负荷与休息，使其更圆满地达到训练要求，从而促进运动员运动素质和运动水平的全面提高。

综合训练法变化很多，组合多样，具体可以根据不同性别、年龄、身体状况、锻炼水平的运动员的需求进行适当的变化、调整，以期取得理想的训练效果。

随着现代科学技术的进步，运动训练方法从理论到实践不断推陈出新、日新月异。目前，社会各界有识之士非常重视改变传统经验的训练法，借助新的科学理论，运用新的模式的训练方法正在不断被尝试和创新。

当前，随着竞技体育运动的发展、科学技术的进步以及人们认知的不断提升，运动训练的方法正在向多样化的方向发展，训练方法日益多样化主要得益于运动员和教练员在运动训练方面积累了丰富的经验，因此，他们总结了多种多样的训练方法来指导训练实践。现代运动训练更加注重实效性和技术完善。传统训练方法在运动训练中得到了保存，同时由于高科技手段的引进，新的训练方法在运动训练中不断得到应用，新的训练方法与传统的训练方法相结合，使得运动训练更加科学、有效，正因如此，才促使运动员不断突破极限，在比赛中不断刷新纪录。

## 二、运动训练方法的创新性探索

时代在发展，科技水平在不断提升，运动员的竞技水平、训练的层次和维度也在相应地提高，这就对训练方法提出了新的要求。

## （一）破旧立新

所谓破旧立新，就是要打破原来固定的训练方法，从训练手段、训练思路等方面入手树立新的训练方法。例如，教练员平时要经常对自己的训练方法加以审视，看看自己的训练方法是否已经成为一种思维定式，是否已经过时，是否对运动员训练到一定程度就难以再有提高了，是否训练水平落后于形势的发展，等等。许多陈旧的方面必须通过创新来改变其面貌、改变其效益，从而增强训练效果。立新要以创造性思维去思考、解决各种问题，去寻找新的突破口，开辟新途径，去发现新的思路、观点、方法、手段等，从而获得新的成效。

## （二）逆向思维

训练目标、训练计划、训练方法等内容往往容易习惯依据传统观念、经验和权威人士的意见来思考，容易将自己框定在一定的模式中去思考、解决问题，逐步形成了思维定式，慢慢抹杀了创新思维及创新方法的思路。要充分认识到，要适应现代形势发展，就要善于转换思维方式方法，善于用逆向思维法去突破传统的观念、经验或权威人士的束缚，突破陈旧的思维定式，去开创、形成新的思维模式，激励自己树立新思想、新观念，总结新经验，开创新的训练思路，进行新的训练决策等。

## （三）克弱转强

运动员在训练过程中，要善于主动地挑剔自己的弱点、缺点或不足，并将其作为探索研究的基准点，努力攻克它，使弱转化为强，从中获得创新的成功。假如在训练中，采用某一训练方法而得不到预期的效果，这并非教练员训练方法的问题，而在于自己的训练方式，这时应该对训练方法加以深入剖析，找出其不足或落后的方面，并加以弥补、修正，或创造出新的训练方法。通过克弱转强法，使训练得出成效。

## （四）移花接木

现代知识的综合运用程度越来越高，新成果大量地涌现，知识的渗透力越来越强，综合聚变效应也越来越强。要善于将其他学科中的原理、规律、方法等移接到本领域的运动训练理论体系中去，进行巧妙的衔接，创造出新的高效的训练原理、规律、方法等，从而有效地促进自身学科的不断发展与壮大，提高训练效果。如"系统论、信息论、控制论"移接到体育各个领域中已发挥出巨大的效果，有力地促进了体育科学的发展。

# 第四节　运动训练负荷的科学安排

## 一、运动训练负荷的基本知识

### （一）运动训练负荷原理

运动训练中的最终训练目的是促进运动员身体素质水平、运动水平的提高，要想实现这一最终目的，就要在运动训练过程中使运动员不断承受和适应训练负荷，促进其机体的运动能力和对外界（运动训练负荷）的适应能力的不断提高，这就是运动训练负荷原理。

运动训练过程中，运动员会承受一定的外部刺激，运动员机体在生理与心理方面承受的总刺激便是运动训练负荷，机体承受刺激时表现出来的内部应答反应程度可以反映运动训练负荷。

运动训练负荷有着自身的特点，它具有目的性和选择性，即一定的功能特点；运动训练负荷还具有渐进性、极限性和应激性，随着运动训练负荷水平的提高，训练适应水平也会相应地得到提高。运动训练负荷与运动成绩之间密切相关，这主要从对应性和延缓传导性上体现出来。

运动训练负荷种类繁多，每种负荷都有自己独特的含义，因此必须准确掌握各种运动训练负荷的概念和特性，对运动训练负荷进行科学调控，调控时需注意运动训练负荷的综合性、实战性和动态性，并需结合具体个体进行，注重运动训练负荷的定量与等级。

### （二）运动训练负荷刺激及机体机能的变化

运动训练负荷刺激主要是指运动训练负荷对机体的刺激，人体活动时所表现出来的力量、耐力、速度、柔韧和灵敏素质等不是根本原因（本质），而是运动的结果（表象）。在运动训练中，机体对训练负荷刺激所做出的反应表现在两个方面，即生理反应和心理反应，通常所说的运动训练负荷指的是生理负荷，就是指机体在生理方面所承受的运动训练刺激。

运动训练的过程也可以看作是一个不断对人体施加运动训练负荷刺激的过程，在这一过程中，人体各器官系统将发生一系列反应。这些反应特征主要表现为耐受、疲劳、恢复、超量恢复和消退等机能变化。

在运动训练过程中，机体的负荷刺激变化主要会经历以下几个阶段。

### 1. 耐受阶段

耐受是运动训练初级阶段机体对运动训练负荷的刺激反应，是机体接受运动训练负荷刺激后身体机能变化和反应的第一个阶段。运动训练负荷强度和运动员训练水平会影响这种耐受能力的强弱和保持时间的长短。这一阶段，应以体能训练为主。

### 2. 疲劳阶段

在承受一定时间的运动训练负荷刺激之后，机体机能和工作效率会逐渐降低，即出现疲劳现象。具体来说，运动员训练到何种疲劳程度以及耐受多长时间以后疲劳取决于训练课的目的。实践表明，训练过程中，运动员只有达到一定程度的疲劳，才能提高运动能力，才能在恢复期获得预期的超量恢复效果，从而促进机体机能的增强。

### 3. 恢复阶段

训练结束后，在补充和恢复阶段，机体主要是补充训练过程中所消耗的能源物质，修复所受到的损伤并恢复紊乱的内环境，使机体各器官系统的机能恢复到运动前水平，以完成机体结构与机能的重建。机体疲劳的程度决定了恢复所需时间的长短。

### 4. 超量恢复阶段

超量恢复，又称"超量代偿"，是关于运动时和运动后休息期间能量物质消耗和恢复过程的超量恢复学说，该学说由苏联学者雅姆波斯卡娅提出。超量恢复指的是在运动结束后，运动过程中所消耗的能源物质以及降低的身体机能不仅可以得以恢复，而且会超过原有水平。通常来说，运动训练负荷量越大，强度越大，疲劳程度越深，超量恢复越明显，但切忌过度训练。

### 5. 消退阶段

一次训练结束后，如果不及时在已获得的超量恢复的基础上继续施加新的刺激，那么已经产生的训练效果在保持一段时间后就会逐渐消退，机体机能又下降到原有水平。因此，要想保持长久的运动训练效果，就要求运动员必须在上一次训练出现超量恢复的基础上对下次运动训练做出及时的安排。

## 二、运动训练负荷的科学安排与调控

### （一）运动训练负荷的定性与定量

#### 1. 运动训练负荷的定性

（1）训练负荷的专项性

训练负荷的专项性指训练负荷要与运动员的训练水平和比赛要求相符。运动训练过程中，训练负荷的练习分为运动专项练习与运动非专项练习。其中，运动专项练习是提高运动员专项运动技战术水平的直接因素，只有加强运动专项训练，才能为运动员运动实战水平的提高奠定良好的基础。

（2）训练动作的复杂程度

训练动作的复杂程度是专项运动训练中客观存在的内容，是运动训练中运动训练负荷定性的一个重要方面。运动训练实践中，动作复杂程度决定着训练负荷的大小。区分训练动作的复杂程度是控制运动训练负荷的依据和需要。

需要提出的是，由于运动训练中，运动员的许多技能动作并不能预定，必须根据场上对手的表现临时做出选择性反应，因此，目前对此要做出量化评定具有较大的难度。

（3）训练负荷的生理改善

确定运动员运动训练时机体工作的供能系统是为训练负荷定性的内容之一。研究表明，系统的运动训练中，ATP-CP和糖酵解供能约占80%，糖酵解和有氧代谢约占20%。因此，运动员应结合运动专项的训练要求和特点，选择采用无氧代谢，或是有氧代谢，或二者的协调配合来进行训练，也就是以实际情况为依据合理安排训练。

2. 运动训练负荷的定量

（1）内部负荷指标

内部负荷指标指由于运动员在训练过程中进行各种身体、技战术训练，训练的负荷使运动员有机体内发生一系列生理和生化变化，内部负荷的指标能比较科学、准确地反映有机体在负荷时产生的各种变化，有利于教练员根据这种变化去掌握和控制训练过程，安排训练负荷。

运动训练中，使用内部负荷的指标来测量负荷的方法比较广泛。血压、心率、血乳酸、尿蛋白、氧债、血红蛋白、最大吸氧量等是常用的指标。

（2）外部负荷指标

外部负荷指标又称"负荷的外部指标"或"外部负荷"，包括负荷量和负荷强度两个指标。在运动训练中，负荷量的各个指标测定的方法比较简单。机体对负荷强度刺激所引起的反应比较强烈，能较快地提高机体各器官系统的机能水平，所产生的适应性影响较深刻，消退较快。在运动训练中，测量负荷强度的各个指标比较复杂，所以难度也比较大。

目前，对运动员外部负荷指标进行测量，一般通过记录技战术训练的时间、训练次数、训练难度、训练的激烈对抗程度等方法。

## （二）不同负荷的判别

运动训练期间，当运动员的运动训练内容、训练手段的特点相当稳定时，有机体机能能力表现出来的动态变化就能够被明显地观察到。因此，可根据训练实践中运动员有机体机能活动性的动态变化来对训练负荷的大小进行判别。

运动训练负荷的大、中、小可以客观地按照机体恢复的时间进行判别。研究表明，训练负荷的大、中、小与有机体内环境的稳定性的变化紧密相关，并且能具体反映到恢复过程的时间上。通常，小负荷与中等负荷后，机体恢复过程的时间通常是几十分钟或几个小时；大负荷后，一般需要较长的时间才能实现机体的恢复。

在运动训练中，应结合实际情况来对运动员的训练负荷大小进行判定，具体可以根据生理学和生物学的指标来判别，也可以采用其他相对间接且客观的指标进行判别，不管使用哪种方法，都要保证准确的判定训练负荷。

### （三）运动训练负荷的特点与注意事项

#### 1. 科学安排运动训练负荷的特点

科学安排与调控运动训练负荷就是以更科学、更合理的方法安排运动训练负荷，从而实现运动训练水平和运动成绩不断提高的目的。对训练负荷的科学安排需要遵循负荷、应激与恢复原理，竞技状态的形成与科学调控原理，周期性与节奏性原理，以及竞技能力的训练适应原理等。简单来说，科学调控运动训练负荷就是在训练过程中，教练员根据训练的任务及运动员的个体情况，按照人体机能的训练适应规律，以大负荷为核心，坚持长期、系统和有节奏地安排运动训练负荷。

#### 2. 科学安排与调控负荷的注意事项

（1）不同训练阶段采取不同的调控方法

根据负荷因素的基本特征，在训练初期，为了使运动员尽快进入运动状态，通常以增加负荷量的方法来尽快实现运动员机体的适应。在专项训练阶段，以提高负荷强度刺激的方法来加深运动员的机体适应过程。

（2）选择合理的负荷的内容和手段

教练员应按照不同运动项目、训练内容、训练手段的负荷特征和不同训练任务选择好相对应的训练内容、手段和方法。对运动员而言，其参与的具体竞技运动项目不同、训练的目的不同，所安排的训练负荷应有所区别。

（3）对负荷方案进行最佳综合设计

在运动训练过程中，教练员要根据各对应性负荷结构的特征及相互间的关系，进行负荷方案的最佳综合设计。特别是要注意负荷量、负荷强度与总负荷，内部负荷与外部负荷，生理、心理与智力性负荷，以及训练负荷与比赛负荷的综合设计。

（4）按照运动员个体特点确定运动训练负荷

教练员要通过科学的训练诊断，对运动员的个体特点加以了解，对符合他们个体特点的个体负荷模型进行科学确立。

（5）注意负荷安排的长期性、系统性

在进行运动训练时，要根据连续负荷中疲劳的正常积累与过度疲劳之间的关系，对多年、年度、周及每一次课的训练过程的负荷进行对应的安排，使不同训练阶段的运动训练负荷能够连贯起来，促进运动员运动水平的逐步提高。

（6）重视运动训练负荷的节奏性

教练员要把大负荷训练与减量训练结合起来，使之形成最佳的负荷节奏，进而促使运动员取得最佳的运动成绩。

（7）合理增加运动训练负荷

根据训练任务和训练对象，逐步、有节奏地加大运动训练负荷，直至最大限度，但在竞走运动训练过程中，运动训练负荷的安排不宜过大，应以提高单位训练时间里最大的效益为准则。运动训练负荷的增加应当在运动员适应了原有负荷的基础上进行，只有这样才能取得较好的训练效果。

（8）注意处理好负荷量、负荷强度与总负荷的关系

教练员要按照运动项目特点、训练和比赛任务、个体特点等因素，以总负荷的要求为基础，确定好负荷量和负荷强度的最佳组合。突出强度是高水平竞走运动员负荷安排的重要特征。但注意应从实际情况出发，负荷强度和负荷量应合理搭配。

（9）重视恢复

训练水平的提高离不开对训练负荷的合理安排，没有恢复，也就没有新的负荷安排。在运动疲劳之后，人体的恢复时间有所不同，恢复时间过长或过短都不利于提高身体素质和技战术水平。注意掌握运动员训练后不同恢复阶段的时间、个体负荷的极限能力、承受极限负荷后的恢复时间，及各训练过程的负荷性质及适宜的间隙时间和恢复方式，并根据这些要点来对大负荷训练进行安排。训练之后，还应注重采用多种手段来帮助运动员消除疲劳。

（10）做好运动训练负荷监测和诊断工作

教练员应在运动训练过程中根据运动训练负荷的构成因素及运动训练负荷的可监控性特点，正确地确定各运动项目的各训练内容、手段和训练方法，及不同运动员个体的运动训练负荷监控指标体系，对科学的运动训练负荷监控、诊断系统和诊断模型进行建立。

# 第三章 基础竞技能力训练

## 第一节 体能训练

体能作为人的基本运动能力,是人体各器官系统的机能在体育运动中的表现。良好的体能是运动员在训练和比赛中保持稳定以及良好心理状态的身体保证,也是增进健康、减少运动损伤的物质保障。因此,随着运动训练的日益科学化与系统化,体能训练受到了越来越多的关注。

### 一、体能的概念与类型

#### (一)体能的概念

关于体能的概念,可以从广义和狭义两个方面进行分析。广义的体能泛指机体在先天遗传和后天训练的基础上所形成的、在各项活动中承受负荷与适应环境变化的能力。在结构上包括身体形态(人体生长发育状况、心脏的纵横径、肌肉的横截面等内部形态特征)、身体功能(人体各器官和系统的工作能力)、运动素质(在运动过程中,人体各器官和系统在中枢神经系统的支配下所表现出来的各种基本运动能力)和健康水平(伤病情况等)四个方面的综合能力,其中运动素质是体能的核心。狭义的体能则指运动训练中的体能训练,即运动员为提高运动技术水平和创造优异运动成绩所必需的身体各种运动能力的总称,也是运动员机体对外界刺激或外界环境适应过程所表现出来的综合能力,其训练的重点是运动素质、专项运动能力和心理素质的提高。

#### (二)体能的类型

体能依据不同的标准可以分为不同的类型,当前国内常用的体能分类方式主要有以下几种。

**1. 以人体机能特性为标准进行分类**

以人体机能特性为标准,可以将体能细分为以下两类,即健康体能和运动体能。

（1）健康体能

所谓健康体能，就是任何人群都必需的器官和系统的机能能力，是运动体能的基础。健康体能主要以增进健康和提高基本活动能力为目标，即维持人体的健康状况，包括心肺耐力、柔韧性、肌肉力量、肌肉耐力等。

心肺耐力又称有氧适能或有氧耐力，是指人体持续进行身体活动的能力。心肺耐力水平主要与机体的心血管系统和呼吸系统有关，即人体摄氧、吸收利用氧气进行新陈代谢，产生能量的能力。整个过程涉及心脏制血与泵血功能、肺部摄氧与交换气体的能力、血液循环系统携带氧气至全身各部位的效率，以及肌肉使用这些氧气的功能。心肺耐力与人体健康密切相关，是人体健康水平或体质强弱的重要标志。尤其是在进行一定强度的身体活动时，良好的心肺功能显得更加重要。心肺功能良好，学习、工作和运动时也会感到轻松自如。

柔韧性是指身体各个关节的活动幅度以及跨过关节的肌肉、肌腱、韧带、皮肤和其他组织的弹性和伸展能力。柔韧性可以通过经常性的体育锻炼得到提高。柔韧性是参加各项运动和健身锻炼所必备的体能素质之一，对于提高身体活动水平、预防肌肉紧张以及保持良好的身体姿态具有重要作用。

一块肌肉或肌肉群竭尽全力从事抵抗阻力活动的能力，便是肌肉力量。人体所有的活动均需要使用力量，如果没有肌肉的收缩和舒张而产生的力量牵拉骨骼进行运动，则连起码的行走和直立也不可能。肌肉强壮有助于预防关节的扭伤、肌肉的疼痛和身体的疲劳。需要注意的是，不应在强调某一肌肉群发展的同时而忽视另一肌肉群的发展，否则会影响身体的结构和形态。

肌肉耐力是指一块肌肉或肌肉群在一段时间内重复进行肌肉收缩的能力，与肌肉力量密切相关。人体肌肉强壮和耐力好，对抗疲劳的能力就强。

（2）运动体能

运动体能是在健康体能的基础上，进一步发展的竞技比赛所需的身体机能能力。与竞技运动有关的运动体能，主要指运动员为提高运动技术水平，以追求在竞技比赛中创造优异运动成绩所需的体能为目标，即运动员机体对外界刺激或外界环境适应过程所表现出来的符合运动项目特点的速度、力量、灵敏性、协调性、平衡和反应等综合能力，也与运动员的心理因素（主要是意志力）有关。在现代体能训练中，对运动员体能专项化训练提出了越来越高的要求，具体内容如下。

第一，速度。速度是指快速移动的能力，即在最短的时间内移动一定的距离。在许多竞技运动项目中，速度对于个人取得优异成绩至关重要。

第二，力量。力量是指短时间内克服阻力的能力。举重、投铅球、掷标枪等项目均能显示一个人的力量大小。

第三，平衡。平衡是指当人处于运动或静止站立时保持身体稳定性的能力。滑冰、滑雪、体操、舞蹈等项目是能很好地提高平衡能力的运动，闭目单足站立练习也有相当好的效果。

第四，灵敏性。灵敏性是指在活动过程中，既快速又准确地变化身体移动方向的能力。灵敏性在很大程度上依赖于神经肌肉的协调性和反应时间，可以通过提高这两方面的能力来改善人的灵敏性。

第五，反应。反应是指人体对于外界刺激产生响应动作时间的快慢程度。反应快速是运动员的必备素质，特别是在短跑的起跑阶段，运动员必须对信号刺激（声音）做出快速的应答反应。

第六，神经肌肉协调性。神经肌肉协调性主要反映一个人的视觉、听觉和平衡觉与熟练的动作技能相结合的能力。

### 2. 以体能的获得途径为标准进行分类

以体能的获得途径为标准，可以将其细分为以下两类。

（1）先天体能

先天体能是通过遗传获得的。生理学研究证明，人的最大摄氧量水平、心脏的容积、肌纤维和神经系统的类型等都由遗传而来，遗传在很大程度上决定了人体有氧能力、无氧能力、力量和速度水平。因此，先天遗传特征给受训者体能水平的发展提供了可能性基础。

（2）后天体能

后天体能是通过长期有效的锻炼而获得的，即后天适宜的地理环境、社会因素和系统的运动训练可以使个体的体能水平得到发展。因此，必须在适宜的地理环境和良好的社会环境中进行系统、科学的体能训练，以有效提高个体的体能，增强其健康水平。

### 3. 以体能的表现形式为标准进行分类

以体能的表现形式为标准，可以将其细分为以下两类。

第一，训练体能。训练体能主要是指运动训练过程中运动员所表现出来的力量、速度、耐力、柔韧等素质，以及承受大负荷训练时机体的机能能力与心理能力。

第二，比赛体能。比赛体能是指运动员在比赛中始终保持正常的技术动作和完成技战术配合的能力，以及在比赛中由始至终保持高度的注意力和意志力等的心理能力。

需要注意的是，训练体能是比赛体能的基础，两者既相互联系又相互区别。

### 4. 以体能的供能特点为标准进行分类

以体能的供能特点为标准，可以将其细分为以下两类。

（1）有氧体能

有氧体能也就是以有氧代谢供能为主的体能，即有氧体能是指人体在氧气充分供应的情况下所进行的运动，即人体吸入的氧气与需求相等，达到生理上的平衡状态。虽然人体有氧能力在很大程度上受到先天遗传因素的影响，但长期的有氧锻炼能使人体的心血管系统、呼吸系统等方面发生积极的变化。一般认为，有氧体能主要通过后天长期的有氧锻炼来获取。

### （2）无氧体能

无氧体能也就是以无氧代谢供能为主的体能，即人体在"缺氧"状态下所进行的高速剧烈的运动。运动时氧气的摄取量非常低，人体内的糖分来不及经过氧气分解，而不得不依靠"无氧代谢供能"，从而体内产生过多的乳酸，导致肌肉疲劳、呼吸急促，不能持久。

#### 5. 以体能的供能特点为标准进行分类

以体能的供能特点为标准，可以将其细分为一般体能和专项体能两类。其中，一般体能可维持人体的健康状况，对人体保持体能水平起着重要作用。而专项体能则是符合运动项目特点的体能因素，即按照各个运动项目的特点，选择合适的训练内容并通过有效的训练手段和技巧，对运动参与者机体施加适宜的负荷强度，尽可能地挖掘运动参与者的身体潜能，以塑造锻炼者的身体形态，提升身体机能，进一步提高身体素质和健康水平。在现代体能训练中，由于提高训练效率的需要，对体能训练专项化也提出了越来越高的要求。

## 二、体能训练的概念

体能训练是运动训练过程中的重点部分，是结合专项需要并通过合理负荷的动作练习，来改善个体的身体形态，提高机体各器官系统的机能，充分发展运动素质，促进运动成绩提高的过程。

在这里，需要对体能训练与身体训练的概念进行一下区分。身体训练主要偏重对某一运动素质（速度、力量、耐力、柔韧）的追求，但忽略了整体机能潜力和机能能力的提高以及拼搏向上的心理素质的培养。而体能训练对个体整体运动能力、对抗能力、适应大负荷与高强度的抗疲劳能力以及顽强拼搏的心理品质则是十分重视的。此外，身体训练以单一的运动素质提高为目标任务，而体能训练则从人体整体工作能力、人体机能潜力提升的角度研究和提高运动能力。也就是说，体能训练是人体器官和机能系统在结构和机能能力上的适应性再塑造工作，是个体心理意志品质的再塑造工作。

## 三、体能训练的重要性

体能训练的重要性，具体来说有以下几个方面。

### （一）有助于个体形成健康的身体

个体要想参与体育运动，一个重要前提是具有健康的身体，而体能训练在个体的身体健康状况方面发挥着积极的作用。

第一，个体通过参与体能训练，可以有效地提高内脏器官特别是心血管系统、呼吸系统机能，增强骨骼、肌肉、肌腱和韧带等运动器官功能，并使中枢神经系统机能得到明显改善，继而提高对外界环境的适应能力。

第二，个体通过参与体能训练，可以促进新陈代谢，提高对疾病的抵抗能力。

第三，个体通过参与体能训练，可以增强自己的体质。

### （二）有助于个体形成健康的心理

社会在不断发展，人们的生活节奏和工作节奏也在不断加快。在这种情况下，人们不仅日益重视提高自己的生活质量，也越来越重视提升自身的身体健康状况。而人们在参与体能训练的过程中，不仅能够锻炼身体，形成良好的身体素质，而且能促使自身形成健康的心理，具体表现在以下几个方面。

第一，人们通过参与体能训练，可以改变身形、体态，从而使自己的情绪变好，能有好的心态，从而提高自信心。

第二，人们通过参与体能训练，可以培养自己坚持、努力、认真等良好的心理品质，这对于健康心理的养成也是十分重要的。

第三，在很多情况下，体能训练是由多个人参与的。人们通过参与这样的体能训练，可以增强与人交往的能力。

### （三）有助于预防或减少运动损伤

个体在参与体育运动时，不可避免地会出现一些运动损伤，如擦伤、肌肉拉伤、急性腰伤、骨折、关节脱位、关节损伤、关节扭伤等。而通过对个体进行体能训练，提高其身心素质和运动水平，能够有效地预防或减少运动损伤。此外，要预防或减少运动损伤的出现，在体能训练中还需要注意：在训练前及时发现可能造成运动损伤的隐患，并要消除隐患；要做好训练前的准备活动以及训练后的恢复活动；要依据练习者的实际情况来合理安排运动量；要运用各种形式的体能练习方法，全面提高身体素质，防止局部肌肉的过度疲劳；要确保训练的科学性、全面性、渐进性和个别性，并要制订合理的训练计划。

## 四、体能训练的发展趋势

在当前，体能训练受到了越来越多人的关注，并呈现出以下几个鲜明的发展趋势。

### （一）体能训练科学信息化

伴随着社会的发展以及科学技术的进步，各种先进的训练设备、训练手段、信息交流等不断引入体能训练中。体能训练过程中各项身体指标的测验和测验仪器越来越精确和精密。体能训练的手段和分类越来越科学化，训练日趋专项化，训练方法和手段的供能特点及对机体的负荷特征更加接近运动员的比赛状态，如在训练过程的各阶段训练任务均围绕比赛要求，有目的地选择体能训练手段；训练多周期化和以赛带练，准备期训练时间缩短，时间也有所提前；比赛期时间则大大延长，一般训练的比例减小，专项训练的比例增加；

以赛带练，赛练结合等。以科学理论为指导，制定科学的训练计划，广泛运用科技成果，采用先进的技术与科学的训练方法和手段，对体能训练的全过程实施最佳调控，传统和现代训练方法相结合，更加注重实效性和发挥个人特点。每年的体能教练培训和国际交流都能带来大量的体能训练信息。

### （二）体能训练国际化

当前的体能训练不再局限于某一个国家范围内，而是呈现出体能训练的交流日益频繁和国际化的趋势。运动队聘请国内外知名体能教练指导体能训练，有实力的运动队还将赴国外进行体能培训和交流。体能教练已成为一个国际性的职业，体能训练也伴随着人们对运动员体能的重视和体能教练职业的飞速发展而融入国际化的行列。

### （三）日益重视核心力量的训练

核心力量存在于所有运动项目中，所有运动中的动作都是以中心肌群为核心的运动链，强有力的核心肌群对运动中的身体姿势、运动技能和专项技术动作起着稳定和支持作用。任何竞技项目的技术动作都不是依靠某单一肌群就能完成的。核心肌群在此过程中担负着稳定重心、环节发力、传导力量等作用，同时也是整体发力的主要环节，对上下肢体的协同工作及整合用力起着承上启下的枢纽作用。现代对运动员的体能训练更加强调的是系统整体性，任何一个动作都不是孤立的，因此对核心力量训练地位的重视不断提高。

### （四）重视训练、管理与恢复的一体化

借鉴男子体能训练的经验应用到女子体能训练中会获得明显的提高效果，这一方式目前受到各国的广泛重视，在对女子运动员的体能选材、运动素质的训练以及与体能密切相关的意志品质与有关心理能力方面等均有涉猎，称之为女子训练的"男性化"。现代体能训练更加重视训练过程中的科学管理，重视每个阶段每位运动员的训练状况，注重个性化的体能训练，有针对性地进行科学有效的管理，进而提高体能训练的效率。对运动员的训练恢复也是高度重视，采用多种科学的手段加速运动员从训练中恢复到最佳状态。恢复是消除疲劳的最佳手段也是提高运动员体能状态的最佳手段，因此采取科学有效的手段对运动员进行训练恢复，构建高效能的恢复训练体系就尤显重要。

## 五、体能训练的内容

体能训练涉及身体形态、身体机能、运动素质、健康等诸因素。其中，身体形态指人体的内外部形状；身体机能是指机体各器官系统的功能，是身体活动能力的基础；运动素质是机体在中枢神经系统的控制下，在运动时所表现出来的各种基本运动能力，通常包括力量、速度、耐力、柔韧度、灵敏度等；健康（指人在身体、心理及社会适应方面的良好

状态）的身体是个体参加训练活动的必要条件。体能训练所涉及的这些因素，决定了其在内容方面既要有一般体能训练，也要有专项体能训练，还要有康复性体能训练。

### （一）一般体能训练

一般体能训练是指运用多种非专项的体能练习手段所进行的体能训练，这里所说的练习手段包括球类、体操、举重、游戏等。其任务是提高各器官系统机能，增进身体健康，全面提高身体素质，改善身体形态；掌握非专项的运动技术、技能和知识，为专项成绩和运动技能水平的提高打好基础。

### （二）专项体能训练

专项体能训练是指采用提高专项素质的练习以及与专项有紧密联系的专门性体能练习，最大限度地发展对专项成绩有直接关系的专项运动素质，以保证掌握专项技术和战术并在比赛中顺利有效地运用，从而创造优异成绩的训练。

由于项目不同，专项体能训练的内容也会有较大的差异。比如，为了设计一个有效的专项运动训练方案，有必要了解运动中使用的主要技术动作，了解关节如何移动以及肌肉如何收缩，将有助于选择制定适当的练习内容。以踢球为例，在训练设计中需要强调：加强股四头肌和髋关节屈伸的练习，作为主要的原动力；拉伸大腿后侧肌群，以确保当前侧主动肌快速、有力地收缩时，后侧颉颃肌群能够充分地伸展拉长；拉伸所有在运动中会发生强烈收缩的肌肉，如股四头肌、腓肠肌、比目鱼肌、竖脊肌等；提高心血管机能的练习；通过爆发力练习提高无氧工作能力。

在这里，还需要进一步明确一般体能训练和专项体能训练的关系。一般体能训练是专项体能训练的基础，一般体能训练为专项运动素质的提高创造必要的条件；专项体能训练则是提高专项运动成绩的特殊需要，并直接为创造优异的专项运动成绩服务。一般体能训练所提供的基础及专项体能训练的要求也要随之改变，以适应专项运动成绩提高后的要求。一般体能训练和专项体能训练的总目标是一致的，在训练实践中往往难以分开。

### （三）康复性体能训练

康复性体能训练结合了康复医疗和体能训练的理念和方法，对处于亚健康状态或不在最佳状态的个体，根据其所处的状态水平，设计出适用于专项运动的最佳素质组合和训练方案，使个体能做出尽可能合理的运动技术，帮助个体恢复健康、治疗伤病、防止伤病复发、提升体能，以适应专项训练的需要，逐步向最佳状态过渡。

由于康复体能训练主要针对的是处于亚健康状态和伤病恢复期的个体，因此它的训练方法具备一些不同的特点，具体如下。

第一，要注意选用功能性强的练习方法。由于绝大多数运动是多关节的三维运动，因此康复性训练的动作设计多在三维空间进行。

第二，要注意选用避免加重伤痛的练习方法。个体通过长期的运动训练难免会有不同程度的伤病，在体能训练中如何避免加重原有的伤痛，根据个体的伤痛选用尽可能不痛或少痛的动作来练习是体能训练必须面对的难题。

第三，要在逐渐提升体能的前提下，强调预防再次损伤的身体训练，尤其是中枢稳定性训练、小肌肉群训练、平衡训练、关节稳定性练习和拉伸练习等是训练的重点。

## 六、体能训练的原则

在开展体能训练时，要想取得良好的成效，需要遵循一些基本原则。具体来看，体能训练的原则主要有以下几个。

### （一）全面性原则

在开展体能训练时，一个重要的原则便是全面性原则，即通过对学生的各项运动素质进行培养，促使学生的身体形态、技能、身体素质和心理素质等都得到全面的发展与提升。体能训练中之所以要遵循全面性原则，原因有以下几个。

第一，人体是一个有机的整体，各系统、各器官之间互相关联，又互相影响。同时，一个人的体质好坏是通过很多方面表现出来的，而且这些表现之间都有一定的联系。当某一方面得到了锻炼与发展时，对其他方面也会产生一定的积极影响。不过，某一方面的锻炼并不能完全代替其他方面的锻炼。因此，对学生身体的各个部分都进行锻炼，使学生各个器官的功能都得到协调发展。

第二，运动技术不同，对体能的要求也有一定的差异。因此，只有广泛、全面地促进学生运动素质和身体机能的发展，才能确保其技术技能达到一个较高的水平。

第三，人的各项身体素质是相互依存、相互促进的，即某一项身体素质的提升对另一项身体素质的提升有积极的作用。因此，在开展体能训练时，要尽可能使学生的各项素质相互促进，全面提升。

### （二）目的性原则

目的性原则指的是在开展体能训练时，必须要在充分认清体能训练的特点、规律等的基础上，明确学生通过训练所需要达到的各项素质的要求与标准。只有明确了开展体能训练的目的，才能产生一种原动力，促使体能训练顺利进行。

需要注意的是，体能训练必须是符合学生身体发展特点的，而且要具有客观性和可行性。否则，体能训练便无法发挥其作用。

### （三）系统性原则

机体的功能在经过一段时间的运动后，会逐渐得到增强。而机体功能的增强需要在经过多次的良性刺激后才能实现。因此，在开展体能训练时需要遵循系统性原则，即按照体能发展的内在规律，对学生的身体素质训练做合理规划，以保证训练持续不断地进行。

此外，在开展体能训练时，需要系统地安排训练的内容、手段、负荷等，以充分挖掘、发挥学生的身体素质潜力，为其运动能力的提高奠定基础。

### （四）针对性原则

在开展体能训练时，也必须要遵循针对性原则，即要切实依据学生的身体条件、训练水平、生理技能以及体能训练的实际条件等来制订训练的计划，明确训练的内容、方法、手段、负荷量等。只有这样，体能训练才能更好地符合训练的条件，和训练对象的实际情况相符合，继而取得理想的训练效果。

### （五）循序渐进原则

体能训练的循序渐进原则，指的是在开展体能训练时，必须确保在训练的内容、方法和运动负荷的安排方面有合理的顺序。从运动负荷来说，运动负荷的强度过小，不会引起反应；运动负荷的强度过大，超过了身体的适应能力，则会对身体健康造成不利影响，甚至使身体陷入伤病的危险状态。因此，依据实际情况逐步提高运动负荷是十分重要的。

此外，在开展体能训练时，要注意逐步提高训练的要求。这是因为，长期进行相同内容的训练，有机体会逐渐适应，继而产生"持续性适应"，这样训练的效果与开始时相比就不明显或会逐渐减小。因此，体能训练的要求应逐步提高。

### （六）安全性原则

安全性原则指的是在开展体能训练时，要确保学生的身体始终处于安全的情况下。为此，在开展体能训练时应特别注意以下几个方面。

第一，在开展体能训练时，要注意选择安全的环境，以免身体受到损害。

第二，在开展体能训练时，要注意让学生做好准备活动，使四肢和内脏器官先活动一下，使之能适应即将投入的教学与训练，防止因突然用力而拉伤肌肉、韧带和损坏关节等。

第三，在开展体能训练时，要充分考虑到学生的身体状况，并要循序渐进地增加训练量，以免超出学生的身体承受能力，伤害学生的身体。

## 七、体能训练的方法

在开展体能训练时，不仅要遵循以上原则，还要借助一些有效的训练方法。具体来说，体能训练的常用方法有以下几个。

### （一）变换训练法

在进行体能训练时，变换训练法是一个十分有效的方法。这一方法是通过对训练条件、训练负荷、训练内容、训练形式等的改变，来提高学生参与体能训练的积极性和主动性，促进学生适应能力和应变能力的发展。此外，在体能训练中运用这种方法，还有以下几方面的积极意义。

第一，能够促进学生身心素质的提高。

第二，能够使学生的运动感觉变得更加灵敏。

第三，能够推迟运动疲劳的产生。

将变换训练法引入体能训练之中，只有切实注意以下几个方面，才能使这一方法发挥出最大的作用。

第一，在对训练条件、训练负荷、训练内容、训练形式等进行改变时，切不可盲目进行，必须充分考虑到训练的目标以及学生的身体条件和运动水平等。

第二，无论如何改变训练条件、训练负荷、训练内容、训练形式等，都必须确保其能够促进学生身体素质的发展和运动水平的提升。

第三，在对训练负荷进行改变时，要循序渐进地增加运动量和运动强度，并要确保其始终保持在一个合理的范围内，不会对学生造成身体损伤。

第四，要依据学生的训练情况来调整间歇的时间和练习的次数等。

## （二）循环训练法

在进行体能训练时，也经常会用到循环训练法。这一方法是先预先制定好训练的顺序，然后按照制定好的顺序进行训练，当所有的训练都完成后，再从头重复前面的训练。一般来说，循环训练法会明确每项训练内容的要求，而且会规定相应的负荷参数，因而以训练内容、训练重点、训练负荷、间歇时间、循环次数等为依据，开展形成多样化的练习。

在体能训练中运用循环训练法有着多方面的积极意义，具体如下。

第一，能够促进学生各项素质的有效提升。

第二，能够帮助学生更为准确、牢固地掌握运动技术，提高运动水平。

第三，能够使学生的不同身体部位得到系统且有针对性的训练。

将循环训练法引入体能训练之中，只有切实注意以下几个方面，才能使这一方法发挥出最大的作用。

第一，要重视循环训练计划的制订，而且在制订这一计划时，必须考虑到总体的训练目的和训练任务，然后在此基础上安排恰当的训练内容，突出训练的重点，明确循环训练的次数等。

第二，要注意合理地安排运动负荷。一般来说，要以体能训练的特点、学生的实际情况以及训练的内容等，来确定恰当的负荷量和负荷强度。

第三，要对训练的要求、训练的次数以及训练的间歇时间等进行严格规定。

第四，要注意循环练习的多样性，这既能够提高练习的针对性，也能够提高学生参与训练的兴趣和积极性。

第五，只有当所有的训练内容都完成后，才能进入下一次的循环。

### （三）间歇训练法

在开展体能训练时，间歇训练法也是一种十分有效的方法。这一方法是先让学生进行一定强度的训练，然后让其在规定的时间内，按照规定的休息方式进行休息，当休息时间结束后，学生的机体机能可能未完全恢复，此时就要进行下一次的练习。很明显，这种训练方法强调在学生的机体尚未完全恢复时就进行下一次的练习。在体能训练中运用间歇训练法，不仅能进一步提高学生的身体技能，而且能有效提高学生的运动水平。

将间歇训练法引入体能训练之中，只有切实注意以下几个方面，才能使这一方法发挥出最大的作用。

第一，要切实依据训练任务来确定间歇训练的方案，即要确保所确定的间歇训练方案能够有效地完成训练任务。此外，在确定间歇训练方案时要注意留有一定的余地，以便日后能够根据学生的实际训练效果进行适当调整。

第二，要以学生的具体情况为基础来确定间歇训练的运动负荷以及间歇时间。

第三，在训练过程中要注意观察学生是否产生了运动疲劳。若产生了运动疲劳，则要相应地减小运动负荷，或是让学生进行充分休息后再开始训练。

### （四）重复训练法

重复训练法也是在开展体能训练时经常会用到的一种方法，即在体能训练过程中在不改变动作结构和运动量的情况下，在相对固定的条件下，对某一个动作进行重复练习的方法。在体能训练中运用这种方法，可以使学生对某项技术动作形成条件反射，在实际运用中会更加熟练，也更容易在激烈的比赛中稳定地发挥；而且经过重复训练，学生对于技术动作会形成较大的信心，这对于学生的意志品质也会有良好的影响。

在体能训练中运用重复训练法时，要想取得预期的效果，以下几个方面应特别予以注意。

第一，重复练习是一项重复某一动作的过程，由于练习的枯燥，在练习过程中很容易产生乏味厌烦的情绪，从而使得注意力分散，影响训练的效果，这时就应该利用一些游戏或者比赛的方法提高学生的练习兴趣。

第二，重复练习要严格按照技术规范进行练习，因为重复练习会使动作掌握得更加牢固准确，所以要求练习要准确，如果学生连续出现错误动作，就应该停止练习；重复练习对于负荷强度要求不高，但是对于重复次数有较高的要求，必须保证练习可以使学生某一项动作完全掌握以至于定型才可以。

第三，运用重复训练法进行体能训练时，要以学生的实际情况，有针对性地确定练习数量、负荷强度、重复次数。应尽量采用简单而有实效的已基本掌握的练习作为训练手段。

对于身体素质相对较差的学生应该适当降低要求,在训练过程中逐步增加练习的次数,逐渐提高训练水平。

第四,在进行重复训练时,必须要掌握好训练负荷的有效价值范围,并以此为依据对重复次数进行合理的调整。随着重复次数的变化,对身体的作用也不相同。重复次数越多,身体对运动反应的负荷量就会越大。如果重复次数不断地增加,可能会使身体承受的负荷达到极点,最后可能会破坏有机体的正常状态,导致身体受伤害。

### (五)持续训练法

在体能训练中,持续训练法的运用也是比较多的。体能训练中的持续训练法一般会以锻炼时间的长短为划分依据,分为短时训练法、中时训练法、长时训练法三种基本类型。

在体能训练中运用持续训练法时,要想取得预期的效果,以下几个方面应特别予以注意。

第一,进行持续训练时,要确保学生的平均心率保持在每分钟 130~170 次之间。

第二,持续训练法一般针对的是训练中需要较长时间坚持训练才能达到效果的练习。这种练习需要一定的运动负荷强度,较长的负荷时间,无间断地连续进行。

第三,在制订持续训练方案时,要考虑到由于持续训练的时间较长,练习量较大,因此强度不宜太大。要以恒定的运动强度,有利于发展一般耐力。若要提高专项耐力,则可以提高强度,持续适当的时间。

### (六)游戏训练法

体能训练的游戏训练法,就是借助于游戏来开展体能训练。这种方法可以最大限度地调动学生的训练积极性,愉悦身心,在嬉笑娱乐中达到训练的目的。此外,这种方法在训练的同时可以达到减轻压力、适当休息的目的。

在体能训练中运用游戏训练法时,要想取得预期的效果,以下两个方面应特别予以注意。

第一,游戏训练法的运动负荷要根据学生实际情况的不同而随之改变。

第二,游戏训练法要注意游戏的多样性和趣味性,充分调动学生的训练积极性和主动性。

### (七)综合训练法

所谓综合训练法,就是把以上训练方法中的两种或两种以上结合起来使用,或者在一组训练中安排多种体能训练内容的训练方法。

在体能训练中运用综合训练法时,要想取得预期的效果,以下两个方面应特别予以注意。

第一,在体能训练中运用综合训练法时,各训练法的组合运用要根据学生的实际情况和锻炼任务来决定。

第二，综合训练法变化多，组合多样，具体可以根据不同性别、年龄、身体状况、学生的需求进行适当的变化、调整，以期取得较为理想的训练效果。

## 八、体能训练的计划

要想保证体能训练的科学性与系统性，制订合理的体能训练计划是十分重要的。

### （一）体能训练计划的含义

体能训练计划是教练员依据对训练者体能现状的诊断和确定的体能训练目标，并根据体能发展的内在规律和训练理论的要求，预先制订的保证训练者体能由现实状态向目标状态有效转移的理论上的设计和安排。它的规范制订与实施，是教练员在体能训练过程中完成训练任务、实现训练目标的有效保证，是训练者在体能训练过程中稳定提高运动成绩、保持良好的身体心理状态的重要保障。

### （二）体能训练计划的类型

体能训练计划，通常可以细分为以下几种类型。

#### 1. 体能训练总计划

体能训练总计划也称体能训练全程计划，是对训练者多年体能训练的总规划、总设计，是体能训练目标实现的预定方案。此外，体能训练总计划一般注意的是训练的整体目标。

#### 2. 体能训练年度计划

体能训练年度计划就是以一年为单位进行的计划，这是对多年训练计划的细化。此外，体能训练年度计划是学年体能训练的纲领性规划，对完成体能训练的总计划及实现年度训练目标具有重要的意义。

#### 3. 体能训练月计划

体能训练月计划是根据训练者本月训练的目标、内容、任务而进行设计的训练方案和规划，且训练目标、内容等要明确，如柔韧、速度、耐力、力量等素质提高到什么程度或水平等。

#### 4. 体能训练周计划

体能训练周计划是训练者每周训练安排的方案。周训练计划在制订上，应以训练内容为核心采取多种形式合理安排，确保各项素质得到有效锻炼。

#### 5. 体能训练日计划

体能训练日计划是上述所有训练计划得以实现的基础和前提，日计划主要包括训练目标、训练方法、训练负荷、训练间歇等方面。日计划尽量考虑年龄、性别及身体机能状态，使得训练计划更具有普适性。

### （三）体能训练计划的构成要素

一般来说，体能训练计划是由以下几个要素构成的。

#### 1. 训练目标

训练目标是根据训练者的体能现状诊断和对训练者在训练中产生的生物适应性的提前预估所做出的目标判断和要求。训练目标是对体能训练所产生的预期结果的规划，它对激发训练者的参训积极性、提高教练员的指导方向性和规范训练计划微调的波动性等有重要的作用。

此外，体能训练计划的目标需要包括以下几方面的内容。

第一，体能训练总计划的目标。其要体现远期目标，通常可设定 4~6 个目标，以体现人才培养的总目标。

第二，学年训练计划的目标。其通常设定 3~5 个目标，要注意不同目标间的联系和顺序安排，保证相当比例的训练者能够达标。

第三，月训练计划的目标。其要体现近期目标，应考虑训练的可行性及对远期目标实现的可能。

第四，周训练计划的目标。其要与当月的体能训练计划目标一致，可根据一周内不同类型的训练设计分目标。比如，力量训练，第一次训练可安排股四头肌，第二次可安排胸大肌，第三次可安排腰腹肌。

第五，日训练计划的目标。其要体现具体目标，如当日力量训练的目标肌肉为股四头肌等。

#### 2. 训练时间

训练时间是体能训练计划对训练中的时间的具体安排，是科学安排体能训练的重要保证。一般来说，训练时间的安排可以分为以下两类。

第一，对总训练计划的时间安排，对月训练计划的时间安排，对周训练计划的时间安排，对日训练计划的时间安排，对课训练计划的时间安排等。

第二，对训练项目的具体手段所规定的时间安排和各项目间的间歇时间安排。

#### 3. 训练内容

在体能训练计划中，训练内容是一个重要的组成部分。它主要是针对训练者在运动中所需要的力量、速度、耐力、灵敏、柔韧和协调等身体素质的训练方法和手段的选择。

任何一个运动项目对三大能量代谢系统和神经、骨骼、肌肉等系统都有着不同的要求，而且在完成运动项目时需要三大能量代谢系统协同进行能量供应。因此在制订体能训练计划中的训练内容时，首先要了解训练者在其参加的运动项目中的活动方式，并据此选择合适的训练内容。体能训练计划应使训练的方法尽可能与运动项目相似，提高训练者专项需要的能量代谢能力，改善训练者的神经、骨骼、肌肉等系统功能。

#### 4. 训练方式

训练方式指在训练过程中，为提高体能素质运用的方法、手段、途径。体能训练总计划在训练方式上重点对训练者体能训练的运动方法体系、手段体系、途径等进行整体性设计。学年计划在训练方式上通常根据对应的训练目标大致选择训练方法、手段和途径，但之前应以学生的 FMS 测试水平为依据；月计划在健身方式的选取上要根据月训练目标及训练者的兴趣、特长和训练条件、环境等确定并及时进行调整；周计划在训练形式选择上应多种多样，避免单一，通过变换具体的训练方法，一方面能更好地达到健身训练效果，另一方面能极大地提高训练者的训练兴趣；日训练计划中要对整个训练所涉及的所有的训练方法、训练手段、训练途径进行详细的构思，与当日训练负荷要协调一致。

#### 5. 训练频率与强度

训练频率是训练者在一次体能训练中对一种训练内容的完成次数，对体能训练中训练负荷量的把握起着重要的作用。

训练强度是训练中对训练者机体的外部刺激的强度，是体能训练计划中最关键的部分，包括运动的密度、速度、重量及难度等因素。体能训练的主要过程就是通过对训练者施加训练负荷，使训练者产生生物适应性来完成的，而负荷主要就是由负荷强度和量（负荷量由时间、频率等因素组成）构成，两者相互依存、相互影响，任何负荷的量都是以一定的强度为条件而存在的。

#### 6. 营养与恢复

营养与恢复是在体能训练之外对体能训练影响最大的非训练因素。训练者参加体能训练时，只有足量的营养摄入和充分的疲劳恢复才能完成预期的训练目标。

体能训练离不开负荷，同时也离不开恢复。因为没有负荷的训练是无效的训练，而没有恢复的训练是危险的训练。体能训练对人体能量物质的消耗是巨大的，如果没有足够的恢复，会导致训练者机体能量的迅速消耗，长时间得不到补充或长时间补充不足，会对体能起到相反的作用，导致训练者身体机能下降，运动能力降低甚至威胁健康。为了使体能训练取得理想效果，提高训练者的竞技能力，必须重视恢复。体能训练和训练后的营养恢复是有协同效应的，在体能训练计划中应明确地写出营养与恢复的具体要求和安排。

体能训练对人体机能的能量消耗是不可避免的，而体能恢复的关键在于恢复机体的能量储备，包括糖、脂肪、蛋白质、水、无机盐等的全面补充。因此，补充营养是体能恢复的物质基础。

#### 7. 训练效果考评及微调整

训练效果考评是根据训练目标和训练者参训的现实情况对体能训练计划做出的切实评价和对训练者的训练做出的综合评价，它是对体能训练计划进行微调整的关键依据。

微调整是不断完善体能训练计划的主要手段，它对提高体能训练计划的可行性、全面性、完成体能训练目标有着重要作用。

### （四）体能训练计划的制订

体能训练计划的制订过程实质上就是对体能训练的各个要素进行排序和整合。训练要素在训练的各个时期，其内容、比例和要求是不同的。此外，在制订体能训练计划时，必须遵循以下几个步骤。

#### 1. 需求分析

有效的训练计划必须满足训练者所从事专项训练的需要，满足训练者个人的需要。因此，要在预先了解运动项目特征和训练者特点的基础上来安排可变训练因素。需要考虑的因素有：项目的能量代谢特征，项目的生物力学特征，训练者的基本目标，训练者的训练经历和损伤情况。

#### 2. 基本情况分析

在明确了训练者的体能训练需求后，就需要对训练者的基本情况进行全面、系统、客观的了解。全面了解和观察训练者，才能更有效、更有针对性地确定体能训练的内容、方法、负荷等。

#### 3. 明确指导思想

训练指导思想是在掌握运动训练理论知识的基础上，通过实践经验所形成的对训练过程、周期、负荷包括体能的看法。尊重运动训练规律，利用训练规律，才能保证训练的科学性。教练员的指导思想对运动训练带来的影响极其深刻和长久，需要体育教师、体能训练师不断了解运动前沿动态，提高科学素养，形成正确的训练思路。

#### 4. 进行周期规划

体能训练计划的制订要符合训练的一般规则，经常会把训练计划分为四个阶段，即基础训练阶段、专项提高阶段、最佳竞技阶段和竞技保持阶段。这四个阶段的训练任务和训练内容都有一定的区别。

#### 5. 选择体能训练的内容和手段，确定方法、负荷

影响训练效果最直接的因素是训练内容、手段、方法、负荷，这也是运动训练中最大的可变性因素。要根据训练者阶段性需要选择训练手段，在注意多样化的同时，注意使用有特异性作用的手段。训练中并没有最好的手段，只有更适应、能解决问题的手段。一些手段不能很好解决问题，甚至有负效应。有些手段看上去像专项手段，其实还有很大差距，需要进行综合的生物力学和生理、生化分析。训练内容和手段确定后，负荷及方法就成为影响训练效果的直接因素。其他训练内容也是同样的道理，不在合理的负荷区域就不能达到最佳训练效果。同时，要注意阶段性地改变手段和负荷，一旦训练者对手段及负荷产生了高度适应，其训练效率就会下降。

#### 6. 撰写完整的体能训练计划

在上述五个步骤的基础上，整合各个环节，安排放松手段，设置测评、反馈通路，以

便进行阶段性调整、完善体能训练方案，形成完整的体能训练计划。体能训练计划完成后，不能轻易改变，应该相对固定，特别是不应该随意改变体能训练的框架和进程，可以对一些具体的手段、负荷进行必要的调整。除非出现较大的变故而无法执行原计划，否则会对体能训练的系统性造成不利的影响。

## 九、体能训练的设计

体能训练设计很大程度上是对负荷在训练过程中的有序安排和调控。

### （一）体能训练负荷的影响因素

体能训练需要确定合理的训练负荷，而在对训练负荷进行确定时，必须要考虑以下几方面的因素。

**1. 体能训练的周期节律**

训练者能力的提高、运动竞技状态的发展和变化、训练的客观环境等都具有一定的周期性特点。另外，训练者本身的体能、技能以及心理能力的结构也具有周期性的特点。体能训练各个阶段的训练目标各不相同，在不同的训练阶段对于运动负荷量的要求也存在很大的差别。例如，在训练的准备期，运动负荷量可以较大，训练强度应逐渐提高；在训练的比赛期，训练的负荷量较小，训练的强度却明显提高；而在训练的休整期，训练的负荷量与训练强度都应该适当减小。由此可见，体能训练的周期性特点对于训练负荷量的大小具有十分重要的影响。

**2. 训练者的承受能力**

一般来说，运动负荷越大，在获得超量恢复后，训练者就越能得到理想的训练效果。但是，运动负荷也有一定的限度，如果超过了训练者承受负荷的能力，其作用则会适得其反，有时甚至还会造成比较严重的运动伤病。由此可见，训练者对于运动负荷的承受能力是决定训练运动负荷量的重要因素，同时也决定了体能训练最终取得的效果。

除此之外，训练者的年龄、性别、健康状况、训练水平，前次负荷后的恢复情况，心理状态等因素都对其承受能力产生不同程度的影响。因此，在设计体能训练时，要结合训练者身心发展的特点和规律，以及其具体实际进行，要做到因人而异，合理安排运动负荷。

**3. 运动专项的需要**

运动的负荷特点主要体现在两个方面：一是负荷的侧重点方面，二是负荷的大小方面。在体能训练中，要想获得理想的训练效果，就应该根据运动的专项特点制订符合该运动专项需要的运动负荷量。由此可见，运动的专项特点在一定程度上也决定着训练负荷量的大小。

## （二）体能训练负荷适宜程度的判断

在对体能训练的负荷进行安排时，一个重要的前提是对训练负荷的适宜程度进行合理的判断。只有做好了这项工作，才能合理地控制并有效地调节体能训练的负荷，确保体能训练顺利进行并取得理想的结果。就当前来说，在对体能训练负荷的适宜程度进行判断时，可具体从以下两方面着手。

### 1. 从生理学角度对体能训练负荷的适宜程度进行判断

训练者在经过了一段时间的系统训练后，其生理特点会发生一定的变化。与此同时，伴随着运动训练负荷强度的变化，训练者的生理特点也会有所改变。这里所说的生理特点变化，主要是通过一些客观指标表现出来的，如心率、糖代谢、脂肪代谢等。

训练者的生理特点变化不仅能够反映出训练者的身体状况和训练情况，而且能够反映出训练负荷的适宜程度。因此，在对体能训练负荷的适宜程度进行判断时，可以借助于一些生理指标。比如，通过对训练者在训练前后的心理变化进行监控，可以对训练负荷的适宜程度进行判断。

### 2. 从心理学角度对体能训练负荷的适宜程度进行判断

体能训练的效果，与训练者的心理状态也有直接的关系。因此，使训练者在训练过程中保持良好的心理状态是十分重要的。

影响训练者心理状态的因素是多方面的，有训练者的训练动机、训练者对于体能训练的喜爱程度、训练者的运动能力、训练者的情绪与意志以及训练的负荷量等。其中，训练负荷对训练者心理状态的影响是十分明显的。实践证明，训练者的心理情况能够反映出训练负荷的适宜程度。比如，当训练者在训练过程中表现得过于紧张或是感到压力过大时，很可能是在提示体能训练的负荷不够恰当。此时，就需要依据实际情况对体能训练的负荷进行相应调整。

## （三）体能训练负荷的调控

在对体能训练的负荷进行安排时，合理地调控训练负荷也是一项十分重要的工作。这是因为，随着训练负荷的逐渐增加，训练者的超量恢复能力也会进一步增强，训练的效果也就更佳。但是，训练负荷不能无限，一旦超过了训练者的身体承受能力，不仅无法保证训练的顺利进行以及训练的效果，而且会对训练者的身体造成一定的损害。因此，在开展体能训练时，需要及时观察、分析训练者的训练与恢复情况，并在此基础上对训练负荷进行合理的调控。具体来说，要有效地调控体能训练的训练负荷，可以借用以下几种调控形式。

### 1. 渐进式调控

在对体能训练的训练负荷进行调控时，渐进式调控是经常会用到的一种方法。这种调控方法就是在体能训练过程中，使训练负荷处于逐步增加的状态。

## 2. 恒量式调控

在对体能训练的训练负荷进行调控时，恒量式调控也是一种十分有效的方法。这种调控方法就是在体能训练的某一阶段中，保持训练负荷的相对稳定。这一调控方法在整个体能训练过程中都能够使用，但要注意不同的训练阶段，训练负荷也应有一定的差异。

## 3. 阶梯式调控

在对体能训练的训练负荷进行调控时，阶梯式调控的运用也是比较多的。这种调控方法就是在体能训练过程中，先逐步地增加训练负荷，当增加到一定程度时，保持这一训练负荷，再经过一段时间的固定训练负荷训练后，再逐步地增加训练负荷。

## 4. 波浪式调控

在对体能训练的训练负荷进行调控时，波浪式调控的方法也经常会用到。这种调控方法就是在体能训练过程中，先增加训练负荷，当增加到一定程度时保持这一训练负荷，之后逐渐减少训练负荷，当减少到一定程度时，再增加训练负荷。这一调控方法有助于训练负荷的加大，而且在体能训练的各个时期都可以使用。

## 5. 跳跃式调控

在对体能训练的训练负荷进行调控时，有时也会用到跳跃式调控的方法。这种调控方法是通过训练负荷的巨大变化来促进训练者产生超量恢复，继而促进训练者体能训练水平的提升。需要注意的是，这种体能训练负荷的调控方法，只适用于运动水平较高的运动员。当运动员的运动经验不足、运动水平较差时，使用这种训练负荷调控方法很难取得理想的训练效果。

### （四）体能训练负荷的合理安排

是否能够合理地安排运动负荷，将对体能训练的效果产生至关重要的影响。具体而言，可借助以下几个措施来合理地安排体能训练负荷。

#### 1. 要切实根据训练的实际情况来安排训练负荷

在对体能训练负荷进行安排时，一个有效的举措是切实根据训练的实际情况来安排训练负荷。这一举措又可以细分为两种情况，具体如下。

第一，体能训练是一个长期的过程，这一过程又可以根据训练的目标、训练的任务以及训练的内容等进行阶段划分。由于不同的体能训练阶段在训练的目标、训练的任务以及训练的内容等方面是有一定差异的，因而不同训练阶段的训练负荷也应不尽相同。

第二，体能训练是针对具体的训练者展开的，因而在安排体能训练的负荷时，也需要考虑到训练者的实际情况。

#### 2. 要依据训练计划对训练负荷进行有效调整

在开展体能训练时，为了确保训练的顺利进行并取得理想的训练效果，会提前制订训练计划。在体能训练计划中，训练负荷的合理安排是一项十分重要的内容。训练计划不同，训练负荷也会相应有所不同。体能训练计划并不是固定不变的，需要及时依据训练的实际情况进行有效的调整。

3. 根据负荷与恢复的关系来安排训练负荷

对训练者来说，要想不断提高自身的体能训练水平，一个有效的途径是进行超量恢复。而要实现超量恢复，首先要把握好训练负荷与恢复之间的关系。简单来说，两者之间是相互联系、相辅相成的。只有具有一定的训练负荷，训练恢复才能出现。也就是说，当训练负荷积累到一定程度时，恢复便能够产生。而要促进超量恢复的实现，必须要注意以下几个方面。

第一，在体能训练过程中，要注意安排好训练负荷的大小与强度，否则很可能导致训练者出现过度疲劳的现象，不仅无法获得理想的训练效果，还可能会导致运动损伤的产生。

第二，在体能训练过程中，要对训练间歇时间进行合理安排。必须要确保间歇时间的充分性，这对于超量恢复的实现是十分有利的。

第三，在体能训练过程中，要考虑到训练者承受负荷的能力，这也会对超量恢复的实现产生直接性的影响。

# 第二节　技术能力理论与训练方法

## 一、运动员技术能力理论

运动技术是完成体育动作的方法。参加不同体育项目的活动，需完成不同的动作，即需要学习和掌握不同的技术。运动技术只有符合项目运动规则的要求，才有利于运动员的生理、心理能力得到充分的发挥，有利于运动员取得良好的竞技效果。

（一）运动技术的基本特征

运动技术主要具有以下几点特征。

1. 与体育动作密切相关

运动技术与体育运动密切相关是其区别于其他技术最为显著的特征。由于运动技术只能通过运动员的身体动作得以表现，因此又被称为"动作技术"等。

2. 动态发展性

在特定时刻，运动技术要求的合理性都是相对的和暂时的。伴随着运动员身心素质的提升和运动器械设备的不断改进，运动技术也处于动态发展之中。

### 3. 相对稳定性与应变性的统一

运动技术应具备相对稳定的动作结构。在比赛中，应力求保持这种结构。同时，随着比赛环境及比赛对手的变化，运动技术应随之进行调整。

### 4. 个体差异性

运动技术虽然必须具有运动的规范性和公认的动作规格，但由于运动员在身体形态、运动素质等许多方面具有独特性，因此运动技术需表现出一定的个体差异性。

## （二）运动技术原理

运动技术原理主要包括生物学原理、心理学原理、社会学原理等。

### 1. 生物学原理

生物学原理具体可分为生理学原理与生物力学原理。

#### （1）生理学原理

通常认为，运动条件反射暂时性神经联系是运动技术形成的生理机制，因此，学习和掌握运动技术的生理学本质就是建立运动条件反射。

#### （2）生物力学原理

运动技术的生物力学原理是身体姿势，关节角度；身体及肢体的位移、运动时间、速度及加速度；用力大小及方向，用力的稳定性及动态力的变化速率等基本要素合理适宜匹配的结果。

### 2. 心理学原理

目前，人们对运动技术的心理学机制予以了广泛关注，如运动技术学习与形成所需要的心理能力等。

### 3. 社会学原理

所谓社会学原理即美学原理，从某种意义上来讲，"运动美"就是技术美、动作美。

## （三）运动技术的动作要素

动作要素主要包括身体姿势、动作轨迹、动作时间、动作速度、动作力量和动作节奏等。

### 1. 身体姿势

身体姿势主要包括开始姿势、动作进行姿势和结束姿势。它是指身体的状态及身体各部位在空间所处的位置关系。

### 2. 动作轨迹

动作轨迹是指在做动作时，身体移动的路线，包括轨迹形状、轨迹方向和轨迹幅度。

### 3. 动作时间

动作时间是指动作从开始到完成所需要的时间，具体包括完成动作的总时间以及各个部分所用的时间。

### 4. 动作速度

动作速度包括初速度、末速度、平均速度、瞬时速度、角速度和加速度等，它是指在单位时间里身体移动的距离。

### 5. 动作力量

动作力量是人体内力和外力相互作用的结果，具体是指完成动作时，身体克服阻力所用力的大小。

### 6. 动作节奏

动作节奏是指在完成动作过程中用力的大小、时间间隔的长短、动作幅度的大小及动作快慢等。

## （四）运动技术的影响因素

运动技术的影响因素既有主体因素，也有客体因素，下面对其进行具体分析。

### 1. 主体因素

影响运动技术的主体因素主要包括以下几点。

（1）人体结构力学特征

身体动作是运动技术的重要表现形式，而身体动作表现则以人体解剖结构作为基础。例如，人体关节的结构决定了动作的幅度，肌肉的结构和功能决定了动作的速度等。

（2）中枢神经系统的控制与协调能力

参加动作的肌肉群的协调程度在很大程度上决定了运动技术的合理性，而神经系统的协调能力对参加动作的肌肉群的协调程度有着重要的影响。因此，对肌肉的协调支配是中枢神经控制作用的重要表现。

（3）感知觉能力

运动员技术动作的完成离不开各种感知觉的参与，如肌肉运动感觉。运动员各种分析器的感受性经过反复训练之后能够得到高度发展。为了适应专项运动的要求，专门化知觉也得以形成和发展。运动训练实践表明，运动员感知觉能力的高低，在很多情况下，同其技术水平存在着紧密的联系。

（4）动作技能的贮存数量

运动员动作技能贮存的数量越多，就越能顺利地建立新的条件反射，掌握新的技术动作。

（5）运动素质的发展水平

运动素质（动作速度、力量、柔韧）对技术动作的完成和运动技术的质量有着重要的影响。运动员的运动素质发展水平对技术完成过程中身体各机制的协调配合有着直接的影响。可以说，运动素质的发展水平在很大程度上影响着运动员技能的发展。

（6）运动员个性心理特征

心理品质（注意力、思维、信心和意志等）直接会影响到运动员学习掌握技术和完成技术的质量，尤其是高难技术动作的掌握。

2. 客体因素

（1）竞赛规则

运动技术的发展方向和发展速度在很大程度上受竞赛规则的影响。运动技术只有在竞赛规则允许的范围内才能存在和发展。无论是运动技术的学习、训练、掌握及运用，还是运动技术的创新，都必须遵循竞赛规则。

（2）技术环境

技术环境是指运动员周边相关群体（国家、地区或运动队）的整体技术水平。相关实践表明，良好的技术环境对于运动员学习、掌握和运用运动技术有着重要的作用。

## 二、运动员技术能力训练方法

运动员技术能力训练方法主要有以下几种。

### （一）直观法与语言法

#### 1. 直观法

直观法是指在运动员技术能力训练中，使运动员借助各种感觉器官，对练习形成一定的感性认识，进行正确思维，进而提高运动技术水平。在运用直观法时，应注意以下几点。

第一，根据实际情况，综合运用多种直观手段。一方面，要提高多感官的综合分析能力。实践表明，运动员综合利用感觉器官的能力越强，感知和掌握技术动作就越快。另一方面，要注重各种感觉器官作用的阶段性，技术动作训练的初始阶段，视觉作用较大；在提高过程中，应通过肌肉本体感觉对技术进行改进和完善。

第二，将直观法与启发运动员的积极思维相结合。感性认识只有通过积极的思维实现向理性认识的过渡，才能有效掌握动作。

第三，对于运动水平较低、年龄较小的运动员应更多使用电影、录像和示范等直观手段。

#### 2. 语言法

语言法是指在运动员技术能力训练中，通过运用各种形式的语言，对运动员学习和掌握技术动作进行训练。"讲解"是语言法的主要手段。在进行讲解时，应做到语言精练、条理清晰、容易理解、具有启发性，并要注意讲解的时机。

### （二）完整法与分解法

#### 1. 完整法

完整法是指运动员从技术动作的开始到结束，进行完整的训练。这种方法的优点是有利于运动员准确把握动作的结构和各部分之间的联系，建立完整的技术动作概念。

**2. 分解法**

分解法是指将完整的技术动作分解成若干相对独立的部分，使运动员分别进行训练。这种方法的优点是有利于降低运动员练习的难度，使训练循序渐进地进行。

### （三）想象法与表象法

**1. 想象法**

想象法是指运动员在进行训练之前，先在头脑中对技术要领进行想象，然后在练习中激活这些痕迹，进而顺利完成技术动作。

在运用想象法的过程中，要调动起各种感觉，即在头脑中对技术动作想象的同时，同步地与各种感觉结合起来，把头脑中的想象变成运动器官的操作性活动。

**2. 表象法**

表象法是指运动员通过回顾过去完成的正确技术动作以唤起临场感觉。通过多次动作表象，有利于提高运动员的表象再现及表象记忆能力，使运动员掌握正确的技术要求，进而提高心理稳定性。

### （四）减难法与加难法

**1. 减难法**

减难法是指在技术训练中，以低于专项要求的难度进行训练的方法，如在跳远训练的踏跳练习中，以弹簧板代替踏跳板。这种方法常用于技术初学阶段。

**2. 加难法**

加难法是指在技术训练中，以高于专项要求的难度进行训练的方法。如在排球扣球技术训练中，加高隔网，从而增加训练难度。这种方法常在优秀运动员训练中使用。

## 第三节 战术能力理论与训练方法

### 一、运动员战术能力理论

运动员战术能力是指运动员在比赛中为战胜对手或为表现出期望的比赛结果而采取计谋和行动的能力。

#### （一）竞技战术的构成

竞技战术由战术观念、战术指导思想、战术意识、战术知识、战术形式和战术行动等构成。

1. 战术观念

战术观念的形成与运动员、教练员的竞赛经验、知识结构、认知特点以及思维方式等密切相关。教练员、运动员的战术观念对其进行战术思考、制订战术计划、实施战术训练等一切战术活动有着重要的导向意义。

2. 战术指导思想

战术指导思想建立在对战术规律认识的基础上，指导战术行动的规范或模式，明显地体现出战术运用者的战术观念。

3. 战术意识

运动员的战术意识越强，在复杂多变的竞赛环境中越能做到随机应变，迅速而正确地决定自己的行动方案。

4. 战术知识

战术知识是运动员战术能力的重要基础。教练员、运动员制订的战术方案是否合理，运用得是否灵活、机动和有效，往往取决于他们掌握战术知识的广度和深度。

5. 战术形式

战术形式是指战术活动中具有相对稳定的形态和结构的行动方式，如篮球战术中的掩护、盯人、联防等形式。

6. 战术行动

战术行动指为达到特定战术目的而采用的动作、动作系列或动作组合。

#### （二）战术的分类

按照不同的分类标准，战术有着不同的分类，下面对其进行具体分析。

**1. 按战术的表现特点分类**

按照战术表现特点，战术可分为阵型战术、体力分配战术、参赛目的战术和心理战术等。

（1）阵型战术

阵型战术指在集体性项目中以一定的阵型，使每名运动员有一个相对的位置分工，并按一定的要求相互配合，从而构成一个相对完整的阵营形式去战胜对手的战术行动。如球类项目中进攻或防守的阵型。

（2）体力分配战术

体力分配战术指通过体力的合理分配而谋取胜利的战术行动，在体能主导类项群中的周期耐力性项目如长跑、游泳等项目中运用较多。田麦久将这类项目分为分道竞速和同道争先两种类型。前者（游泳、大跑道速度滑冰等）通常无法预知对手的竞技能力表现，在大多数情况下全力以赴，以最短的时间通过全程，以争取最好名次。相对匀速是这类项目选手最合理的体力分配方案，其速度动态曲线通常呈前高浅凹 U 形（如图 3-1 所示）。在比赛中，运动员要力求严格按照预定计划通过全程。同道争先项目（中长距离走、跑，短距离速度滑冰等）运动员则不必过多考虑速度的快慢，全部战术计划和战术行动均服从于比对手早到达终点这个唯一目标。比赛的速度动态曲线大都呈后高深凹 U 形（如图 3-2 所示），其模式为：中上速起动 + 长距离匀速 + 高速终点冲刺。

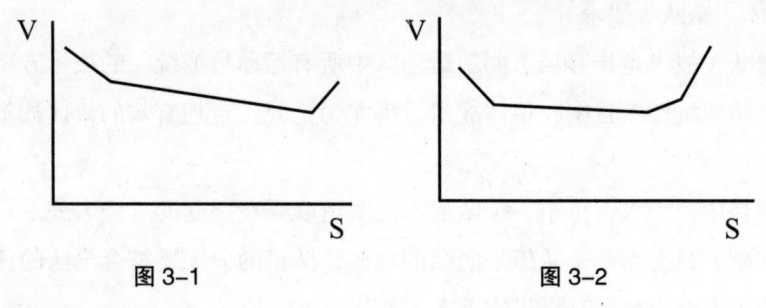

图 3-1　　　　　　　　　图 3-2

（3）参赛目的战术

体能主导类项群运动员根据自身参赛目的的不同，比赛时分别采用创纪录战术或夺标战术。

创纪录战术是指运动员在比赛过程中，以打破纪录或创造个人最好成绩为目标，按预先制订好的速度、重量及用力程度安排进行比赛。

夺标战术是指运动员在比赛过程中，以夺取最好或较好名次为目标而采取的战术。这种战术是运动员在奥运会等重大比赛中采用最多的战术。

运动员采用上述两种战术通常需具备以下条件：已具备创纪录或夺标的竞技能力水平和适宜的竞技状态，已较好地适应了比赛环境，已较为熟悉主要对手的基本情况。

（4）心理战术

心理战术是指通过一些特定的方式和措施，对参赛对手心理上施加影响，使对手不能顺利完成其预定的战术决策和战术行动。随着运动员训练水平的接近，在比赛前和比赛中，运动员个人或集体任何微小的变化都会给对方以心理影响，扰乱其预先的战术部署，破坏其正常技术发挥。心理战术的主要目的是确立自己的心理优势，使对手在心理上处于劣势。

心理干扰是心理战术的核心，具体手段包括对对手进行威慑、麻痹、迷惑等，以使对手产生心理压力过重、烦躁不安、心理过程紊乱、盲目自信或丧失信心等消极情绪，诱使对手在错误的心理活动支配下进行错误的战术行动。

### 2. 按参加战术行动的人数分类

按照参加战术行动的人数，战术可分为个人、小组和集体（全队）战术。

（1）个人战术

个人战术是指个人所完成的战术行动。在拳击、摔跤、跆拳道、击剑及乒乓球、羽毛球、网球等单打比赛中，个人战术表现得尤为明显。在篮球、排球、足球、冰球等项目中，个人战术是整体战术的组成部分。

（2）小组战术

小组战术是指技能主导类隔网对抗项群（乒乓球、羽毛球、网球）中双打项目两名运动员之间协同配合所完成的战术行动，以及在其他集体性项目比赛中两三名运动员共同完成的战术行动。

（3）集体（全队）战术

集体（全队）战术是指赛场上同一运动队中所有运动员按统一的战术方案所进行的战术行动。在集体对抗性项目中，集体战术显得尤为重要，合理有效的集体战术往往是获得胜利的关键。

在集体项目中，个人、小组、全队战术是紧密联系在一起的。个人战术是小组战术和全队战术的基础。只有当一个队伍是团结的集体，队里的分工既符合全队的任务，又符合每名运动员的个人能力特点时，集体战术才是行之有效的。

### 3. 按战术的攻防性质分类

按照攻防性质，战术可分为进攻战术、防守战术和相持战术。

（1）进攻战术

进攻战术是指利用掌握主动权的机会，通过个人的努力或集体的配合，向对手发起主动进攻的战术行动。

（2）防守战术

防守战术是指由个人、小组或集体协同配合采取的阻碍对手进攻的战术行动。

（3）相持战术

相持战术是指比赛中双方攻守态势相对均衡时，为争得主动、力求场上形势向有利于己方的方向转化而采取的战术行动。在势均力敌的比赛中，存在着大量"相持现象"。相持阶段是介于主动与被动的过渡环节。在这一环节中，战术运用是否得当，是能否争得主动,避免被动的主要因素,这在高水平的比赛中显得尤为突出。

#### 4. 按战术的普适性分类

按照普适性,战术可分为常用战术和特殊战术。

（1）常用战术

常用战术是指人们在长期竞赛实践中总结出来的、具有较大普适性的战术。例如,乒乓球的发球抢攻战术、篮球的人盯人防守战术、击剑的防守反击战术等。

（2）特殊战术

特殊战术是指比赛中针对特殊对手而专门制订的战术。"一次性效应"是这种战术的显著特征。在争夺名次、出线权等关键性比赛中,特殊战术的有效性是非常重要的。

常用战术能力是衡量运动员（运动队）实力的重要指标,而能否制定出行之有效的特殊战术,并使之与常用战术能力融为一体,却是衡量教练员水平的重要标志。

上述分类体系只是相对而言的,在实践中可能出现交叉,如个人战术又可分为个人进攻战术和个人防守战术等。

### （三）运动员战术能力

运动员战术能力是指运动员掌握和运用战术的能力,是运动员整体竞技能力水平的重要构成部分。

运动员战术能力的强弱反映在其战术观念的先进性、个人战术意识及集体配合意识的强弱、战术理论知识的多少、所掌握的战术行动的质量和数量、运用战术的针对性和有效性等方面。不同竞技项目对运动员战术能力的要求有所不同。技能主导类格斗对抗性项群、同场对抗性项群、隔网对抗性项群对运动员战术能力的要求最高。

### （四）竞技战术的影响因素

#### 1. 军事学与谋略学因素

"战术"一词原本就是军事术语。运动竞赛就其对抗性本质而言,就是一种"对局",就是一种"博弈"。因此,竞技战术的发源、形成以及发展,都和军事学、谋略学的影响密不可分。从这个意义上讲,教练员、运动员力求掌握更多军事学、谋略学的知识,对于认识竞技战术规律和提高知识能力水平,都是十分必要的。军事学与谋略学对竞技战术的影响主要表现在以下几个方面。

（1）知己知彼,百战不殆

运动竞赛中,透彻地了解对手及本方的各种情况,是制胜的先决条件。

（2）奇正

运动竞赛中,主要攻击方向（攻击点）为正,牵制方向（牵制点）为奇；老队员、老阵容为正,新队员、新阵容为奇；常用战术为正,特殊战术为奇；整体实力为正,机巧手段为奇。教练员、运动员应根据双方实力及场上情况，处理好前述奇正关系。

（3）攻守

攻与守，是运动竞赛中的一对基本矛盾。在技能主导类同场对抗、格斗对抗、隔网对抗项群中，攻守问题是训练中需要解决的重要问题。

（4）虚实

兵不厌诈、避实就虚、出其不意、攻其不备、虚虚实实、真真假假等，都是竞技战术中常用的计谋。战术的灵活性也通过这些方面表现出来。

（5）得失

一个成熟的运动员、一支成熟的运动队，在考虑战术运用时，往往首先是创造条件，不给对手任何战胜自己的机会，在使自己立于不败之地的基础上，想方设法捕捉任何可能战胜对手的机会。由于比赛过程千变万化，很有可能出现不利于本方的情况，甚至有时会遇到似乎是"山穷水尽"的局面。此时，成熟的运动员（队）不会轻言失败，而会耐心地等待对手犯错误，进而抓住战机，反败为胜。

另外，故意"示强"或"示弱"，为了大"得"（最终胜利）而小"失"（如采用牺牲战术）等，都是军事学、谋略学中得失问题在竞技战术中的具体表现形式。

### 2. 心理学与思维科学因素

对竞技战术产生影响的心理学与思维科学因素主要包括神经过程、注意、智能、学习能力、思维能力等。

（1）神经过程

不同神经类型的运动员在学习尤其是运用战术方面有着不同的特点。具有灵活性神经过程的运动员在比赛中往往能准确地预见比赛形势的变化，灵活机动地选择和运用不同的战术手段。虽然可以通过后天性训练来对运动员的神经过程进行一定程度的改造，但为了提高训练的效率和经济性，在篮球项目的后卫运动员、排球项目的二传运动员、足球项目的前卫运动员等所谓"战术组织者""战术发起人"的选才中，应适当考虑其神经过程的特点。

（2）注意

运动员注意品质同其观察能力密切相连。扩大注意视野、注意的高度集中及迅速转移等都是培养和增强战术意识的重要因素。

（3）智能

运动员智能与其技术学习能力，战术理解和运用能力有着密切的关系。竞技战术的敏捷性、灵活性、预见性和创造性，都与运动员的智能息息相关。

（4）学习能力

现代心理学认为，学习能力也是一种心理能力。学习、掌握竞技战术同运动员的学习能力有很大关系。

（5）思维能力

战术意识是一种思维过程。相对于人类其他思维活动，运动员在战术活动中的思维，表现出快速性、逻辑性和直觉性相结合、操作性、情绪性等特点。

### 3. 形态学与体能、技能因素

（1）形态学因素

在一些项目中，运动员的形态特点影响着战术的采用。例如，篮球比赛中"高中锋"战术、排球比赛中"高举高打"战术等，都是以运动员的高大身材为前提的。在拳击、散打等项目比赛中，身体健壮的运动员由于自身抗击打能力较强，往往采用"后发制人"的战术，尽量诱使对手同自己近身对抗；而身体相对单薄的运动员则往往采用游动中寻找战机的战术，尽量避免同对手正面交锋。

（2）体能与技能因素

体能与技能因素包括身体能力和技术能力。

体能在很多项目比赛中，是采用战术或实施战术配合的重要先决条件。例如，"快"在球类项目比赛战术中起着非常突出的作用，而运动员的"速度"能力则决定着能否"快"及"快"到什么程度。

从某种意义上讲，战术就是技术的有目的运用。技术风格往往决定着战术风格。战术的多样性决定于技术的全面性，意即灵活多变的战术必须以运动员全面的技术为坚实的基础。在比赛实践中人们已观察到，明知某种战术对对手具有威胁，但因为本方不具备相应的技术能力，无法实现良好的战术意图。这就是说，战术的采用，应充分考虑本方的技术条件。

## 二、运动员战术能力训练方法

运动员战术训练方法的采用应根据专项比赛的要求，应有利于发挥运动员的身体和技术特长，应能充分调动运动员的主动性和积极性。具体而言，运动员战术能力训练方法主要有以下几种。

### （一）分解与完整训练法

#### 1. 分解训练法

分解训练法是指把一个完整的战术组合过程划分为若干个相对独立的部分，然后分部分进行练习的方法。这种训练法常在学习一种新的战术配合形式时采用。其目的在于让运动员掌握某种战术配合的基本步骤。

#### 2. 完整训练法

完整训练法是指完整地进行战术组合练习的方法。这种方法常在运动员已具备一定的战术知识和战术能力后采用，其目的在于使运动员能够流畅地完成整个战术组合过程。

### （二）减难与加难训练法

#### 1. 减难训练法

减难训练法是指以低于比赛难度的要求对运动员进行训练的方法。这种方法常在战术训练的初始阶段采用。

#### 2. 加难训练法

加难训练法是指以高于比赛难度的要求进行训练的方法。这种方法主要是为了提高运动员在复杂困难的情况下运用战术的能力。

### （三）虚拟现实训练法

虚拟现实训练法是指运用高科技设备，将未来可能出现的比赛场景提前在电脑屏幕上"虚拟"出来，从而帮助运动员提高预见能力及在各种情况下灵活有效地运用战术的能力的训练方法。随着高科技手段在运动训练和运动竞赛中的广泛渗透，虚拟现实训练法也将在更多项目中得到采用。

### （四）想象训练法

想象训练法是一种心理学训练方法。这种方法是在运动员大脑内部语言和套语的指导下进行战术表象回忆，能够帮助运动员在大脑中建立丰富而准确的战术运动表象。

### （五）程序训练法

程序训练法是从教学领域引进而来的。在运用程序训练法进行制胜训练时，除应遵循由易到难、由简到繁、从固定到变异的一般性程序外，还应特别注意编制不同项群战术训练的特殊程序。例如，体能主导类项群与技能主导类对抗性项群可根据具体情况选择不同的训练程序。

### （六）模拟训练法

模拟训练法指在获得准确情报信息的基础上，通过与模仿重大比赛中主要对手的主要特征的陪练人员的对练，以及通过在与比赛条件相似的环境中的练习，使运动员获得特殊战术能力的一种针对性极强的训练方法。

随着运动训练实践的不断发展，模拟训练方法得到了越来越广泛的应用。模拟训练法在技能主导类格斗对抗、体能主导类项群中都有运用。在采用模拟训练方法时，应注意以下两点。

第一，模拟训练虽然能帮助运动员或运动队针对特殊对手提高战术能力，但前提是运动员或运动队应具有相应的一般战术能力的基础。

第二，在模拟训练中，要指导运动员切实树立"从实战出发"的思想，将同态系统视作被模拟系统，努力提高训练质量，从而提高针对特殊对手的特殊战术能力。

### （七）实战训练法

实战训练法是指在实际的比赛中培养运动员战术能力的方法。这种方法有利于运动员加强对战术的理解。在参加重大比赛前，安排一些邀请赛或热身赛等，主要是为了对战术的有效性进行检验。

## 第四节　心理能力训练

### 一、运动员心理能力训练概述

#### （一）运动员心理能力的含义

运动员心理能力即指运动员与训练竞赛有关的个性心理特征，以及依训练竞赛的需要把握和调整心理过程的能力，是运动员竞技能力的重要组成部分。

#### （二）运动员心理能力的构成

根据运动的专项特点，运动员的心理能力的构成要素主要有以下几点。

1. 运动知觉

精确的运动知觉是优秀的运动员应具备的心理竞技能力之一。运动知觉是运动员的大脑对客体在空间的位置移动及本体运动状态特征的知觉。运动员是通过视觉、听觉、机体觉及动觉、平衡觉、触觉等多种（感官）信息分析与综合之后所产生的专门化知觉。这种精细的专门化主体运动知觉的发展和形成，需要运动员长期坚持不懈地进行运动专项训练和比赛实践。

2. 注意力与转移能力

注意力是人的心理活动的指向性和集中性。运动比赛时间较长、比分变化等因素，对运动员的注意稳定性提出了较高的要求。尤其是在身体处于疲劳的情况下，能否高度集中注意力，常常是能否发挥出高水平的关键。注意的转移性是指一个人善于把自己的有关心理活动有意而迅速地从某一事物转向并集中于当时所应指向和集中的另一事物的能力。因此，优秀的运动员应具备高度集中的注意力以及较强的注意转移能力。

3. 思维敏捷性与灵活性

思维的敏捷性表现为对面临问题能够做出迅速反应。随着运动竞赛水平的日益提高，对运动员的应变能力也提出了越来越严格的要求。

### 4. 心理相容性和内聚力

良好的心理相容性和高度的内聚力，不仅是运动员个人应具备的心理竞技能力之一，也是整个运动队应具备的重要素质。一支运动队只有具备了强大的内聚力和良好的心理相容性，才能最大限度地发挥集体的力量，取得比赛的胜利。

### 5. 情绪

运动中的情绪，主要是指那些与运动员的身体、生理活动相联系的情绪状态。运动是消耗体力、脑力并克服内外困难的紧张劳动。如果没有充沛情绪的推动，人体是不能从内部动员机体力量来完成复杂运动任务的。没有情绪的稳定性，就不能保证比赛的持续进行。

### 6. 意志品质

坚强的意志品质是运动员在长期训练和复杂的比赛中克服困难、赢得比赛的重要保证。运动员的意志表现与克服外部的（客观的）困难和内部的（主观的）困难密切联系。通常来说，比赛时间长、紧张比分等因素，对运动员的个人技术、身体状况等，都会形成外部和内部困难，需要运动员有坚强的意志品质去加以克服，从而使其运动水平得以充分发挥。

## 二、运动员心理能力训练的方法

### （一）运动员心理能力训练的一般方法

#### 1. 表象训练法

表象训练是指运动员在暗示语的指导下，头脑中对技术动作或比赛情境进行反复想象，从而促进自身运动技能提高和情绪控制能力增强的过程。运动员经常会采用表象训练这一有效的心理技术，以促进自身心理素质水平的提高。运动员采取表象训练法进行心理训练具体可以按如下步骤实施。

（1）对表象能力进行测定

通过测验来对运动员的表象能力进行评价是采用表象训练法的首要步骤。主要测验内容有表象的控制性，表象中的听觉、运动觉，相应情绪状态的强度等。

（2）对表象知识加以传授

在采用表象训练法进行心理训练的过程中，教练员应将表象训练的相关知识（概念、特征、作用等）传授给运动员，使运动员在了解表象训练的基础上参与到训练中，提高训练的效果。

（3）进行基础表象训练

运动员可以通过多种形式来进行基础表象训练，如通过赛场练习训练感觉觉察、通过比率变化练习、上臂沉重感练习来对表象控制能力进行训练等。

## 2. 诱导训练法

诱导训练法是指在训练中采用有效刺激物把运动员的心理状态引导到某一个事物或方向上去的训练方法，可为顺利完成训练与比赛任务建立良好的心理状态。

从广义上来讲，意念训练法也可以视为一种自我诱导方法。与意念训练法相比，诱导训练法的不同之处在于，运动员训练是通过教练员、心理学专家等他人的诱导，或用录像带等外界刺激来完成的。意念训练法的诱导者是运动员自己，诱导训练法的诱导者则是他人。

诱导的途径是多样的。诱导者常常发出语言信号，由运动员的听觉器官接收信息，并按预定要求去实施。鼓励与批评、说服与疏导、启发与幽默都是语言诱导的常用手段。

使用诱导训练法应注意以下几点。

（1）诱导者可以是教练员、心理学家，也可是同伴，但均应是运动员愿意接受的。

（2）所采用的诱导手段应是运动员感兴趣的，能引起运动员注意力转移的。

（3）应从诱导的目的、手段、信息传递方式及结果等多方面计划安排某一次诱导训练，切不可随意滥用，以防产生副作用。

## 3. 模拟训练法

模拟训练是指模拟设置未来比赛中可能出现的条件进行的训练。

在模拟未来比赛的条件下进行心理训练（或包括心理训练在内的综合训练），即模拟心理训练。通过模拟训练，可使训练与比赛的实际尽可能接近，使运动员在近似比赛的条件下，锻炼和提高对未来比赛的适应能力，以及情绪控制能力等。

在模拟训练中，组织训练的主体，即教练员或心理学专家，主要通过所制造的模拟条件对训练的客体，即运动员，实施心理训练和控制。模拟训练包括实景模拟训练和想象模拟训练。在模拟比赛的实际进程和条件的状况下进行训练叫实景模拟训练。

模拟训练内容包括很多，如对竞赛组成因素的模拟训练（技战术的模拟训练及心理状态的模拟训练等），包括比赛环境在内的环境条件适应性的模拟训练，适应比赛对手特点的模拟训练，适应"时差"的模拟训练等。

模拟训练时应注意以下几点。

（1）由于各运动项目不同，训练的"模拟点"也不同，应针对不同的项目选择不同的"模拟点"。

（2）为运动员参加比赛做好适应性训练的模拟训练，要对比赛的对手、环境、条件等各个方面进行详细的了解与分析；然后，根据分析研究的结果进行针对性训练，使训练尽可能地与面临比赛实际相似。

（3）在模拟训练时常制定出几套办法，以提高运动员应对各种复杂环境的能力。

## （二）运动员常见的心理现象及克服方法

### 1. 胆怯

心理胆怯是一些运动员经常出现的一种心理状态，心理胆怯使大脑皮层的控制系统陷入混乱状态，打乱了神经系统的控制，引起机能失调，使运动员在比赛时不能发挥出应有的水平。克服胆怯的方法是要找出使运动员胆怯的原因，解除思想负担。一般地讲，造成运动员胆怯的原因有如下几种。

（1）惧怕名气大的对手。

（2）运动员不相信自己的力量，对比赛缺乏胜利的信心。

（3）参加大型比赛、重要比赛，使运动员压力过大，自觉不自觉地产生胆怯感。

（4）运动员对比赛胜败计较得过多，要求自己必须取得比赛的胜利，压力过大。

（5）对观众、环境不适应，会感到有一种特殊的刺激气氛，心理产生胆怯。

对运动员心理胆怯的克服方法，必须对症下药，有的放矢。教练员应认真查找运动员产生胆怯的原因，有针对性地采取有效的措施加以克服。

### 2. 紧张

不少运动员在比赛之前由于对比赛刺激因素及本人参赛条件做出了具有威胁性的评价，从而产生紧张的心理反应。运动员参加重大比赛之前需要一定的心理紧张，以便把机体各组织、器官、系统动员起来，特别是要提高中枢神经系统的兴奋性，以便动员人体潜在的能量，在比赛中创造出好成绩。但是，心理过度紧张，使大脑皮层对自主神经系统和皮层下中枢的调节活动减弱，呼吸短促、心跳加快，更有甚者四肢颤抖、尿频，这必然使运动员心理活动失常，很难把注意力集中到比赛上去；对动作知觉和表象模糊不清，对教练员的布置与嘱咐听不进去，失去控制自己行动的能力等，这都必然会影响到比赛的结果。

克服心理紧张的方法有如下几种。

（1）表象放松法

这种方法是使运动员想象他通常感到放松与舒适的环境，让运动员在脑子里将自身置于这个环境之中，使身体得到放松。使用这种方法的关键在于使表象中的环境清晰，在大脑中能生动地看到想象的环境，增加情境对运动员的刺激强度。

（2）自我暗示放松法

开始由教练员指导运动员依次放松身体的各个肌肉群，同时增强呼吸，经过几次指导之后，让运动员自己独立完成。在开始时要花费较长的时间才能使全身肌肉放松，以后会使时间逐渐缩短，最后可用较少时间使全身肌肉得到放松。在进行放松时，还可使用暗示语或录音带。

（3）音乐调节法

选听不同的音乐能使人兴奋，也可使人镇定。音乐给予人的"声波信息"可以消除大脑所产生的紧张，也可以帮助人内在地集中注意力，促使大脑的冥想井然有序。在大赛之前，让心理紧张的运动员听听音乐，可以调节情绪。

（4）阻断思维法

具体做法是，当运动员由于信念的丧失出现消极思维，引起心理紧张时，运动员利用大吼一声，或者向自己大喊一声"停止"，去阻断消极驱动力的意识流，以积极思维取而代之。教练员还可以确定一个响亮的信号供运动员做阻断消极思维之用。此外，教练员还可帮助运动员确定一个用于代替消极思维的积极而切实可行的活动，用于阻断消极思维。

（5）排尿调节法

人在情绪过分紧张时，会出现尿频现象。这是因为情绪过分紧张，大脑皮层抑制过程减弱，兴奋过度，使得大脑皮层下中枢和自主神经系统调节作用减弱，如果能及时排尿，会使运动员产生愉快感，使心理和肌肉得到放松。

### 3. 情绪激动

有些运动员在赛前情绪过分激动，表现为呼吸短促、心跳加快、四肢颤抖和心神不定，在行动上不能很好地控制自己的行动，知觉和表象不连贯，注意失调，遗忘与比赛有关的重要因素，记忆力下降等。

赛前过分激动状态的原因，主要是由于刺激物引起运动员大脑皮层抑制过程减弱，兴奋过程升高，致使大脑皮层下中枢和自主神经系统调节作用减弱。

克服情绪激动的方法有以下几种。

（1）运动员产生情绪激动与运动员的个人特点有关，有的运动员个性倾向比较突出，易冲动，在赛前很容易激动，对这样的运动员要加强自我调节能力的训练。

（2）运动员产生情绪激动与运动员的训练程度和比赛经验有关，应提高运动员的训练程度，丰富运动员的比赛经验，对少儿运动员，或初次参加重要比赛的运动员更应如此。

（3）提高运动员的动机水平。参加训练与比赛的动机与倾向之间有着密切的关系，动机支配着行为，是直接推动运动员参加训练与比赛的内部动力。热爱事业，为祖国争光等高尚动机可以使一个运动员在参赛时的心理处于良好的战斗准备状态；而希望通过比赛出名获利，或显示一下自己的个人狭隘动机，则常常会在比赛中发生包括情绪激动在内的不正常的心理状态。在平时，教练员应加强对运动员参加比赛动机的教育，使他们树立高尚的动机。

### 4. 情绪消极

情绪消极是指运动员在激烈竞争的刺激下，对超限心理负荷所产生的一种失常的心理体验。其表现为心情不安、有恐惧感、紧张过度和情绪失控。这些心理状态的出现，使运动员的生理状态发生一系列的变化，如心跳加快、呼吸困难、四肢无力等，并会导致智能下降、知觉迟钝、行为刻板，对比赛失去信心。

克服情绪消极的方法主要有以下几种。

（1）暗示法

利用客观刺激物对运动员的心理进行调节，如在比赛中运动员看到教练员的从容表情、轻松的语言及和蔼的态度等都会得到鼓舞，消除消极情绪。运动员也可通过自我暗示，运用指导语来调节中枢神经系统的兴奋与抑制，从而形成一系列反射活动，使消极情绪得到控制。

（2）激励法

教练员应根据运动员个性与客观影响，激发运动员比赛的士气，把消极情绪转化为积极情绪。

（3）体验法

有消极情绪的运动员通过参加比赛去体验比赛，提高运动员对恐惧、紧张的免疫力，控制消极情绪的产生。

（4）转移法

运动员恐惧、不安和紧张的心理状态往往是由特定的思维定式和注意定向所引起的，对此可采用注意力转移方法，使用一些刺激物去消除引起情绪消极的诱因，从而减缓和排除消极情绪。

（5）升华法

在比赛中时常出现运动员的某些"能量"在一定场合下释放得恰到好处，可是在另一种场合下适得其反的现象。如勇气是运动员必有的品质，可是有时在某些场合下有的运动员也可能干出一些凭蛮劲而盲动的事情。这时，可以通过升华法，使运动员提高认识，增加克制力，规范自己的行为。

## 5. 心理淡漠

赛前淡漠状态与运动员大脑皮层兴奋过程下降，抑制过程加强有关。运动员心理淡漠，表现为情绪低落、意志消沉、精神萎靡、体力下降，对比赛缺乏信心，知觉、注意力强度减弱，反应迟钝，会严重影响比赛结果。

克服心理淡漠的方法有如下几种。

（1）帮助运动员形成崇高的比赛动机，端正对比赛的态度。

（2）防止赛前过度训练，使运动员情绪高涨，以饱满的热情参加比赛。

（3）帮助运动员分析比赛的情况，使他们正确认识比赛的主客观有利条件，并且应制订具体可行的比赛措施，使运动员增强比赛信心，鼓舞斗志。

## 6. 注意分散

注意是心理活动对一定事物的指向的集中。把注意集中在某一对象或活动上为注意的稳定性；和注意稳定性相反，是注意的分散，即通常所讲的"分心"。造成注意分散有客观与主观两方面的原因。外部刺激常易造成注意分散，当出现一种能够引起不随意注意的客观事物时，常会吸引我们的注意力，从而出现注意分散现象。

克服注意力分散的方法有如下几种。

（1）在日常生活中使运动员养成做事有头有尾，坚持到底的良好习惯。

（2）在平时应加强培养运动员不为其他念头或事物干扰所分心的能力。

（3）使运动员对他所从事的事业，所实践的活动有强烈的愿望和浓厚的兴趣，这种来自内部的动机会使人的注意力高度集中。

（4）在比赛之前消除担心、害怕等心理状态，避免情绪波动。

（5）在参加比赛时，要引导运动员不要多想比赛的结果，而应把注意力集中在比赛的过程上。

（6）使运动员做一些视觉守点，听觉守音的练习，以使注意力集中，如注意力集中看一个目标，然后闭眼努力回忆这个目标形象，多做几次，直至目标在头脑里清晰地再现为止。

### 7. 盲目自信

当一个运动员参加比赛的信心超过了他实际具有的能力时，便产生了盲目自信。

运动员产生盲目自信多是由于对即将来临的比赛的复杂性、艰巨性和困难情况估计不足，过高地估计自己或本队的力量，相信自己能轻易取胜。具体表现为：不认真分析与研究比赛的对策；对比赛漫不经心；注意力分散，注意强度下降；思维迟缓，自以为是；当遇到意想不到的困难与挫折时，表现得慌手慌脚，心情急躁，束手无策，对失败沮丧。

克服盲目自信的方法有如下几种。

（1）学习辩证唯物主义的方法论，使运动员学会科学、全面地分析问题。

（2）每次比赛之前，教练员都应带领队员实事求是地分析几彼各方的实力，充分估计可能出现的各种困难情况，使运动员处于良性的战斗准备状态。

（3）教育运动员认真对待每一次比赛，胜不骄，败不馁。

### 8. 心理焦虑

所谓心理焦虑是指运动员在训练与比赛中对当前现状，或者是所预计的结果对自尊心有潜在的威胁的情境所具有的担忧倾向。

运动员适当的焦虑可以激起其改变自身现状的紧迫感，进一步谋求达到某种目标；但如果运动员对预计到的威胁产生过度担忧和过分的恐慌，此时，往往会夸大比赛的困难因素，小看自己的实际能力，害怕比赛成绩不好，害怕辜负了教练、家长及他人的期望而产生焦虑，则不利于成功地参加比赛。

克服焦虑的方法有如下几种。

（1）进行积极的想象，采用放松训练的一些方法，消除焦虑情绪。

（2）引导队员把思想集中于比赛过程，少考虑比赛的结果。

（3）赛前也可以演练一下比赛的情形，把思想集中到比赛中去。

（4）在完成动作之前可以将整个动作及完成动作时的思想状态按照程序背诵一遍。

# 第五节 智能训练

## 一、运动员智能训练概述

### （一）运动智能及其构成

运动智能是智能中的一种，是指运动员以一般智能为基础，运用包括体育运动理论在内的多学科知识，参加运动训练和运动比赛的能力，是运动员总体竞技能力的重要组成部分。

现代运动训练与比赛对运动员智能水平的要求越来越高，甚至可以这样说，在某些情况下运动员智能水平的高低是决定比赛成败的关键。因此，要求每个运动员要充分理解运动智能对训练与比赛的重要意义。

### （二）智能训练的内容

#### 1. 运动理论知识学习

运动理论知识学习主要包括一般运动知识学习和专项运动知识学习两个方面。

（1）与运动训练有关的一般知识

运动生理学、运动解剖学、运动医学、运动生物力学、运动生物化学、运动训练学、运动心理学、体育教育学和运动竞赛学等。

（2）与专项运动有关的知识

专项技术分析、专项战术分析、专项运动原理、专项训练原则、专项比赛规则、专门器械使用、裁判方法以及训练计划、训练方法、负荷与恢复、辅助措施以及自我监控等。

#### 2. 运动智能因素培养

运动智能因素的培养主要包括以下几个方面的内容。

（1）运动行为的观察力主要是对自身运动行为的感知力和对外界物体运动的感知力。

（2）运动活动的实际操作能力主要在于学习、掌握和运用运动技术的能力等方面。

（3）运动活动的适应能力主要是对身体、技战术等方面的训练适应能力。

（4）运动行为的思维力主要是动作概念的准确性和战术思维的敏捷性、灵活性与创造性等。

（5）运动行为的记忆力主要是建立运动表象的速度和精确度。

## 二、运动员智能训练的方法

### （一）一般智能的训练

运动智能的提高是以一般智能为基础的。提高影响智能的各个因素是提高运动智能的基础。

#### 1. 观察力训练

观察是受思维影响的有目的的知觉活动。观察力是人在长期观察周围事物的过程中，掌握了观察方法，养成了观察习惯，形成有个性特点的观察能力。观察的基础是感觉，观察力是运动员应具备的主要智力因素。培养运动员观察力的最基本方法就是在比赛、训练时经常布置观察任务、传授观察方法、培养观察习惯。初次布置观察任务时，应做好准备，列出计划，明确任务，指明观察重点、程序以及写观察报告等。运动员掌握了观察方法之后，应及时布置观察任务，提出更高的观察要求。

#### 2. 记忆力训练

记忆是以识记、保持、再认和回忆的方式对经验的反映。记忆是运动员重要的智力因素。记忆力训练就是发展记忆敏捷性、持久性和迅速正确再现等品质。发展记忆力的做法有：经常布置记忆任务，如记一次比赛成绩，一场比赛情景，一组连续动作形象；复述、回忆记忆材料；及时把感觉记忆转化为短时、长期记忆；学习记忆方法，掌握记忆术。

#### 3. 思维、想象力训练

思维是智力的核心成分，思维训练的任务就是掌握思维规律，学会熟练运用思维，提高思维能力。思维训练的终极目标是发展脑的结构功能。

思维、想象力训练有以下几种方法。

（1）可通过对比赛进行分析预测，对赛场信息进行加工综合，对运动技术进行评述等方法发展运动员的逻辑思维能力。

（2）应在平时加强形象记忆力和想象力训练。如组织两个人或多人做动作反应练习，学会区别真伪，从中总结经验；在头脑中设计动作，联结动作；加强理论教育，明确现象和本质之间的联系。要重视培养运动员的直觉能力，在训练中注意启发运动员发掘即兴的灵感，鼓励运动员谈出自己的奇思妙想，培养他们创造性的灵感思维。

（3）加强思维速度的训练。很多运动项目是在高速运动中进行的，在激烈的竞争中思维速度慢，便意味着失去时间，失去战机，失去取胜的机会。加强思维速度训练的基本方法是限时完成思维任务，学会简化思维步骤，开拓思路，养成集中注意力的习惯。

## （二）运动智能的训练

### 1. 传授基础理论知识时发展智能

教练员在传授运动员基础理论知识的过程中，应注意发展其智能，具体方法如下。

（1）传授训练规律、训练原理的有关知识

训练规律和训练原理的知识是在长期运动实践的基础上总结与提炼出来的基础知识。传授中，要注重基本概念和基本原理等知识的教学，其不仅有利于运动员思维能力的发展，也有利于促进知识技能的迁移。

（2）多种教学方法结合运用

传授基础理论知识时发展智能的方法不能单一，要运用多种多样的教学方法，并且将这些教学方法有机地结合起来。

（3）理论与实践相结合

教练要启发和引导运动员把学习理论知识与运动训练实践结合起来，从而培养其运用知识于实践之中的实际操作能力。

### 2. 传授专项理论知识时发展智能

教练员在传授运动员专项理论知识时，也应注意发展运动员的智能，具体方法如下。

（1）加强专项技战术分析和战术意识培养

注意发展运动员专项技术分析和培养运动员的战术意识。例如，在运用生物力学知识分析专项运动技术时，应注意培养运动员的观察力和思维力；利用电影、录像、图示、模型或教学比赛发展运动员战术意识时，应注意培养运动员的观察力、思维力、想象力和适应能力等。

（2）全面熟悉运动比赛

教练员应注意通过对学习运动器械的构造、性能和维修等知识，以及器材的使用、校准和保养方法的传授，培养运动员的实际操作能力；通过对比赛规则和裁判方法的传授，培养运动员的观察力和适应能力。

（3）全面了解各种知识

运动员应注意掌握训练计划、辅助措施、自我监控等知识。运动员要通过参与制订训练计划，发展自身的思维能力；通过学习卫生、保健和理疗，以及自我医务监督等知识，提高自身的自我保健操作能力。

### 3. 在运动训练过程中发展智能

发展运动员的智能竞技能力，还可在运动训练中实现。其具体方法如下。

（1）加强运动素质和技战术的训练

运动素质、技战术的训练对运动感知觉、运动表象力、动作概念力、战术思维力，以及实际运动能力和运动训练的适应能力的发展有着特殊的意义。通过训练，能使运动员认识运动训练的本质和规律，全面提高观察力、思维能力、记忆力、实际操作能力和创造能力等。

（2）经常参与模拟比赛实战训练

在训练过程中，运动员应有目的、有意识地参与到教学比赛或模拟比赛等实战训练中，从而培养自己将多方面的知识和技能运用于实践的实际操作能力，培养自己应对比赛的适应能力，以及提高运动行为观察力和战术思维能力等。

（3）科学地组织运动训练过程

运动员应学会科学地组织整个运动训练过程，并学会去探讨训练计划是否完善，训练内容是否恰当，训练方法是否合理等，从而提高自身的智能竞技能力。

### （三）运动智能训练的基本要求

（1）运动智能训练应列入训练计划之中，在计划中应占有一定的比例。

（2）运动智能训练应根据对象实际情况（文化水平、专业基础知识水平及年龄特点等）选择内容，确定方法及分量。

（3）提高运动员对学习理论知识和发展运动智能意义的认识，动员他们的积极思维，启发他们参加运动智能训练的自觉性。

（4）应逐步建立运动智能测定和评价的制度。对运动员智能评定目前还没有一套更好的办法，实际工作中做得也不多，应进一步研究解决。对运动员智能评定应多结合训练与比赛实践过程进行，在实践活动中考察运动员的智能水平。也可以组织专门的测验和考察，然后给予评定。

# 第四章 一般体能运动训练与实践

## 第一节 力量素质训练

### 一、力量素质的界定与分类

#### （一）力量素质的界定

力量素质是人的身体或身体某些部分用力的能力或指肌肉在人体运动活动中克服内部和外部阻力的能力。内部阻力包括人体自身的重力、关节的加固力、肌肉韧带的黏滞力、人体内部的反作用力（惯性力）；外部阻力有重力、支撑反作用力、摩擦力、离心力、介质阻力、惯性力等。内部阻力是人体伴随用力过程发生的，它随人体的机能状态和用力动作的合理程度而变化；外部阻力是力量训练的施加因素和手段，是对人体的一种外部刺激。人体在克服这些阻力的过程中发展了力量素质。力量素质对人体运动有非常大的影响，是人体运动的基本素质。力量素质训练是培养优秀运动员过程中的基本训练内容和主要训练手段，也是衡量运动员身体训练水平的重要指标，对运动成绩持续稳定地提高有极大的影响。

（1）力量素质是进行一切体育活动的基础。我们所进行的各种体育活动都是由作为主动运动器官的肌肉以不同的负荷强度、收缩速度和持续时间进行工作进而带动被动运动器官骨骼移动来完成的。如果没有肌肉的收缩和舒张而产生的力量牵拉骨骼进行运动，人们连起码的行走和直立都不可能完成，更不要说进行体育活动了。跑、跳、投及攀登爬越等各种体育运动和体力劳动都离不开力量素质。一个人要想跑得快，腿部就要有较好的后蹬力，要想跳得高、跳得远就得有较好的弹跳力，要想投得远就要大力发展上肢爆发力。可以说力量素质是人体最基本的身体素质，是进行一切体育活动和体力劳动的基础。

（2）力量素质影响并促进其他身体素质的发展。任何身体素质都是通过一定的肌肉工作方式来实现的，而肌肉的力量是人体一切活动的基础。力量素质决定速度素质的提高、耐力素质的增长、柔韧素质的发挥和灵敏素质的表现。首先，力量素质的增长有助于速度素质的提高，因为肌肉的快速收缩是以其力量为前提的。一名短跑运动员如果没有两条强有力的腿，是不可能取得优异成绩的。其次，力量素质也有助于耐力素质的增长。从生活常识中我们可以非常容易地看出，一个强壮有力的人能比身体虚弱者持续活动更长的时间。最后，力量、速度的提高会增加肌肉的弹性，促进灵敏素质和柔韧素质的发展。

（3）力量素质的水平直接影响技术动作的掌握和运动成绩的提高。运动员力量素质的水平，直接影响技术动作的掌握和运动成绩的提高。例如体操运动员如果没有足够的上肢、肩臂、腰腹力量，就无法完成十字支撑、慢起手倒立等用力动作；球类运动中的各种急停、闪躲、变向、腾空以及一些高难动作的完成也都是以一定的肌肉力量为基础的；最大力量和爆发力是田径运动除技术之外决定运动成绩的关键因素。除长距离跑之外，其他田径运动项目的高水平运动成绩都与力量素质的发挥密切相关，尤其是投掷项目。

（4）力量素质是衡量运动训练水平的重要指标，也是各运动项目选拔人才的重要依据。力量素质在运动训练实践过程中，往往作为判断运动训练水平、评定参加何种等级比赛的一项重要指标，作为判断某些专项运动潜力的一种重要手段，也是一些体能性运动项目选拔运动员的依据。例如：体操运动员在完成各种动作时，虽然要借助外力的作用，但是在其动作的所有阶段，都要求运动员按照动作技术的要求，协调地运用自身的力量完成动作，所以对力量素质的发展必须给予足够的重视，尤其是力量往往被作为选拔运动员的重要指标；篮球运动往往将力量素质训练的"原地纵跳摸高""助跑摸高""负重半蹲""仰卧起坐"等动作作为衡量一名运动员身体素质好坏和评价运动训练水平的指标。

## （二）力量素质的分类

运动员力量素质的水平决定着速度力量与力量耐力素质，主要分为最大力量、速度力量与力量耐力三种类型。

### 1. 最大力量

最大力量是指肌肉在随意一次性最大限度收缩中，神经肌肉系统所能够产生的最大的力。在竞技运动项目训练中，最大力量往往表现为可能克服和排除的外阻力的大小。运动员参与竞技运动训练，其最大力量并不是一成不变的，而是常常处于动态变化之中的。这就要求运动员不断发掘自身能力的极限，充分发挥自己的最大力量，以保证力量训练的效果。通常情况下，最大力量训练多运用于田径的投掷、举重、摔跤、体操和柔道等竞技体育项目中。力量型运动项目的运动员常常采用增大肌肉体积、发展肌肉内和肌肉间协调性的方法，以达到提高最大力量的目的。

### 2. 速度力量

速度力量是指神经肌肉系统以最快的速度发挥最大力量的能力，也可以说是在最短的时间内最大用力的能力。速度力量对所有需要"爆发性"用力运动项目的成绩起着非常重要的作用，如短跑、跳远等项目。当运动员发挥速度力量时间小于150毫秒时，爆发力和起动力起主要作用；而当运动员发挥速度力量时间超过150毫秒时，最大力量则起主要作用。速度力量通常是以速度和加速度的形式表现出来的。在田径、举重、柔道、摔跤、短程游泳、球类、体操、对抗类项目、室内自行车和短程速滑等竞技运动项目中，速度力量都扮演着重要的角色，发挥着重要的作用。一般来说，速度力量主要有爆发力、弹跳力和起动力三种特殊的表现形式。

（1）爆发力是指神经肌肉系统以最短的时间产生最大加速度所爆发出的最大肌肉力量的能力，它可以在150毫秒之内达到最大力值。爆发力通常用力的梯度和冲量来表示。爆发力是利用肌肉弹性能的一种力量，即在爆发力之前的一瞬间有一个极短暂的肌肉预拉长瞬间产生弹性能（约为原肌肉长度的5%），迅速向相反方向用力收缩的动作过程，如田径运动中的掷标枪项目，运动员在助跑投掷前展现出的满弓状就同爆发力有着密切的关系。在众多的以速度力量为主的运动项目中，爆发力对运动成绩起着至关重要的作用。

（2）弹跳力是指神经肌肉系统在触地前瞬间被拉长，后在自动（触地）转化为缩短的过程中，以很高的加速度朝相反方向运动使身体产生跃起的能力。与爆发力相比，弹跳力有一个触地的动作过程。大量的研究证明，肌肉拉伸速度越快，肌肉工作的转换速度就越快，从而起跳的高度也越高。

（3）起动力是指神经肌肉系统在极短的时间内发展尽量高的力量的能力，即用力开始后约50毫秒就能达到较高力值的能力。在速度力量中，起动力是收缩时间最短的力，是在必须对信号做出迅速反应的运动项目上所表现出的一种力量能力。

### 3. 力量耐力

力量耐力是指运动员机体耐受疲劳的能力，其以较高的持续表现能力为特征。如竞技运动中的现代五项、铁人三项、中长跑、划艇、公路自行车以及足球等项目，均需要长时间抗疲劳的能力。

## 二、力量素质训练应遵循的原则

### （一）系统性原则

力量训练应有计划地全年安排，保证训练的连续性和系统性。力量训练可使肌肉克服阻力的能力较快增长，但一旦停止训练，消退得也较快。研究表明，力量增长得快，消退得也快，增长得慢，消退得也慢。若停止力量训练，已经获得的力量将按原增长速度的1/3消退。所以力量训练要按计划、逐步稳定地增长，这样既可以防止伤害事故发生，又可以减慢力量消退速度。根据优秀运动员的训练经验，每周进行1~2次力量训练，可保持已获得的力量；每周进行4~6次力量训练，力量可获得显著增长。

## （二）全面性原则

全面提高各肌肉群的力量，不但主动肌要得到提高，对抗肌也要注意提高；不但要使运动员的大肌肉群得到训练，而且要注意发展小肌肉群和肌体远端肌群的力量。这样不仅可以提高动作的协调性，更重要的是可预防受伤。力量训练手段和专项动作应力求一致。大多数运动项目的动作结构、用力方向、肌肉参与的用力形式及其工作方式、关节角度等均不相同，各有其自身特点。因此，发展力量时要努力做到一般力量训练和专项力量训练相结合。在安排力量练习时，必须对所从事的专项运动进行全面深入的分析研究。一般在比赛期，优秀运动员进行专项力量训练时，应该在动作结构、肌肉工作性质、用力的动力学特征上尽可能与专项动作和比赛动作保持一致。但是，对青少年运动员或训练的初期阶段不宜按此要求进行训练。周期性项目的运动员提高专项力量素质主要采用克制与退让相结合的动力性练习。

## （三）科学性原则

### 1. 掌握正确的动作姿势和呼吸方法

力量素质训练时，应注意正确的身体姿势，因为力量练习时不但作用于各关节的力和力矩的大小发生变化，力矩的方向也会发生变化，如果动作不正确，不但达不到训练效果，甚至会造成运动损伤。因为憋气有利于固定胸廓，提高腰背肌紧张程度，可以提高练习时的力量，所以极限用力往往要在憋气的情况下才能进行。虽然憋气可提高练习时的力量，但用力憋气会引起胸廓内压力提高，使动脉的血液循环受阻，导致脑贫血，甚至会发生休克。为避免产生不良后果，力量练习时必须注意：第一，憋气用力不要过于频繁；第二，学会和掌握在练习过程中控制气息；第三，在完成力量练习前不应做最深的吸气；第四，可以采用慢呼气来协助最大用力练习。

### 2. 掌握正确的练习顺序与方式

不同性质的力量练习同时进行时，首先安排发展肌肉爆发力的练习，然后是最大力量练习，最后是力量耐力练习。力量素质训练时练习负荷与练习方式要经常变换，防止机体对力量练习形成适应，这样会削弱力量练习的效果。长时间完成相对固定的力量练习，运动员机体会对练习刺激产生适应，那么这些练习就达不到训练刺激的目的。只有在训练方式不断变化的情况下，才能保证训练刺激的有效性，促进力量素质的不断增长。为此，可采用的方法包括：第一，在可能的范围内改变负荷重量、重复次数和完成动作的频率；第二，改变练习的手段与方法；第三，使用的训练器材和负重方法多样化；第四，改变发展各肌群力量的练习顺序。

另外，在力量素质训练中要处理好负荷与恢复的关系。在训练中，负荷安排应大中小结合，循序渐进；在小周期训练中，应使各种不同性质的力量训练交替进行，如在每周星期一、三、五可安排发展爆发力或最大力量为主的训练；在每组重复练习中，注意组间的休息；力量训练后，要特别注意使肌肉放松。

### （四）区别对待原则

（1）针对女子生理特点进行训练。女性肌纤维比男子纤细，肌肉质量较男性占比较少。此外，女性的骨骼也比男性纤细，骨骼的抗断、抗压和抗弯能力均比男性差。这些特征决定了在力量项目上女运动员很难与男运动员相比，因此在力量训练时应当考虑女性的各种生理特点，制订切实可行的计划，特别注重肩带、上肢、腹部和骨盆等薄弱环节的肌肉力量训练。

（2）针对运动员不同特点进行训练。由于运动员的年龄、健康状况、身体素质、技战术风格、训练水平等都存在鲜明的个体差异，因此力量训练的安排必须根据运动员的个人特点因人而异，区别对待。另外，青少年时期脊柱正处于生长发育阶段，力量训练必须根据渐进性和适应性原则，进行科学合理的安排，以促进力量水平的迅速提高。

### （五）把握"超量"原则

优秀运动员的力量训练是建立在"超负荷训练"基础之上的。所谓"超负荷训练"就是指要求肌肉完成超出平时的负荷。"超负荷训练"通常会引起肌肉成分特别是肌蛋白的分解。"超负荷训练"会导致超量恢复的产生。在超量恢复的整个过程中，肌肉的成分会重新组合，肌蛋白超量恢复，从而使肌肉更加粗壮有力。因此，要经常不断地安排"超负荷训练"，以引起超量恢复，达到迅速发展力量素质的目的。在力量素质训练过程中逐渐增加练习负荷是最为重要的，但是重量不宜增加过快。力量增长后，要及时地增加练习负荷，或是增加重复次数。若最大力量练习的重复次数达到10~12次，则练习重量应增加3%~5%；若使重复次数减少到7~8次，而负荷量停留在原来的负重水平上，那么训练只能增加力量耐力。

## 三、力量素质的训练方法

### （一）力量素质训练的基本方法

（1）动力性克制收缩练习方法。动力性克制收缩练习方法是指肌肉在拉长状态下以近端固定收缩克服外阻力的力量训练方法。在体育训练技术中，为克服地心引力，运动员支撑腿、膝、踝关节的伸肌群以近端固定收缩，使关节伸展，支撑反作用力推动人体进入腾空状态。为发展下肢肌肉的蹬伸支撑力量，以动力性克制收缩负重或徒手跳跃练习方法发展臀大肌、臀中肌、臀小肌、股四头肌、小腿三头肌等肌群克制性收缩力量。动力性克制收缩力量练习方法主要发展伸肌群的最大力量、速度力量和力量耐力素质。各种负重力量练习和跳跃力量练习都属于这种力量练习方法。

（2）动力性退让收缩练习方法。动力性退让收缩练习方法是指肌肉在拉长状态下以远端固定收缩克服外阻力的力量训练方法。在体育训练技术中，由于重力、冲撞力、冲量的作用，人体的支撑器官如下肢和脊柱等需要在维持一定的关节角度的同时进行吸收和缓冲冲撞力，避免人体受伤。在这种情况下，肌肉以远端固定，在缩短中被迫拉长，进行离心收缩。在这一过程中，伸肌群在缩短中拉长，而屈肌群同时在拉长中缩短，共同维持关节角度处在有利于伸肌发挥弹性势能的位置，并且能够承受更大的外部阻力。动力性退让收缩力量练习方法在发展屈肌群力量的同时，也发展伸肌群的弹性势能储备能力。跳深练习和有水平速度的单腿连续跳跃、双腿跳跃练习可以很好地发展肌肉的动力性退让收缩力量素质。

（3）等动力量练习方法。等动力量练习方法是指在等动力量练习器械上进行的肌肉抗阻力始终恒定的力量练习方法。外部阻力负荷始终随着负重关节角度的变化而变化，即恒速力量练习，或关节角度无论变化到哪个位置，都能承受最大负荷。因此，等动力量练习方法被认为是发展最大力量和避免受伤的最好的力量训练方法。游泳运动员常采用等动力量练习方法发展匀速的划水力量。

（4）超等长收缩练习方法。肌肉在外阻力作用下在缩短中被拉长，进行超等长收缩。超等长收缩与退让性收缩的不同之处是：前者强调的是在离心收缩时储备大量的弹性势能，在后续向心收缩时转化为对外做功的动能；后者则强调肌肉退让拉长的缓冲作用和承受负荷的能力。例如，跳跃运动员的起跳腿伸肌群在脚着地时会进行超等长收缩。

（5）静力性练习方法。静力性练习方法是指不改变肌肉长度、张力变化的力量练习方法。

（6）电刺激方法。电刺激力量练习方法是指利用电刺激替代神经冲动使肌肉产生收缩的力量练习方法。

（7）组合力量练习方法。组合力量练习方法是指将上述力量练习方法进行不同搭配组合进行综合力量训练的力量练习方法。

### （二）力量素质训练的基本手段

（1）负重抗阻力练习手段。负重物、杠铃、沙袋等克服外阻力的负重力量练习手段。

（2）对抗性力量练习手段。将对手的力量作为阻力进行对抗力量练习。

（3）克服弹性阻力的练习手段。利用弹性物体的变形阻力发展身体的局部力量。

（4）利用外部环境阻力的练习手段。利用自然环境如沙滩、水阻力、山坡等进行力量练习。

（5）克服自身体重的练习手段。各种徒手的蹲起、跳起、跳跃、跳台阶等力量练习。

（6）利用专门力量训练器械的练习手段。利用各种综合的、单一功能的、专项的力量训练器械进行力量练习。

### (三)最大力量训练方法

#### 1. 重复法

重复法力量训练的负荷特征是：重复一种多重量级别或重复多种力量练习内容，强度为 75%~90%，重复组数 6~10 组，重复次数 3~6 次，组间歇 3 分钟。重复法可以加强新陈代谢，加强支撑器官的力量，提高协调性，发展基础力量素质和保持力量素质。重复法力量训练能够有效地增加肌纤维的粗度，使肌肉的横断面增大，肌肉力量增加。

以杠铃深蹲重复练习方法举例：

练习强度：75%~85%（最大力量 100 千克）。

练习方案：60 千克 ×3 组 ×8 次（组间歇 3 分钟）。

　　　　　65 千克 ×3 组 ×8 次。

　　　　　70 千克 ×3 组 ×6 次。

　　　　　75 千克 ×3 组 ×6 次。

　　　　　80 千克 ×2 组 ×3 次。

　　　　　85 千克 ×2 组 ×3 次。

重复组数和重复次数的增加意味着力量素质的提高，还要增加负荷的重量或提高强度。当运动员能够完成重复次数时，便能承受更大重量的负荷，甚至超过最大负荷。采用重复法发展最大力量素质比较适合力量训练水平较低、刚开始进入力量强化训练的青少年运动员。在准备期前期，宜采用重复法发展基础力量素质和支撑力量能力。

#### 2. 强度法

强度法的负荷特征是：以 85% 的强度开始负荷，经过 5~6 个重量级别之后达到最大负荷强度，即 100% 强度，重复组数 6~10 组，重复次数 1~3 次，组间歇 3 分钟。强度越大，重复次数越少。强度法可有效地改善肌肉的内协调能力，使肌肉的最大力量增加而不增加体重或少增加体重，多增加力量。这是在不增加体重情况下增加相对力量的较好途径。

以杠铃深蹲负重强度法举例：

练习强度：85%~100%（最大力量 180 千克）。

练习方案：150 千克 ×1 组 ×3 次（间歇 3 分钟，走动）。

　　　　　160 千克 ×1 组 ×3 次。

　　　　　165 千克 ×1 组 ×1 次。

　　　　　170 千克 ×1 组 ×1 次。

　　　　　175 千克 ×1 组 ×1 次。

　　　　　180 千克 ×1 组 ×1 次。

举重运动员采用强度法，后 3 个重量级别可以以 2.5 千克递增。其他项目最大力量素质训练的运动员采用 5 千克递增的强度法可最大限度地激发动员神经中枢的兴奋冲动，一次性地发挥出最大力量。投掷、跳跃运动员多采用强度法发展最大力量素质。强度法力量训练方法在准备期后期采用，可以提高专项力量的强度。在重复法之后，有了一定力量训练基础，再采用强度法进行最大力量训练效果更好。

3. 极限强度法

极限强度法也叫"保加利亚法"或"阶梯式力量训练法"。极限强度法的负荷特点是：突出最大强度或超最大强度，在90%强度至110%强度之间确定5~6个强度级别，重点是97.5%和100%强度。在达到最高强度之后，以10千克递减两个重量级别。

极限强度法负荷方案：强度 90%×3组 ×3次。

　　　　　　　　　　　强度 95%×2组 ×2次。

　　　　　　　　　　　强度 97.5%×2组 ×2次。

　　　　　　　　　　　强度 100%×2组 ×1次。

　　　　　　　　　　　强度 100%以上 ×1组 ×1次。

以10千克为单位递减两个重量级别，组间歇3分钟。

极限强度法与强度法的不同之处在于，极限强度法开始强度较大，为90%，达到100%强度之后还要上一个强度，即超最大强度，向极限挑战，然后大幅度地递减两个重量级别。举重运动员采用极限强度法发展最大力量对于提高比赛能力效果较好。

4. 退让练习法

退让练习法是指负重或从高处跳深发展屈肌群和伸肌群力量。

长离心收缩力量的练习方法。退让练习时，肌肉工作的最大张力比克制性和静力性工作的最大张力大1.2~1.6倍。

退让性练习的强度以140%~190%或120%~190%为宜。跳深练习采用的跳下高度超过1米，为1~1.6米。发展伸肌群的最大超等长收缩力量。负较重的杠铃深蹲进行退让练习时，要有保护，或在专门器械上练习。采用仰卧蹬杠铃慢放的方法也可以发展腿部肌肉的退让性工作能力。

5. 静力性练习方法

静力性力量练习可以发展肌肉的最大力量，也可以发展肌肉的力量耐力。发展哪种力量素质，取决于静力性力量练习的负荷强度和静力负荷持续的时间。

静力性力量练习方案：

强度50%，2~4组，组持续时间20秒以上，组间歇3~4分钟。发展力量耐力素质。

强度50%~70%，2~4组，组持续时间12~20秒，间歇3分钟。发展力量耐力素质。

强度70%~90%，4~6组，组持续时间8~12秒，间歇3分钟。发展最大力量素质。

强度90%以上，3~5组，组持续时间3~6秒，间歇3分钟。发展最大力量素质。

### 6. 电刺激法

电刺激引起的肌肉收缩在本质上与其他力量训练时肌肉的收缩是相同的。电刺激可以增加局部肌肉力量而不增加肌肉的重量。游泳运动员采用电刺激法发展不同原动肌力量效果较好。电刺激法分直接刺激法和间接刺激法两种。直接刺激法是将两个电极固定在肌肉末端，频率2500赫兹，收缩最强烈。间接刺激法使用电脉冲电流仪，通过两个趋肤电极传输到肌肉，频率1000赫兹时肌肉收缩状态最为理想。运用电刺激法时，也可以用电极针扎在肌腹两端，进针深度3厘米，刺激频率100次/秒，每次时限0.1秒，刺激5~7秒，间隔3~5秒，共15分钟，隔日一次。电刺激法获得的力量消失较快，停止电刺激15天后力量下降。电刺激法可以作为力量训练的辅助手段，也可以用于因伤不能进行正常力量训练的运动员发展力量素质。

### （四）速度力量训练方法

#### 1. 负重快速克制性力量练习法

负重30%~65%，以最快的速度完成力量练习，练习次数6~8次，间歇充分。

（1）负重计时法。完成一定次数的负重练习需要的时间。计每次练习的时间和每组练习的时间。由于计时练习，运动员要在尽量短的时间内完成一定次数的负重力量练习，需要加快练习的速度和动作频率，发展肌肉克制性收缩的速度。

（2）负重计数法。在一定时间内完成的负重力量练习次数。时间一定，计负重练习次数，运动员为完成更多的次数，往往加快练习的速度和动作频率。

（3）重—轻负重力量练习法。将重量增至90%~100%，然后大幅度地减轻负重量，如减至60%~30%，加快负重练习的速度。在跳跃项目中，先进行杠铃负重力量练习，然后穿沙背心进行跳跃练习，最后徒手进行跳跃练习或起跳练习，可以加快练习的动作速度。在投掷项目中，先投重器械，后投轻器械，可以提高出手速度。

#### 2. 超等长快速力量练习法

在短跑和跳跃项目的脚着地瞬间，支撑腿的伸肌群在强大的冲量作用下进行超等长收缩。穿沙背心或徒手进行各种跳跃练习，可以发展下肢肌肉的超等长收缩能力。

（1）垂直跳深。垂直跳深是指原地从高处跳下、跳上练习，主要发展的是支撑腿伸肌群在超等长收缩条件下进行垂直克制性收缩的能力。因此，在从高处跳下时不能停顿，并且在保持合适的关节角度情况下借助反弹力跳起，跳高、跳远运动员的起跳需要这种力量素质。

（2）助跑单腿跳深。助跑的速度要逐渐提高，逐渐加大跳深的难度。间隔一定距离设置若干高度在30~50厘米的支撑物，进行单腿连续跳深或换腿跳深练习。这种跳深练习可以发展支撑腿肌肉在强大的冲量作用下连续跳跃的能力，三级跳远运动员需要这种训练能力。

（3）跳台阶。连续向下跳台阶可以发展支撑腿肌肉的超等长收缩力量。

3. 发展肌肉弹性速度力量的练习法

在体育项目的技术动作中，发挥肌肉的弹性可以加强肌肉的收缩力量，同时还可以控制技术动作的节奏、协调性和保护关节免受伤害。在大多数情况下，肌肉的弹性需要以快速的收缩形式表现出来。

（1）跳深。跳深发展的是肌肉在离心收缩过程中弹性势能转变为弹性动能的能力。

（2）各种跳跃。跳跃练习可以单独进行，也可以在负重力量练习之后进行大量的跳跃练习。

（3）各种拉力练习。掷标枪、游泳、越野滑雪等项目，需要运动员上肢肌肉发挥弹性力进行一次性的或周期性的拉引器械或水，产生弹性力量，完成具有弹性的拉力动作。拉力器、拉力弹簧、拉力橡皮条等有助于发展上肢肌肉的弹性力量。

### （五）力量耐力训练方法

（1）重复法。采用重复法进行力量耐力素质训练，可以在运动员的肌肉工作能力允许范围内以最大的负荷量重复最多的次数和组数。这种力量训练对运动员的心血管系统和神经肌肉系统的影响是深刻和长远的。在准备期前期采用这种力量训练方法可以为后续的力量训练和速度训练打下坚实的肌肉力量耐力基础。

（2）循环法。采用循环法发展力量耐力素质，可以设置若干个力量练习站进行轮流式、分配式或流水式循环力量练习。

（3）等动力量练习。等动力量练习方法可以发展最大力量，也可以发展力量耐力。

## 第二节　速度素质训练

### 一、速度素质的分类

速度素质是指人体或人体的某些部位快速运动的能力。在人体与器械整体运动中，速度是指人体—器械整体快速运动的能力。速度能力包括快速移动能力、快速完成动作的能力和快速反应能力，即所谓的移动速度、动作速度和反应速度。

速度素质是个体神经—肌肉支配系统反应的灵活性、反应时、肌肉收缩速度等综合能力的体现。速度素质是指以最短时间通过一定距离的能力，以最短时间完成一定幅度动作的能力，神经冲动以最短时间通过反射弧的能力。

## （一）反应速度

反应速度是指个体运动员的听觉、视觉、触觉、动觉对各种信号刺激的反应时间，即反应时。这种能力取决于神经传递反射弧的灵敏性。机体的感受器感受到刺激时，信号由感觉神经元传入神经中枢，由中枢神经发出指令，经运动神经元传出至效应器，肌肉收缩产生动作，这一神经—肌肉反射过程的快慢决定了反应速度的快慢。短跑运动员起跑时蹬离起跑器的时间长短，取决于运动员听到发令枪声后"推手"和"蹬腿"的反应时长短。优秀短跑运动员的起跑时间为 0.15 秒左右。球类项目运动员的反应时取决于视觉反应时和动觉反应时。如乒乓球运动员能在 0.15~0.18 秒时间内"看"到对手的发球并迅速做出回球的动作反应。在特殊情况下，如既盲又聋的运动员，反应时取决于触觉等感觉的反应。反应速度的训练主要是充分挖掘遗传潜力，熟练掌握技术动作，集中注意力及改善专项反应时。

## （二）动作速度

动作速度是指在单位时间内完成动作的多少。动作速度包括完成整套动作的速度、完成单个动作的动作速度和动作速率。在体育运动中，整套动作是指一次完成的完整动作，如掷标枪的"最后用力"动作，自投掷臂一侧的脚着地的"转蹬"开始，经另侧脚着地完成"满弓"形，至"转髋"—"转肩"—"鞭打"—"出手"为止，为一个整套的完整动作。"最后用力"过程的动作速度是指整套动作的平均速度。实际上整套动作的速度是加速度，尤其是"鞭打"动作，自躯干至手腕的"鞭打"动作是连贯的动量传递和逐渐加速过程。单个动作的动作速度是指在整套动作中完成某一动作或完成某一动作环节的动作速度，如"鞭打"动作速度、"出手"速度。动作速率是指动作的频率及单位时间内完成动作的多少。动作速度的大小取决于神经—肌肉系统的调节，取决于肌肉收缩的速度和相对力量、速度力量的大小，取决于肌肉工作的协调性和技术动作的熟练程度。力学上，动作速度包括动作的平均速度、瞬时速度、加速度及角速度、角加速度。

跳远的起跳速度是平均速度，腾起初速是瞬时速度，也是加速度。平均速度与瞬时速度是相对的，瞬时速度是单位较小的平均速度，它取决于动作时相的选择。在有支撑和无支撑旋转运动中，动作速度是角速度和角加速度。掷铁饼是有支撑旋转运动，在运动员的持饼三周旋转中，角速度是逐周增加的，至铁饼出手瞬间，由于旋转运动的突然停止使器械沿切线方向运动，角加速度变为线加速度，铁饼沿斜直线飞出。自由式滑雪空中技巧是有支撑和无支撑的旋转运动。虽然规则规定在跳台上转动要扣分，但是运动员空中无支撑转动的动力却来源于台面的支撑转动。首先是不对称的摆臂引起的转动，其次是通过改变沿身体横轴和纵轴转动的转动半径使纵轴转动角速度增加，从而准确地完成空中的多周转体运动。

## （三）移动速度

移动速度即位移速度，通常以通过一定距离的时间或单位时间内通过的距离来表示。决定步长的因素有肢体长度、关节柔韧性和肌肉力量。腿长及髋关节柔韧性好的运动员其蹬摆的动作幅度较大，但是如果缺乏足够的肌肉力量和动作速率也不能获得较大的移动速度。决定动作频率的因素有神经支配的灵敏性、神经冲动的强度和兴奋性、肌肉收缩速度、肢体交替运动的协调性及技术动作的熟练程度。对移动速度而言，步长与步频的最佳搭配是获得最大速度的有效途径。移动速度包括平均速度、瞬时速度、加速度、角速度、角加速度、初速度、末速度。100米跑10秒，是指平均速度；起跑蹬离起跑器的时间约0.15秒是瞬时速度；100米跑的前30米跑时间为2.58秒是加速度；跳远的助跑最后一步速度是末速度；跳远起跳腾起速度是初速度；自由泳运动员手臂的划水动作可以视为肘关节和肩关节的角位移运动，产生角速度和角加速度。

在一个项目中或在一个项目的某一动作环节中，可能同时包括反应速度、动作速度和移动速度，如起跑动作；也可能包括动作速度和移动速度，如途中跑。各种速度之间存在着密切关系。

## 二、速度素质的影响因素

### （一）神经—肌肉反射系统

神经—肌肉反射系统是一个条件反射弧，神经传递在反射弧每一环节的反应都需要时间。其中在大脑皮层延搁的时间最长，称为中枢延搁。视觉、听觉、触觉等感受器的敏感程度决定了感受时间。注意力高度集中、适宜的紧张度、没有感官疲劳，可以缩短感受时间。刺激信号的选择性、复杂性及刺激强度，决定了大脑皮层"分析"过程的时间延搁，复杂反应时比简单反应时长。肌肉的适宜紧张比肌肉放松时反应时缩短7%左右，肌肉的疲劳使反应时延长。

随着动作技能的逐渐熟练，反应时会明显缩短。简单反应时可缩短11%~18%，复杂反应时可缩短15%~20%，而且反应的稳定性明显增强，这是条件反射成熟的标志。总之，感受器、效应器的敏感程度、兴奋性、疲劳程度，刺激信号的强度、选择性、复杂程度，技术动作的熟练程度等因素决定了神经—肌肉系统的反射时间。

### （二）肌纤维类型及肌肉能量储备

人体骨骼肌分为快肌纤维（白肌纤维）、慢肌纤维（红肌纤维）和介于二者之间（中间型）的肌纤维。人体内肌纤维类型的数量是由遗传基因决定的，个体内三种类型肌纤维的比例一定，后天不能互相转化，但可以通过专门的训练改变中间类型肌纤维的功能，如增加毛细血管数量来强化肌肉速度耐力素质的专项性。个体快肌纤维的比例高、肌肉收缩的速度快，速度素质就好。快肌纤维周围没有毛细血管，不能进行有氧代谢，但快肌纤维中的三磷酸腺苷（ATP）、磷酸肌酸（CP）含量高，ATP、CP 无氧非乳酸供能，是速度的能量来源；快肌纤维肌糖原在 ATP、CP 储备动用完之后，进行无氧酵解至乳酸，生成 ATP、CP 供能，是速度耐力的能量来源。合理的速度素质训练不但可以提高肌肉中 ATP、CP 的含量，提高 ATP、CP 的能量储备，而且可以提高 ATP、CP 的再合成速度及能量利用的能力。

### （三）力量与技术水平

力量等于人体质量与加速度的乘积。质量一定，力量与加速度成正比，力量越大加速度越大，人体运动速度越快。由于加速度与质量成反比，因此，增加相对力量是增加加速度的有效途径。一名体重为 145 千克的优秀短跑运动员其深蹲负重的重量可达 250 千克，一名体重为 120 千克的世界级跳台滑雪运动员其深蹲负重的重量可达到自身体重的 2.5 倍。只有达到如此巨大的相对力量才有可能获得更大的加速度。短跑运动员起跑至 30 米是获得加速度的过程，相对力量较大的、爆发力较好的运动员前 30 米成绩较好。力量与速度相辅相成。在训练中往往采用发展速度力量的方法、手段发展速度素质，如短跑运动员在采用负重计时手段发展力量素质的同时也发展了速度素质。而 30 米起跑等速度练习也提高了爆发力素质。

合理而熟练的技术水平有利于速度的发挥。动作幅度、动作方向、动作节奏、动作力度、动作距离、动作的协调等技术因素直接影响着速度的发挥。同理，速度、力量、耐力、柔韧性等素质也直接影响着技术水平的发挥。它们共同组成运动员竞技能力结构的核心构件。在比赛中，专项素质和技术水平对于战术的发挥和成绩的获得起着至关重要的作用。

## 三、速度素质的训练方法

### （一）反应速度训练方法

#### 1. 训练的练习种类

（1）简单反应速度练习。在大部分径赛、游泳、速度滑冰等"闭式"技能运动项目中，运动员只需要根据固定信号执行自身动作，因此适合采用简单反应速度练习。简单反应速度练习的特点是通过练习，尽量缩短感觉（视、听、触）动作反应的时间。

简单反应速度往往受中枢神经系统的兴奋程度、注意力集中程度、肌肉组织的准备状态、动作技术的掌握程度、对信号特征和时间特征的感觉能力、遗传因素等因素的制约。如果要把简单反应速度提高到一定程度，就必须针对上述制约因素采用相应的练习方法。

简单反应速度练习的方法一般有以下三种：

一是完整练习。利用已经掌握的完整的单个动作或组合动作，尽可能快地对突然出现的信号或突然改变的信号做出应答反应，以提高反应能力。例如，反复完成蹲踞式起跑，根据特定信号改变动作方向,对已知对手的动作做出不同的反应动作,对快速运动目标做出迅速反应等。这种对信号反应的完整练习,对初级水平运动员的作用比较明显。

二是分解练习。分解练习是相对于完整练习而言的,就是分解回答反应的动作,使之处于较容易或更为简单的条件,通过提高分解动作的速度来提高简单反应速度。

三是变换练习。通过改变练习的形式,让运动员在变化的情况下完成练习。改变练习的形式主要包括两方面内容:①改变对信号的接受形式,如由视觉接收的刺激信号改变成听觉或触觉的形式;②改变回答反应的动作形式。利用变换练习,既能有效地提高人体各感觉器官的功能和缩短简单反应的时间,又能提高练习积极性和训练效果。

另外,运动员的注意力指向与反应速度能力有关。在练习中,应要求运动员把注意力集中在将要进行的动作上,因为注意力集中在动作上比集中在信号上的反应速度要快一些。注意力的指向还与肌肉的紧张度有关。注意力集中在动作上,完成该动作的有关肌群的紧张度就会升高,从而加快动作的完成。

(2)复杂反应速度练习。在篮球、网球、乒乓球、羽毛球、拳击、跆拳道等项目中,运动员需要根据对手和环境的变化做出反应动作,适合采用复杂的反应速度练习。复杂反应速度练习的特点是尽量缩短感觉—中枢分析、选择、判别—动作反应的时间。

复杂反应在运动中大部分属于选择反应。选择反应一般包括两种形式:对移动目标的反应,即对运动客体的变化做出反应;选择动作的反应,主要根据对手动作变化做出反应。所以,复杂反应速度的练习一般包括以下两种:

一是移动目标练习。对移动目标产生反应并做出选择,如对球类运动中的运动客体——球的反应,一般要经历四个阶段:①看到球;②判断球的速度与方向;③选择自己的动作方案;④实现这个方案。这四个阶段组成了复杂反应过程,整个过程的时间一般为 0.25~1 秒。前两个阶段所用时间要占整个反应时间的一半以上,并且绝大部分时间是用在第一个阶段,第二个阶段用时约为 0.05 秒。因此,在移动目标练习中要特别注意反应时间的分配特点。

二是选择动作练习。根据对手的动作变化做出相应的动作反应是人体反应与专项运动密切结合的一种形式。这种练习的专项化程度很高,对提高专项动作的作用十分明显。选择动作练习包括两部分:①在专项训练中需要选择的情况比较复杂。例如,在练习中提供更多的需要做出反应的动作,由此增加反应过程中的选择面和难度,促进中枢神经系统分辨能力的提高,缩短反应的时间。②教会运动员合理利用对手可能做出的动作变化的预先信息。这种预先信息可以从观察对手的姿态、面部表情、眼神、准备动作等情况中得到。一旦能够准确意识到对手可能采用的动作变化,就可以迅速、准确地选择相应动作来应答。

**2. 训练的练习技巧**

动作速度寓于具体技术动作中,动作速度和专项技术动作的熟练程度有直接关系,因此动作速度的培养必须通过技术水平的巩固与提高,以及有关身体素质的发展才能实现。

(1)完善技术练习。首先,动作速度的提高在很大程度上取决于运动技术的完善,因为动作幅度大小、工作距离长短、工作时间多少以及动作的方向、角度与部位等都与动作速度快慢有着极为密切的关系。其次，在技术练习中，人体的协调能力会得到提高，这有利于在发展动作速度时最大限度地减少人体内部的阻力（如被动肌肉群的阻力、内脏器官的阻力等），从而提高动作速度。

（2）利用助力练习。利用助力练习指利用外界自然条件的助力和人工因素的助力来提高动作速度。外界自然条件的助力可以是重力、风力或水流等，如田径运动员经常采用下坡跑和顺风跑，游泳运动员采用顺水游等。人工因素的助力可分为机械助力和人为助力。机械助力是由专门机械设备牵引形成的，如摩托车牵引、皮条牵引等。人为助力是教练员或他人直接或间接地施加给运动员顺运动方向的力，帮助运动员提高动作速度或完成某一技术环节的动作速度，如运动员在做体操单杠大回环动作中，教练员顺势给运动员摆动的助力。

（3）利用后效作用的练习。这种练习是利用动作加速和器械重量变化而获得的后效作用来提高动作速度。如在跳高训练中，先穿沙背心或沙袋进行负重跳，然后脱掉负重物进行正常跳跃，以获得后效应；在推铅球之前，可先用加重铅球做练习，从而获得重量减轻后的后效作用。这是由于在第一次动作完成后，神经中枢剩余兴奋在随后的动作过程中仍然保持着运动指令，从而可以大大缩短动作时间，提高动作速度。这种后效作用产生的效果取决于负荷量的大小和随后减轻的情况，以及练习重复次数和不同重量练习的交换次数与比例。

（4）加大难度练习。加大难度练习主要是通过缩小练习完成的空间与时间界限，用特定的要求来促使动作速度的发展，如球类小场地的快速完成练习。运动中，动作速度表现的平均水平和快速动作的完成在相当程度上受专项活动持续时间和活动场地的影响。因此，限制练习的时间和空间条件，可以使运动员以最大速度完成动作，从而提高训练效果。

### （二）位移速度训练方法

位移速度在某种意义上可以看作人体的综合运动能力。位移速度的快慢不仅和动作技术水平有关，而且和力量、柔韧性、速度耐力以及协调性的发展有着十分密切的关系。所以，位移速度练习可以采用以下方法：

#### 1. *力量训练*

力量训练是提高位移速度的基本方法之一。常用的发展位移速度的力量训练有负重杠铃、各种跳跃和跳深等。力量水平特别是爆发力水平的提高对位移速度的提高具有相当重要的意义。

在力量训练中应把握以下五点原则：

（1）以提高速度力量为主，通常强调负重练习的练习速度。

（2）注意采用极限和次极限负荷强度，以提高快肌纤维的功能，但练习次数和组数不宜过多。

（3）通过力量练习提高肌肉和韧带的坚韧性，以防止运动员在速度训练中受伤。

（4）力量练习后应有 2~6 周的减量练习阶段，以便把所提高的力量能力转化为速度能力。

（5）多做一些超等长的力量练习（如多级跳、跳深等），以提高肌肉收缩时的快速力量。

2. 重复训练

这种练习是以一定的速度多次重复一定距离的练习，对提高人体在快速移动中克服各种内外阻力以及训练耐力十分重要。采用重复练习时要注意以下四点：

（1）练习强度。练习强度是提高运动员快速移动能力的主导因素。位移速度属极限强度，应以高强度进行位移速度练习，强度一般可控制在 90%~95%，在此之前要安排一些中等或中等以下强度的练习作为适应练习。在高强度练习中，运动员要高度集中注意力，最大限度地发挥肌肉力量，并加大动作速度与幅度，发挥最高速度水平。

（2）练习量。位移速度练习要保证一定时间，但不宜过长。高强度练习一般保持在 20 秒以内，跑步距离为 30~60 米，游泳距离为 10~15 米，速滑距离为 100~200 米为宜。次数和组数的确定应根据运动员高速度出现与保持的时间以及克服疲劳和机体恢复能力来确定。一般来说，极限负荷时间短，一组 6~7 次，重复 5~6 组。非极限负荷时间长，重复次数和组数减少。

（3）间歇时间安排。间歇时间安排应以运动员机体相对得到恢复为标准。间歇时间的长短和练习持续时间有关。一般练习时间与间歇时间的比例为（1：12）~（1：20），组间休息 10~20 分钟。

（4）肌肉的放松能力。在重复练习中，要重视提高肌肉的放松能力，也就是肌肉主动消除疲劳的能力。放松能力对速度类运动项目的影响是非常大的。

3. 步频和步幅训练

步频和步幅是影响位移速度的两个主要因素，而步频受肌纤维类型、神经灵活性的制约，步幅受腿的长度、柔韧性、后蹬技术力量的制约。在这五个制约因素中，只有柔韧性和后蹬技术力量通过训练能够得到改善，其他三个因素受遗传的影响，后天改善程度有限。因此，在训练中主要通过提高步幅来提高移动速度。

位移速度练习时间短，因而经常采用比赛法。比赛法能够使运动员情绪高涨，往往能比平时更快地做出反应，完成快速移动。

游戏法同比赛法的作用一样，可以激起运动员的高涨情绪。同时，游戏过程能够引起各种动作变化，可以防止因经常安排最大速度练习而引起的"速度障碍"的形成。

# 第三节 耐力素质训练

## 一、耐力素质的分类

耐力素质是指有机体在较长时间内，保持特定强度负荷或动作质量的能力。耐力与力量、速度的结合，分别表现为力量耐力和速度耐力。运动员对长时间工作的心理耐受程度、运动器官持续工作的能力、能量物质的储备情况和长时间工作时有氧代谢的能力、掌握运动技术的熟练程度和功能节省化的水平等对耐力水平具有重要作用。运动员耐力素质越好，则抗疲劳的能力就越强，保持特定负荷或动作质量工作的时间也越长。耐力素质对各个项目的运动员来说都是重要的基础素质，而对那些以有氧代谢为主要供能来源的项目来说，它对于提高运动成绩更有直接的意义。因此，耐力素质是运动成绩的基础条件，耐力训练应根据专项需要，采用适宜的训练手段和方法进行开发。

### （一）训练学分类体系

从训练学角度来分，可以把耐力素质分为一般耐力和专项耐力。

（1）一般耐力。一般耐力是一种多肌群、多系统长时间工作的能力。无论专项特点如何，良好的一般耐力都有助于各种形式的训练取得成功。但是，由于一般耐力是不同形式耐力的综合表现，对不同的运动项目来说，项目特点对其有不同的要求。因此，在进行一般耐力训练时，应充分考虑一般耐力与专项耐力之间的关系。

（2）专项耐力。专项耐力是指运动员的机体为取得专项成绩而最大限度地利用机体能力，克服因专门负荷所产生的疲劳的能力。专项耐力取决于专项运动的特点，运动员在进行训练和比赛的任何活动中都能体现出这种能力。

### （二）生理学分类体系

从生理学角度来分，可将耐力素质分为心血管耐力和肌肉耐力。而心血管耐力又包括有氧耐力、无氧耐力和有氧与无氧混合耐力。

（1）有氧耐力。有氧耐力是指有机体在氧气比较充分的情况下，坚持长时间工作的能力。有氧耐力训练的目的在于提高运动员机体输送氧气的能力，促进机体的新陈代谢，为今后运动负荷的增加创造条件。如大多数球类项目和田径运动中的马拉松、越野跑、长跑、长距离竞走等项目中所需要的耐力。

（2）无氧耐力。无氧耐力是指有机体在氧气供应不足的情况下，能坚持在较长时间内工作的能力。无氧耐力训练的目的在于提高运动员机体承受氧债的能力。如体操、短距离游泳以及田径运动中的短跑和大多数投掷、跳跃项目所需要的耐力。

（3）有氧与无氧混合耐力。有氧与无氧混合耐力是介于无氧供能和有氧供能之间的一种耐力。它的特点是持续时间长于无氧耐力而短于有氧耐力。就像大多数对抗性项目，如拳击、摔跤、柔道、跆拳道以及田径运动中的400米、400米栏和800米等项目所需要的耐力。

## 二、耐力素质的影响因素

耐力素质与人体其他素质密切相关，是多种因素共同作用的结果。

（1）最大吸氧量水平。最大吸氧量是指在运动过程中，当人体的呼吸和循环系统发挥出最大机能水平时，每分钟所能吸取的最大氧气量。最大吸氧量的大小对耐力素质的影响十分明显，因为最大吸氧量本身就是反映有氧耐力水平的一个重要指标。最大吸氧量越大，有氧耐力水平也就越高。在有氧运动项目中，运动员的最大吸氧量明显大于其他人。同样，最大吸氧量水平越高，耐力性运动的成绩就越好。

最大吸氧量在很大程度上受遗传影响。除此之外，最大吸氧量与肺的通气功能、氧从肺泡向血液弥散的能力、血液结合氧的能力、心脏的泵血功能、氧由血液向组织弥散的能力、组织的代谢能力等也有十分密切的关系。在以上诸因素中，具有明显可控量化指标的是血液结合氧的能力。血液结合氧的能力可通过血液中血红蛋白的含量来反映。血液中血红蛋白含量越高，血液结合氧的能力越强。

（2）中枢神经系统的功能。中枢神经系统的功能对耐力素质有很大的影响。中枢神经系统通过交感神经对肌肉、内部器官和各神经中枢起到适应与协调作用。如各神经中枢间的协调性程度、神经中枢与运动系统间的协调性程度、运动系统间的协调性程度等，对提高肌肉活动的耐力水平具有重要意义。除此之外，中枢神经系统还能通过神经系统体液的调节，提高人体的耐力素质水平，如加强肾上腺素的分泌和肾上腺皮质素的分泌，使心血管系统和肌肉工作能力提高，从而提高耐力水平。可见，中枢神经系统的功能对耐力素质有制约作用。反过来，耐力素质的练习又能促进神经系统有关功能的提高。这一点在发展耐力素质的过程中要引起充分重视。

（3）个性心理特征。运动员的心理素质、心理稳定性以及主观努力程度、运动动机与兴趣、自制力和忍耐力等都直接影响到耐力素质水平的发展。特别是忍耐力与耐力素质关系更为密切。所谓忍耐力是指人体忍受有机体发生变化后的能力。忍耐力的强弱与有机体发生变化的程度和其忍受时间的长短有关。忍耐力越强，人体也就越能长时间地忍受有机体发生的剧烈变化。如在以强度为主的长时间练习中，有机体就会发生很大的变化（如缺氧、酸性物质堆积等），在这种情况下，如果运动员的忍耐力不能忍受这种变化，练习就将终止，耐力素质的发展也只能停留在一定水平上。一般来说，耐力素质要得到最大限度的发展，就必须充分利用运动员的忍耐力去克服耐力发展过程中一个又一个的"极点"，不断突破机体结构和功能的"临界状态"。

（4）机体的能量储备与供能能力。机体活动时能量供应和能量交换的程度，在某种意义上取决于各种能量储备的大小和能量交换的水平。能量储备越大，耐力的发展潜力也就越大。如肌肉中CP、糖原的含量越多，就越有利于无氧、有氧耐力水平的提高。肌肉中的CP储备能保证速度耐力活动中的能量供应，而肌肉中的糖原储备则是耐力活动中能量供应的主要方面。能量供应的速度主要在于能量交换的速度，耐力水平高的运动员，其体内能量交换的速度也快，从而保证了能量供应在人体活动中的不间断。能量交换的速度主要和各种酶的活性有关，耐力训练能有效地提高各种酶的活性（如肌酸激酶、氧化酶等），加快ATP的分解及合成速度。

（5）机体机能的稳定性。机体机能的稳定性是指机体的各个系统在疲劳逐步发展、内环境产生变化时，仍然能够保持在一个必要水平上。由于耐力活动会产生大量乳酸，乳酸的逐步堆积也会引起肌肉组织和血液中的pH值（酸碱度）下降，造成一系列人体机能能力下降的现象。如神经肌肉接点处兴奋的传递受到阻碍，影响冲动传向肌肉；酶系的活性受到限制，使ATP合成速度减慢；钙离子浓度下降，肌肉收缩能力降低等。由此可见，机体机能的稳定性往往取决于机体的抗酸能力，抗酸能力越强，稳定的程度就越高，时间也越长。影响机体抗酸能力的因素有许多，与血液中的碱储备密切相关。碱储备是缓冲酸性的主要物质，习惯上以血浆中碳酸结合的碱含量来表示。运动员的碱储备比未受过训练的人高出10%左右，这对提高运动员的抗酸能力、保持技能稳定性十分有利。

（6）机体机能的节省化。耐力素质的水平还取决于机体的机能节省化程度。机能节省化和机体能量储备的利用率有很大关系。耐力活动中，各种协调性的完善、体力的合理分配都能有效地提高能量储备的利用率。如协调性的完善可以减少不必要的能量消耗，体力的合理分配则可以提高能量的合理利用程度（匀速能量消耗少，变速能量消耗大）。总之，高度的机能节省化，能使人体在活动时单位时间内能量消耗减少到一个最小的水平，从而保证人体长时间的活动。

（7）红肌纤维数量。人体肌肉纤维的类型及数量对耐力素质也有影响。肌肉中红肌纤维因含血红蛋白多，线粒体多，氧化酸化供氧能力强，收缩速度虽慢但能持久，适宜有氧耐力训练。耐力性项目运动员的肌肉中红肌纤维占的比重极大。优秀的长距离游泳运动员的三角肌中，红肌纤维可达90%。所以红肌纤维占优势的人，为发展耐力素质提供了良好的物质条件。

（8）速度储备能力。速度储备即以较少的能量消耗保持一定速度的能力。这也是影响耐力特别是影响专项耐力的因素之一。在周期性运动项目中，其重要作用尤为突出。也就是说，如果运动员能以极快的速度跑完一个短距离，也更容易以较低速度跑完较长的距离。因为速度储备较高的运动员能以较少的能量消耗保持一定的速度，达到轻松持久的效果，这是中距离项目运动员所要求的专项耐力。除此之外，运动技能水平的高低、体型、性别、体温等因素也都会在不同程度上影响耐力素质的水平。

## 三、耐力素质的训练方法

### （一）提高全身肌肉耐力的训练方法

由于无氧阈（无氧界限，指在递增运动负荷中人体内的代谢方式由有氧代谢为主向无氧代谢过渡的临界点）强度和最大摄氧量强度是目前耐力项目中常用的相对运动强度的判定标尺。因此，此处介绍的训练方法均以无氧阈强度和最大摄氧量强度作为相对运动强度的判定标尺。

目前经常采用的提高全身耐力的训练方法主要有中低强度的大运动量训练和大强度间歇性训练。

**1. 大运动量训练法**

（1）大运动量训练的运动方式。大运动量训练的运动方式主要包括低强度有氧运动和中等强度有氧运动。

低强度有氧运动的相对强度在 80% 的无氧阈强度以下，心率在 120~140 次 / 分，此时的自我感觉为较轻松，在此强度下采用节奏稳定的匀速运动方式。在低强度有氧运动时，心脏血液回流充分，脂肪燃烧最多，且乳酸产生量少，因此在这一强度下的训练可以最大限度地燃烧脂肪，同时能够达到一定的健身效果，因此较适合于肥胖者、无训练基础者以及大强度训练后需要消除疲劳的人。

中等强度有氧运动的相对强度在 80%~100% 的无氧阈强度，心率在 140~180 次 / 分，此时自我感觉为疲倦，但能够坚持。在此强度下采用的运动方式主要有恒定负荷方式、渐增负荷方式和变速负荷方式。恒定负荷方式是指在接近无氧阈强度下进行大运动量匀速运动的训练模式，多适用于训练水平高、训练年限较长的耐力项目运动员。渐增负荷方式是指从 80% 的无氧阈强度逐步递增到无氧阈强度的大运动量训练模式，它对一般运动员和高水平耐力运动员都适用。变速负荷方式是指间歇性地进行无氧阈强度运动和低强度运动的大运动量训练模式，对低水平运动员、非耐力性项目运动员以及高水平耐力性项目运动员均适用。中等强度有氧运动训练的主要作用是提高心肺功能、氧的转运能力以及运动肌利用氧的能力，因此较适合于运动爱好者和专业运动员。

（2）一次大运动量训练课的训练量。要确定一次大运动量训练课的训练量，首先就要了解在无氧阈强度上的能量代谢变化和恢复速度。在达到无氧阈强度时，人体的呼吸熵（同一时间内二氧化碳产生量和氧气消耗的比值）一般在 0.9~1.0 的范围内，因此在用无氧阈强度进行运动时，糖供能占主要地位，而脂肪和蛋白质参与部分供能。研究表明，在无氧阈强度下,人体内的糖储备大部分会在80~90分钟内耗尽,且随着运动时间的延长,脂肪和蛋白质的供能增加。而被消耗的能量物质的恢复速度会因消耗的程度而发生变化。其中,当进行力竭性运动后,糖的恢复最快也需要48小时,而蛋白质消耗后的恢复比糖的恢复需要更多的时间。

(3)有效提高或维持有氧能力的大运动量训练的持续天数。对一般人群来说,只要坚持从事耐力运动,就会获得相应的训练效果,但对专业运动员来说并非如此。若要通过无氧阈强度训练获得显著的训练效果,则需每周训练5次,每次训练时间为40~60分钟,持续时间在6周以上,是较为合理的训练方法。若要维持目前获得的训练效果,则每周进行3次,每次训练时间为40分钟。

## 2. 大强度训练法

无氧阈强度以下的训练虽然有助于与耐力项目相关的一些机能的明显改善,但在实际比赛中,很多项目的比赛强度要远高于无氧阈强度训练。因此,运动员必须具备适应比赛要求的神经、肌肉及心肺功能。虽然通过无氧阈强度训练可以促使心脏和肌肉向耐力型发展,但只有当训练强度高于无氧阈强度时,才能产生提高专项比赛能力的直接效应。另外,大强度训练也可以提高无氧阈强度水平。

(1)间歇性大强度训练的训练方法。间歇性大强度训练作为提高运动能力的有效方法,已经广泛应用于各类体育项目。耐力项目的大强度训练强度,一般是指超过无氧阈的训练强度。根据运动员训练水平的不同,大强度的训练强度有很大差别。其中,最大摄氧量强度作为可以调动全身有氧能力的临界强度,常在耐力项目的大强度训练中被采用。间歇性最大摄氧量强度训练的主要作用是改善肌肉末梢组织的状况,提高运动员肌肉的最大有氧代谢水平以及消除乳酸的能力,并让运动员适应比赛时的内环境变化,最终使运动员的专项比赛能力得到提高。

最大摄氧量强度课一般有两种训练方式:一种是采用100%最大摄氧量强度,以最大摄氧量速度持续时间的60%~80%进行间歇性训练;另一种是间歇性递增运动,其起始负荷可以为无氧阈强度,之后以5%的幅度递增,当达到最大摄氧量强度时,再维持3~5分钟。以上两种方式的间歇时间均以能够高质量地完成下一组训练为准,一般情况下运动员心率恢复到120次/分即可进行下一组的训练。

(2)一次最大摄氧量强度课的训练量。相关研究表明,优秀运动员在最大摄氧量强度上能够维持的最长时间为7~8分钟。采用间歇性训练的目的就是保证大强度训练量的最大化,且不发生身体损伤。为了既保证训练质量,又不发生身体损伤,采用一次性力竭运动维持时间的2~3倍是比较适宜的,即一次最大摄氧量强度训练的总量应在12~24分钟。

(3)最大摄氧量强度训练课一周的训练次数。由于过多的大强度训练会引起心肌炎等副作用,因此,在一次大强度训练课后应有较为充足的恢复时间。大强度训练引起的肌肉微损伤、能量消耗以及神经疲劳大约需要48小时以上的恢复时间。因此,最大摄氧量强度课一周安排 2~3 次是比较适合的。

（4）间歇期的强度和时间。间歇的目的是使运动员的身体得到一定的恢复，以利于高质量地完成下一组训练。在用 50% 左右的最大摄氧量强度运动时，运动员的心率在 120 次/分左右。在 50% 最大摄氧量强度时，乳酸的消除速度和心肌疲劳恢复速度最快。

（5）有效提高运动能力的最大摄氧量强度训练的持续天数。一般均采用 3 周左右的持续时间，因为 3 周的大强度训练基本上都能获得良好的训练效果，而训练 4 周后往往会出现过度疲劳现象。从实践经验来看，每周进行 3 次的最大摄氧量强度训练，在训练第 3 周运动员开始出现头痛、失眠等现象，但未发生过度疲劳现象。因此，最大摄氧量强度训练的持续天数在 3 周左右可能比较理想。

### （二）提高局部肌肉耐力的训练方法

为了最大限度地利用有限时间达到最佳训练的目的，局部肌肉耐力训练往往采用循环练习方法。循环练习是指将全身运动和只在局部承受负荷的运动有机组合起来进行的训练形式。因此，通过这种方式可以实现全身耐力和局部耐力同时得到锻炼的目的。这种训练方法特别适合于球类和格斗等间歇性大强度运动项目，以及要求高强度持续能力的游泳、滑冰、自行车、划船等竞技项目。

## 第四节　柔韧素质训练

### 一、柔韧素质训练的意义

柔韧素质是指人体各个关节的活动幅度以及肌肉、肌腱和韧带等软组织的伸展能力。柔韧素质有两层含义：一是指关节活动幅度的大小，主要受骨骼关节解剖结构限制；二是指肌肉、肌腱、韧带软组织的伸展性，主要是髋关节的肌肉、肌腱、韧带等软组织的伸展性。科学合理的训练有助于柔韧素质发展的同时也能积极促进青少年运动员的生长发育。

柔韧素质是一种重要的运动素质。武术、竞技体操、艺术体操、跳水、花样滑冰、散打、跆拳道等项目，对运动员的柔韧素质都有很高要求。许多运动项目除了对一般柔韧性有要求外，还要求运动员必须具备良好的专项柔韧性。柔韧素质发展的敏感期为 5~12 岁。发展柔韧素质不仅可以加大动作幅度，使动作更加优美、协调，而且能相对加大动作力量，减少受伤的可能性。正确地进行柔韧训练，对于运动员具有极为重要的意义，主要表现在以下方面：

（1）正确地进行柔韧训练，有利于改进运动员技术，提高运动成绩。如果柔韧性差，掌握动作技能的过程会表现得缓慢，并变得复杂化，而其中某些对完成比赛十分重要的关键技术往往不可能学会。例如，成年男子110米栏，栏高1.067米，只有具备过硬的腿部与腰腹柔韧素质，跑得才会轻松流畅。

（2）正确地进行柔韧训练，有利于力量、速度及灵敏素质的发挥。人体是一个复杂的有机体，唯物辩证法告诉我们，事物之间是相互联系、相互影响的。有资料显示，良好的柔韧素质会对其他运动素质的发展产生积极影响，柔韧素质的发展与力量、速度、灵敏等素质的发展有正相关关系。

（3）正确地进行柔韧训练，有利于展现运动美感。发展柔韧素质不仅可以加大动作幅度，使动作更加优美、协调，而且运动员做动作时表现出肌肉协调、动作舒展大方、节奏感强等特点，会强烈冲击人们的视听觉。尤其在国际体操比赛中，经常看到运动员们身手矫健，动作潇洒，踩着音乐节奏，目光配合着动作愈发动人，扣人心弦，给人以美的享受。

（4）正确地进行柔韧训练，有利于预防运动损伤。发展柔韧素质能相对加大动作力量，减少受伤的可能性，是肌肉、韧带避免损伤的方法之一。足球选手在争抢球或运球加速时，具备一定横劈或纵劈能力的运动员，腿部即便活动幅度很大也不易拉伤，而不具备腿部此类柔韧性的运动员就很容易拉伤。

（5）正确地进行柔韧训练，有利于生长发育。适当的身体柔韧练习可以预防少年儿童的不良身体姿势，对纠正胸椎异常弯曲、鸡胸等病症有积极的效果。并且适当的体育训练在提高关节柔韧性的同时，也对练习者尤其是少年儿童的身高增长有积极的影响。

## 二、柔韧素质的分类与特点

### （一）柔韧素质的分类

#### 1. 依据训练程度划分

（1）一般柔韧性。一般柔韧性指运动员在进行训练时，为适应这类身体练习，保证一般训练顺利进行所需要的柔韧素质。例如，球类运动员在速度练习时加大必要的步幅所需要的腿部柔韧性，田径运动员用杠铃进行力量练习时需要大腿后群肌肉表现出来的柔韧性。

（2）专项柔韧性。专项柔韧性指专项运动技术所需要的柔韧性。它建立在一般柔韧性基础上，并由各专项动作的生物力学结构所决定。例如，110米栏运动员良好的腿部柔韧性，有助于在比赛中保持重心平稳，快速地通过每一个栏；足球运动员需要良好的腿部、肩和踝关节柔韧性，足球技术方能得到较大的提升与保障；速滑和赛跑运动员则要求髋、膝、踝关节特别灵活；蝶泳则要求运动员必须具备大幅度的肩、腰活动幅度；体操运动员为了完成各种器械练习，肩、腰、腿等部位必须表现出大幅度的活动范围。当运动员的柔韧性发展到一定水平时，各关节的运动幅度会超过有效完成动作所要求的程度，这种超出，就是柔韧性"储备"。

### 2. 依据训练者的意识划分

（1）主动柔韧性。主动柔韧性指运动员依靠相应关节周围肌肉群的积极工作，完成大幅度动作的能力。主动柔韧性主要靠主动性的静力拉伸来获得。

（2）被动柔韧性。被动柔韧性指被动用力时，关节所能达到的最大活动幅度，运动员被动柔韧性的指标一般高于主动柔韧性。被动柔韧性一般是在教练或是同伴的帮助下通过练习获得。

## （二）柔韧素质的特点

（1）年龄的阶段性。不同年龄阶段的运动员对柔韧素质的要求是不一样的，各个年龄阶段有各自不同的要求。例如，对体操运动员来说，10岁左右的柔韧要求可能是快速提高关节活动的空间与幅度，而16岁时的柔韧要求是保持现有良好的柔韧性。

（2）相对性。适当的柔韧素质训练有助于运动素质的保持和发展。柔韧练习少则达不到提高一般或专项素质的要求，柔韧练习太多则容易造成韧带松弛、关节不稳或肌肉受伤，因此说柔韧训练是相对的。一般柔韧性的要求是为力量、速度等素质训练要求服务的，只要能满足运动竞技的需求，无须练得太多。

（3）差异性。第一，项目差异性。在众多的运动项目中，显然各项目对运动员的柔韧素质要求是不一样的。例如，体操运动员由于要完成大量的翻、转体、团身等屈伸动作，对关节韧带的活动要求显然高于球类运动项目。第二，个体差异性。人的身体素质存在个体差异性，不但不同的个体存在差异，而且同一个体不同身体部位（关节）的运动幅度也不一样。男女运动员由于生理学上存在差异，女性的肌纤维细长，肌肉横断面积小于男性，对关节活动限制小，因此女性关节灵活性好于男性。

（4）可逆性。柔韧素质发展快，易见效，但消失也快，停训时间稍长，就会消失，该过程是可逆的，因此在实际训练中需注意柔韧素质的保持。

## 三、柔韧素质的影响因素

（1）性别与年龄。肌肉、韧带组织的差异不仅取决于男、女性别，还取决于不同的年龄阶段。男性与女性肌肉组成成分不同，弹性也不一样。女性关节肌肉力量较弱，韧带较薄，影响或限制关节运动的因素少，因此通常女性的柔韧性优于男性。少年儿童处于生长发育期，骨骼柔软，肌肉韧带具有较大的可塑性，较成年人弹性更好。

（2）关节的骨结构和周围组织体积大小。关节的骨结构是影响柔韧性的最不易改变的因素，基本上由遗传决定。关节骨结构的先天性决定关节的活动范围，虽然训练可以使骨结构产生部分变化，如关节内软骨形态的变化，但这种变化只局限在关节骨结构所许可的范围内。关节周围组织包括肌肉、韧带、皮肤、脂肪等，这些组织体积的大小对关节活动有限制作用。它一方面受先天遗传的影响，另一方面受后天训练的影响。往往经过训练后，这些周围组织体积增大后，会影响柔韧素质的发展。例如，肱二头肌肌肉体积增大后就可影响肘关节的活动幅度。

（3）神经过程转换的灵活性。神经系统兴奋与抑制过程转换的灵活性与运动中肌肉的伸缩有关。例如，中枢神经系统对肌肉紧张和放松的调节，对运动员肌肉的放松能力起重要作用。训练水平高的运动员肌肉的随意放松能力之所以很高，与中枢神经系统支配骨骼肌神经细胞的转换深度有关，因为在中枢神经系统的影响下，肌肉神经过程转换更为灵活。

（4）心理因素。心理紧张与否可通过中枢神经系统影响到有机体各部位的工作状况。心理紧张度过强、过长会使神经过程由兴奋转为抑制，严重影响各部位的协调能力，使动作僵硬、紧张，本该舒展潇洒的动作表现不出来，最终影响比赛成绩或练习效果。

（5）温度。做准备活动的一大好处就是提高体温，增加各激素的活性，动员酶蛋白分子，进而克服器官惰性，为机体大量耗氧做好准备。人体在做了充分的准备活动后，器官惰性与血液黏稠度逐渐减低，肌肉韧带活动空间幅度加大，人体的柔韧性得到明显提升。

（6）时间段。由于生物节律性，一天内有机体的机能状态因时间不同而有一定的变化。经过一夜的休息，机体各部分得到了充分的放松，肌肉韧带弹性得到恢复，机体功能逐步唤醒。因此柔韧性在早晨明显下降，中午好于早晨。

（7）疲劳程度。在疲劳的情况下柔韧性会下降。其他因素如准备活动充分与否对柔韧性也产生影响；训练持续时间超过1小时或非常剧烈等对柔韧性也有明显的影响，如长时间地打保龄球或者是羽毛球对腰部会造成劳损，腰部的柔韧性可能达不到先前的水平。

（8）遗传。不同的人柔韧性先天表现也不同，一般而言，柔韧性好的人其子女柔韧性也好。例如，夫妻都是舞蹈演员，其子女身体素质及相关（表演）基因表现往往也不差，这说明了遗传对后代的重要作用。

（9）营养。营养对人体的发育至关重要，尤其要注意的是青春发育期，少年生长发育驶入快车道，某些营养素摄入不足，对人体的柔韧性会产生较大的影响。如维生素 C 缺乏会影响关节的活动范围。

## 四、柔韧素质的训练方法

柔韧性是人体的一种重要身体素质。发展柔韧性不仅可以加大动作幅度，使动作更加优美、协调，而且能加大动作力量，减少肌肉或关节受伤的可能性。因此，正确地进行柔韧性练习，对于提高运动技术水平具有非常重要的意义。

## （一）柔韧性练习方法

（1）主动或被动的静力拉伸方法。缓慢地将肌肉、肌腱、韧带拉伸到一定酸、胀、痛的感觉位置并略有超过，然后保持一定时间。这种方法可减少或消除超过关节伸展能力的危险性，防止拉伤。由于拉伸缓慢，不会激发牵张反射。一般要求在酸、胀、痛的位置停留 6~8 秒，重复 6~8 次。

（2）主动或被动的动力性拉伸方法。有节奏、速度较快地进行拉伸，幅度逐渐加大，多次重复一个动作。运用该方法时，用力不宜过猛，幅度一定要由小到大，先做几次小幅度的预备拉伸，然后加大幅度，从而避免拉伤。每个练习重复 5~10 次（重复次数可根据专项技术需要而增加）。主动的动力性拉伸是靠自己的力量拉伸，被动的动力性拉伸是靠同伴的帮助或负重借助外力的拉伸，但外力应与运动员被拉伸的可能伸展能力相适应。

上述方法可单独采用，亦可混合运用，练习时间根据专项技术需要而定。

## （二）发展柔韧性的手段

（1）在器械上练习，如利用肋木、平衡木、跳马、把杆、吊环、单杠等。

（2）利用轻器械练习，如利用木棍、绳、橡皮筋等。

（3）利用外部阻力练习，如同伴的助力、负重等。

（4）利用自身所给的助力或自身体重练习，如压腿时双手用力压同时上体前压，在吊环或单杠上做悬垂等。

## （三）发展各关节柔韧性的练习方法

（1）肩关节。肩关节是由半球形的肱骨头和肩胛骨的关节盂构成的球窝关节，是全身关节中最灵活、活动幅度最大的关节。它的加固主要依靠韧带和三角肌。因此该关节柔韧性的练习以增加肩部肌肉力量、增加肩部柔韧性为主。发展肩关节的柔韧性练习主要有主动或被动地压肩、拉肩、吊肩、转肩等。如手扶肋木做体前屈压肩，背对肋木双手上握向前拉肩，在单杠或吊环上做各种握法的悬垂，借助绳或木棍做转肩等。

（2）肘关节。肘关节由肱尺关节、桡尺关节、肱桡关节构成，由内侧、外侧副韧带及桡骨环状韧带加固。肘关节在运动时做屈伸动作较多，所以在发展屈肌力量练习的同时，要配以屈肌的伸展性练习。肘关节的柔韧性练习主要采用压肘、旋内、旋外、绕环等练习。

（3）腕关节。腕关节由桡腕关节（使手屈伸、内收、外展）和腕间关节（使手旋转）构成。如体操运动员主要发展背屈能力，可以采用俯卧撑推手、倒立爬行等练习；篮球、排球、乒乓球、手球、网球等项目对手腕的灵活性要求较高，因此既要发展屈伸、内收、外展能力，又要发展旋转能力，主要通过基本动作、基本技术来发展；举重运动员则主要发展手背的后屈能力。

（4）膝关节。膝关节由股骨远端、胫骨近端、髌骨后的关节面以及半月板构成，由内外侧副韧带、髌骨韧带、交叉韧带加固。膝关节的柔韧性练习主要发展腿部后侧肌群（股二头肌、半腱肌、半膜肌、小腿三头肌、胫骨后肌）的伸展性，发展腿部前侧肌群（股四头肌、缝匠肌、胫骨前肌、拇长伸肌）的伸展性。

（5）髋关节。髋关节由球形的股骨头与髋骨的髋臼构成。髋臼较深，并有软骨形成的关节盂加大与股骨头的紧屈适应，因此虽然它是球窝关节，但运动幅度受到限制。髋关节的加固由髋骨韧带及股圆韧带完成。髋关节的柔韧性练习主要发展前后、左右开跨的能力。

（6）踝关节。踝关节由距骨上关节面、胫骨内踝关节面、踝骨下关节面及腓骨外踝关节面构成。踝关节前后韧带薄弱，而两侧的内、外侧副韧带较强。踝关节的柔韧性练习主要是发展背屈、背伸、内翻和外翻的能力。如体操运动员主要发展足背的绷脚面能力，足球运动员主要发展内翻、外翻的能力，举重运动员主要发展背屈的能力。

（7）脊柱。脊柱由椎骨组成，椎骨之间靠椎间盘连在一起，椎间盘有弹性，当肌肉牵动椎骨时，每一个椎骨少许转动的总合就使脊柱有了相当大的运动幅度。因此，脊柱能前屈、后倾、向右侧屈、向左侧屈及转动。脊柱的柔韧性练习包括发展颈椎、胸椎、腰椎的柔韧性练习。

颈椎的柔韧性练习主要采用头前后屈、左右侧屈、左右转动及绕环的练习。

胸椎的柔韧性练习和腰椎的柔韧性练习常结合在一起，主要采用下腰、甩腰、体前屈等练习。

# 第五章　专项体能理论及训练方法

## 第一节　专项特征基础认知

### 一、专项特征定义与构成

专项特征是指一个运动项目在比赛规则的允许下，以获得最大的运动效率为目标，在力学、生物学等方面表现出的主要运动特点。

通常专项特征可以分为技战术、体能、心理和环境等方面，每一个方面又由不同的因素构成。从训练学的角度分析，竞技运动项目的特征包括三个不同的层次：一般特征、项群特征和专项特征。三个不同层次的项目特征在范围上并没有质的区别，其主要差别在于对项目特征解释和描述的程度上。

项目间的差异，并不是总能体现在所有的项目特征上，如技战术、体能及心理等，尤其是对同一属性的运动项目来说，它们的差异可能更多地集中于某一个项目特征中。

### 二、专项特征的确定

由于各运动项目的性质可以从各个不同的方面和角度去确定，而且一个项目的性质以不同的标准确定可以有多重性。但其特征的确定则要找出区别于其他项目的特别显著的标志。训练中确定运动项目特征通常有四个方面。

（一）各运动项目比赛规则规定取胜的主要因素

以竞技体操为例，我国体操界广大教练员、科研人员、运动员通过多年的探索，多数认为竞技体操项目的显著特征是"难、新、美、稳"，这是竞技体操比赛规则规定的取胜的主要因素。

## （二）运动项目的主要供能系统

在体能类项目中，经常以主要供能系统确定项目的特征。例如田径100米跑主要特征是 ATP 供能，因此训练中提高运动员的无氧代谢能力，发展速度是最为重要的。

## （三）运动项目的技术结构和主要环节

任何一个运动项目的动作技术都有其特殊性，具有不同的技术结构和主要环节。动作技术的结构主要指动作是由哪些部分构成的；动作技术的主要环节是在构成动作技术的若干部分中，对完成动作、决定成绩最具影响的部分。

## （四）运动项目对运动素质的特殊要求

在举重项目中，若仅仅依照运动素质的特殊要求就确定其是力量性项目，这并非十分严谨。因为从比赛动作抓举和挺举两项来说，它需要的力量是全身协调用力的速度性力量，或称爆发力量，而不是单纯的最大力量，这也是该项目比赛动作技术对运动素质的特殊要求。因此准确地说，举重项目其实是全身协调用力的速度力量性项目。

# 三、专项特征研究的发展趋势

对专项特征的认识是一个逐步深入的过程，它不仅取决于教练员自身的认识能力，而且在相当大的程度上依赖着科学技术和研究方法的发展。新理论的出现可以为项目特征的认识开辟新的视角，新技术和新方法的问世能够促进认识程度更加深入。当前，在专项特征的认识上出现了以下几方面的发展动向和趋势：

## （一）由宏观向微观的发展

从运动训练的角度分析，任何一个运动项目的特征都有一般与专项、宏观与微观之分。宏观的项目特征是从一般或项群共性的角度把握训练的方向，微观的项目特征则是从一个专项的角度指导运动员的训练。如果错误地将一般或项群的项目特征视为本项目的专项运动特征，就不能准确地给运动项目定位，对项目的了解始终处于模糊的水平，甚至会失去训练的方向。

诚然，任何一个事物的发展都需要宏观和微观的指导。宏观的理论可以透过复杂多变的因素把握发展的方向，微观的认识可以对具体的方法和措施进行调整和操作。从竞技训练的角度分析，运动训练的整体发展或某一类项目的发展确实需要宏观理论的指导，但是，对一个具体运动项目的训练来说，迫切需要的，是对项目的运动特征和训练规律进行微观、具体和有针对性的了解和认识，从众多细节中提取出专项的特征。只有这样才能真正为专项的训练提供有价值的信息，促进专项运动水平的迅速提高。

专项特征绝不能只停留在宏观的认识程度，而应该深入到专项之中，从多个角度和层面解析专项的特点，提炼出能够反映专项运动本质的规律，这样才可以准确把握专项训练的脉络，提高训练效率。

## （二）由外在到内在的发展

对项目特征的认识不能仅停留在专项运动的外在形式上，而必须深入神经与肌肉的内在运动水平。运动项目的表面外在特征只能反映运动的结果，而造成这种结果的原因主要在于机体的运动系统和能量供应系统，肌肉在神经支配下的收缩以及在收缩过程中对能量的需求。在运动训练中，只有深入了解神经肌肉系统的工作情况，才可能选择正确和有效的训练方法；只有充分掌握运动过程中能量代谢系统的运转规律，才能制定出符合专项特点的训练负荷。

对内在专项特征细节的了解和掌握，有助于提高运动训练的针对性和有效性。了解不同肌肉在专项运动中的参与程度和工作方式，可以帮助人们制订出有针对性的力量训练计划；掌握不同供能系统对专项运动的不同支持作用以及它们之间的关系，可以提高耐力训练的效率；对不同供能系统恢复特点的了解，能够帮助教练员把握和控制训练的负荷。

对专项内在特征的深入认识，是提高专项训练效率的重要条件。与外在运动形式不同，内在专项特征的把握是从神经—肌肉的工作方式和用力程度的层面上解决训练的专项化问题。因此，对专项内在特征的认识程度在很大程度上代表着竞技运动训练的科学化水平。

## （三）由静态到动态的发展

专项运动的时间或距离是专项的一个重要特征，它从总体上反映了专项的运动特点，是运动员和教练员制订训练计划的主要依据。但是，时间和距离等指标是对专项特征的总体描述，是专项运动的结果。从运动分析的角度来看，结果并不等同于过程。结果是过程的集合和终点，过程是结果的内容和原因；结果是静止固化的，过程是动态可变的。在运动的过程中，无论是外在的速度、角度和节奏，还是内在的肌肉收缩和能量供应，都随着运动时间的持续而变化，所以，与结果相比运动过程包含的信息量更加全面，反映的问题更加深入。因此，对专项特征的理解和认识，应该更加重视运动的过程，从过程的动态变化中深入和详细地了解项目的"运动"特征。

专项特征动态描述的另一个作用，体现在对专项运动技术过程的全面了解。以往对专项技术特征的描述往往忽视了体能的存在，主要是对专项主要技术环节的运动学或动力学标准特征的分析。然而，这种标准的"最佳技术模式"并不能全面和真实地涵盖整个专项运动过程中技术的变化。对几乎所有的运动项目来说，运动员都不可能始终以同样的技术动作完成比赛，随着运动员体力的消耗运动技术必然发生改变，这种改变在很大程度上反映了专项能力的水平。

从整体上来看，负荷时间和强度是各个竞技运动项目都具有的共性，在比赛距离或时间相对固定的情况下，取胜的关键主要集中在速度和速度的保持能力上。在这个过程中，运动员的机能能力势必影响到专项技术的发挥，体能与技术之间的相互影响和作用始终贯穿于整个专项比赛的过程之中，技术与体能的这一互动关系在很大程度上同样应归属于专项技术特征的范畴。

## 第二节 体能与专项能力

### 一、体能

体能是运动员竞技能力的重要组成部分，也是运动技能表现的必要条件。科学合理的体能训练，能够提高运动员的竞技能力和改善运动员的身体形态，使之更加适应专项运动和技术的需要，从而达到提高运动水平的效果。同时，对提高运动员预防伤病的能力和恢复能力也有积极意义。毫无疑问，体能训练越来越得到各级运动队教练员的高度重视。体能训练研究也成为目前国内体育科研的热点研究领域，成为众多运动训练学专家所关注的焦点。

（一）体能相关概念辨析

目前，经常见到一些和体能相似的词汇，比如体适能、体力、运动能力、体质、运动素质等。其实，这些词汇的概念与体能概念有很大的不同，如果不清楚它们之间的区别，就无法对相关的理论问题进行深入的研究。

1. **体能与体力的区别**

体力，是人体活动时所付出的力量，一般理解为机体整体的抗疲劳能力，它是体能的重要组成部分之一。体力是与耐力有密切联系的概念，但它又不能完全等同于耐力。人们经常谈到的体力，一般是指身体整体的耐力。

体能与体力的主要区别在于，体能不仅内涵上与体力有所不同（它指的是运动员运动能力与对环境适应能力的结合体），而且外延要大于体力，体力涉及的身体抗疲劳能力仅是其适应运动需要的一个方面的能力。

2. **体能和运动能力的区别**

运动能力是身体在运动中表现的活动能力，包括一般活动能力和竞技运动能力。

体能与运动能力的区别，主要表现在概念的层次关系上。体能是运动能力的上位概念，也就是说，体能包括运动能力，它比运动能力涉及的内容要多，如体能还包括运动员对比赛环境的适应能力。

### 3. 体能与体质的区别

体质是指人体的健康水平和对外界的适应能力，是在遗传性和获得性基础上表现出来的人体形态结构、生理功能和心理因素的综合的、相对稳定的特征。其包含的范畴综合起来有：①身体的发育水平，包括体格、体型、体姿、营养状况和身体成分等方面；②身体的功能水平，包括机体的新陈代谢状况和各器官、系统的效能等；③身体的素质及运动能力水平，包括速度、力量、耐力、灵敏度、协调性，还有走、跑、跳、投、攀登等身体基本活动能力；④心理的发育水平，包括智力、情感、行为、感知觉、个性、性格、意志等；⑤适应能力，包括对自然环境、社会环境及应激原的抵抗能力等。体质侧重点在于先天遗传表现出来的基础的生理和形态结构，是一种比较稳定的、先天性的基本的身体素质和内在心理的倾向，在静态中表现出来的一种机能的特质。

体能是体质的下位概念，即体质包含体能，是体质的一个主要方面，是体质的前提和基础，是体质在一定范围的延伸。体能侧重于运动员的运动能力和运动适应能力，是有机体各器官、系统的机能在肌肉活动中的反映，是人体机能在动态中表现出来的特质。在评价方式方面，体质好坏，用一个精确的"标准"是不可能完成的；而体能是生理机能的外在表现，是身体物质做功的能力，体能水平的高低可以有速度、力量、耐力、灵敏度等身体素质等计量指标。在运用方面，体能主要应用于运动训练研究实践中，而体质则侧重应用于遗传和医学等方面。

### 4. 体能与运动素质的区别

运动素质是体能的外在表现，是体能的构成因素之一，属体能的下位概念，也是运动实践中评价和检查体能水平的常用指标。体能与运动素质既有联系，又有区别。运动素质是指运动员具备的力量、耐力、柔韧性等。

体能概念涵盖的内容更广，既有运动素质，又有运动员对比赛环境的适应能力。所以，专项训练中，体能训练是从整体、全局的角度，运用各种有效的训练手段和方法，提高运动员的专项运动能力和对比赛环境的适应能力，使运动员的身体形态、机能水平和运动素质在同一个体中实现最优配置，达到提高竞技能力的目的。而运动素质训练主要偏重于速度、力量、耐力、柔韧性等能力的提高。

## （二）体能特点

至今，体能训练已成为各个运动项目竞技能力训练的主要内容，但由于教练员对体能本质特征的认识存在差异，体能训练效果也不尽相同，所以揭示体能训练特点很有必要。体能的特点归纳起来为特异性、时间局限性和不均衡性。

### 1. 体能的特异性

体能的特异性，又称为其专项性。从不同运动项目中挑选相同年龄阶段的运动员进行最大吸氧量测定，所得数据较为一致，但若再用专项负荷进行测验就可发现，其结果与实验室资料比较差异很大，说明体能存在着特异性，即专项性的特点。

体能的获得是通过采用专项特有的手段训练的结果，即使用非专项的手段来获得，也必须符合该项目的要求。其生物学机制在于适应过程的专项特异性，这是现代竞技运动中保证运动技术水平的一个特征。适应性反应的专项特异性不仅表现于身体素质和植物性神经系统能力的发挥方面，而且表现于心理因素的发挥方面，特别是在完成紧张肌肉活动，又必须用意志来加强工作能力这一方面。

### 2. 体能的时间局限性

某一种体能水平只能保持相应的时间，这就是体能的时间局限性。体能的产生过程即是运动员有机体的适应过程，任何适应过程都存在着两种适应性反应：一是急性但不稳定的，二是长久的相对稳定的。急性适应性反应产生的体能，取决于刺激的大小、训练水平及其机能系统的恢复能力。由专项强化训练所获得的体能虽然目的很明确，但并不表示有极大的稳定性。因为这种适应性反应是通过高强度的专项负荷产生的，是以超量恢复为其表现特征的，并不建立在各种器官和系统的肥大、变异的基础上，即生物学的形态改造上。这就导致体能存在着时间局限性。

虽然相对稳定的适应性反应是建立在各器官、系统的形态改变基础上，但是各运动专项的特点是随着专项成绩水平的提高而变化的。即使在某一时期已形成较为稳定的体能，但随着专项特点的改变，原有的体能将不再能满足未来专项特点的需要，因此也表现出时间局限性。

### 3. 体能的不均衡性

体能的不均衡性表现为已获得的体能不可能在较长时间的工作过程中维持同一水平。这是因为，任何肌肉活动都是依靠有机体的能量供应系统的工作保证的。能量供应系统存在着无氧系统和有氧系统。无氧与有氧系统工作时，机制迥异，动员的器官系统也不相同。虽然这一工作过程发生在同一机体上，但相互之间有着一定的独立性。在维持较长时间的工作时，虽然有着主导供能系统支撑工作，但还是要依靠互相的交替和补充。这时，各供能系统之间存在着"衔接"的问题。由于每个供能系统的发展并不完全一致，并不整齐划一，因此必然会产生总能量供给的波动状态。

## （三）影响体能发展水平的主要因素

体能发展水平的高低，受运动素质、形态结构、机能水平、心理品质和适应能力等多种因素的影响。

### 1. 形态结构对体能的影响

人体的形态结构影响体能发展水平的高低。

通过发展肌肉的力量练习，肌肉的横断面增大了，肌肉的重量体积增加，运动员的体重增加了，形体发生了变化，在投掷运动中，增加了运动员动作过程中的动量。在动作速度、动作技术等基本不变的条件下，人体动量的增加，器械出手时的速度就增加，从而器械就能飞行更长的距离。足球、篮球等项目中运动员肌肉体重的增加，就增加了在同等动作速度条件下的动量，提高了在短兵相接时的对抗能力，包括合理冲撞能力。

关节、韧带包括形体等形态结构通过训练发生了有利于支撑能力的变化和提高，就能直接提高支撑能力，如举重运动员肩关节、肘关节通过训练在额状面和矢状面内发生了能够充分伸直的变化，就能减少直臂支撑杠铃时的水平分力，增加向上支撑杠铃时的垂直分力，提高运动员支撑杠铃时的力量。同样的道理，运动员的"O"型或"X"型腿通过训练有所改变，也能提高人体由下蹲状态向上起立时的负重能力。

通过训练，运动员心脏的心室或心房的肌肉出现运动性增厚、肺脏呼吸肌增加等，这些形态结构的变化，导致心脏每搏血液输出量增加，尤其是承担最大运动负荷时，心脏血液最大输出量增加，这就直接有利于人体承受最大运动负荷时氧气和营养物质的供应、代谢物质的还原和消除等机能能力的提高，从而有利于体能的提高。

#### 2. 人体的机能能力对体能的影响

人体的机能能力包括承担负荷量的能力、承担负荷强度的能力、承担总负荷的能力、恢复能力、免疫能力、可塑性、体能动员发挥能力等，这些能力的大小直接影响体能的大小。

承担负荷量、强度、总负荷能力的高低是衡量和评定体能高低的主要指标和标准，其中任何一项能力指标的上升或下降都是体能提高或下降的标志，其中任何一项指标提高了，即标志着体能相应提高了。

恢复能力，尤其是以大强度为主的大负荷训练后的恢复能力是近代运动训练中越来越重视的主要训练指标之一，提高恢复能力是最重要的研究课题之一。这是因为恢复能力大小或高低直接决定体能能力、竞技能力提高的幅度、速度及最终达到的高度。大负荷刺激后，身体产生不适应反应，恢复能力强的运动员产生新的训练适应的能力就强，可塑性就大，包括体能在内的各项竞技能力因素提高就快。

适应能力、免疫能力也是对体能的高低起决定性影响的因素之一。该能力的稳定提高对体能的提高和发挥都起着保证和促进作用。对训练负荷、对训练比赛等体内外环境适应性差的，对流行疾病免疫力低的运动员体能的稳定性必然差，训练的系统性必然缺乏必要的保证。体能的动员发挥能力也是体能的重要组成部分之一。体能水平基本相同的两名运动员，谁的动员发挥能力强，谁就能获胜，这也是比赛中最普遍的现象。

#### 3. 心理能力、技能等竞技能力因素对体能的影响

在运动训练和比赛中，运动员的体能不但与形态结构、机能能力、运动素质等因素或与这些因素的潜力直接相关，而且与能否把这些可能性和潜力充分协调组合、充分发挥表现出来的心理能力、技能，甚至是战术能力等竞技能力的组成因素的能力大小密切相关。

在各个运动项目中，尤其是在体能类运动项目中，经常能见到一些运动能力，甚至形态结构较好的运动员，由于承受心理压力和抗外部干扰能力较低，或动作技术不尽合理，

不够稳定巩固，造成体能能力或其潜力得不到应有的发挥，运动成绩往往还不如一些体能能力及其潜力与自己基本相同、基本相近，甚至稍低而心理素质和技术水平发挥较好的对手。

### 4. 比赛环境对体能的影响

体能就身体本身而言，具有贮备性和潜在性。如主观不情愿或客观受限制，则体能不能得以展现和发挥。其一，主观能动性如何。主观上可以调控自身能量释放的总量和强度，因此思维指令是决定体育发挥的关键因素。其二，神经中枢的兴奋状态怎样。精神振奋与萎靡不振势必有截然相反的体能表现。其三，意志品质等心理特征怎样。体能的施展是一种体力的耗费，在许多情况下是一种艰难甚至是痛苦的生理过程，其中意志品质的作用是相当重要的。其四，对变化的外界环境的适应能力如何。外界环境的变化，势必引起机体的应答反应。体内的这些变化，就会连锁地影响体能的发挥，适应能力强、机体调节快，则能应答自如，宛若平常。

综上所述，一定的体能水平或潜力，必须具有相应的心理能力和技能等做保证才能相应或充分地发挥出来，才能构成竞技能力中的体能优势，才有实际意义。因此，在体能训练中，不但要切实抓好体能三大组成部分的训练提高，而且还要认真抓好心理能力、技能水平的改善和提高。

### 5. 形态结构、机能能力和运动素质的相互关系

形态结构制约机能能力的发展和提高，机能能力制约运动素质的发展和提高。因此，体能训练内容和训练安排，不仅要最终落实到运动素质的发展和提高上，还要相应兼顾到形态结构、机能能力的提高和发展，这样才能使体能训练收到事半功倍的效果。例如，肌肉的肌腹长，肌腱短而粗壮，去脂体重大，肌肉的放松紧张能力强等。肌肉的形态结构条件好，这就预示着肌肉的收缩能力强，发展潜力大；机能能力的发展提高快，潜力大；力量、速度等运动素质发展潜力大，最终体能提高快、水平高。

形态结构制约机能能力，机能能力制约着运动素质的发展，形态结构、机能能力等体能因素水平的高低必须通过运动素质的高低表现出来才有实际意义，才能促进体能，进而促进竞技能力的提高。

在运动实践中，一些运动员的形态结构、机能能力均不错，而运动素质水平相对不高，导致体能上不去，或水平不高，最终导致竞技能力和运动成绩的水平受到限制。而有些运动员的形态结构或机能能力并非很好，而运动素质却能上得去，表现出很高的体能水平和竞技能力。

## 二、专项能力

专项能力与运动员专项运动紧密相关，它是能直接促进专项成绩提高的一种特殊能力。

对运动员而言，其竞技能力的充分发挥，主要依靠对运动成绩具有决定性作用的专项能力的强化训练，挖掘其体能和技术的潜力，这样才能有效促进运动成绩的快速提高。专项能力训练的目的是根据运动员现有条件，将个人身体素质转化为专项竞技所需的能力。不但练习内容要依运动员训练水平、技术状况、训练时期、年龄及生理、心理特点而定，而且其动作时机、速度、顺序、路线、幅度及身体姿势等时间和空间特征也应尽量接近比赛技术动作，或尽可能满足专项竞技和比赛的需要。因此，专项能力训练是将运动员身体机能和身体素质转化为专项实战能力的重要桥梁，在实践中往往是取得高水平运动成绩进一步突破的关键环节。

### （一）专项能力的定义

一个未受过竞技运动专业系统训练的人也许同样具备很好的肌肉力量，但是他在任何一个运动项目的比赛中都不可能达到高水平，其原因就在于他拥有的力量不是专项所需的力量，专项能力达不到专项运动员的水平。

专项能力指运动员在特定专项领域所具备的竞技能力，是提高专项训练水平和专项运动成绩所具备的最直接的竞技能力。专项能力主要包括专项运动素质、专项运动技术、专项战术意识和战术能力、专项心理品质及专项运动智能。专项能力的高低直接决定着专项训练水平和专项运动成绩的好坏，专项能力的提高必须通过长期系统的训练才能实现。

### （二）专项能力的训练

在各个项目的训练过程中，都必须处理好专项能力与一般能力的发展关系，合理安排好两种能力训练的内容和训练时间的比重。在多年训练过程中，随着训练水平的提高，专项能力的训练应逐渐占主导地位。

#### 1. 强化"专项"在训练中的核心位置

在运动员多年训练过程中，一般能力和专项能力的发展在比例上并不是等同和不变的，而是随着年龄和专项成绩的提高不断地发生变化。一般来说，在基础和初级训练阶段，一般能力的训练占有重要位置，而随着年龄和运动成绩的提高，专项能力的训练比例逐渐增加，直至在进入高水平训练阶段后成为训练的核心。

在过去的训练过程中，人们过于强调训练的"多样化原则"，在运动员进入高水平训练阶段后仍然采用大量分解和局部的训练手段和负荷发展运动员的专项能力。在这一训练思想的指导下，恰恰忽视了专项本身作为一种专项训练手段对专项能力发展的作用，没有认识到完整的专项练习是集机体各种不同能力于一身，从生理、心理到技战术等多方面对机体构成最全面和最适宜刺激的训练手段，致使以突出整体和综合性为主要特征的专项能力得不到有效的发展。

这一专项训练旨在强化"专项"在训练中的核心位置，以提高专项成绩作为训练的最终目标，从运动训练的生物适应理论出发，最大限度调动和发挥机体的专项潜能，在科学训练思想的指导下强调和突出不同运动能力的协作和整体发展。完整和高强度的专项训练对高水平运动员尤其重要。运动员进入高水平训练阶段后，各项身体素质及它们之间的协作已经达到很高水平，某一局部运动能力的改善不仅很难使专项成绩得到提高，而且有时还会影响整体的发展。

此时，只有运用完整和高强度的专项练习手段才能在更加接近实际比赛的环境下，充分挖掘那些与专项密切相关的器官和系统的潜力，从整体上促使不同素质之间、各种素质与技术之间，以及心理、环境等因素与技战术的发挥之间的协作更加均衡和稳定。另外，体能类项目的特点也决定了"专项"在训练中的核心作用。当运动员进入高水平训练阶段之后，运动成绩的进一步提高很大程度上依靠"体能"的改善得以实现。分解和局部的训练在训练负荷上难以达到"专项"的训练效果，显然无法有效地提高专项能力。但是，我国部分体能类项目的训练表明，至今完整的专项练习手段作为专项训练的核心内容无论是在理论认识上还是在训练实际中均处于滞后状态。它导致我国相当一部分高水平运动员虽然拥有出色的身体素质条件，却无法在专项技术中得到充分展现。

### 2. 进行接近完整技术和完整技术的分项练习

完整和高强度专项练习的训练，体力与神经能量消耗大、恢复慢，训练中反复次数不能多，课次也不能密集，在整个训练过程中所占比例要恰当。所以在训练中还应采用接近完整技术和完整技术的分项练习。

在将专项作为发展训练能力的重要手段的同时，还必须注意到训练的负荷，尤其是强度。强调完整的专项训练并不意味着盲目增加训练的强度，过高的训练强度并不能解决专项训练水平问题，甚至还可能妨碍专项能力的发展。运动员在长期大且低强度的训练中很难获得突出的、接近比赛强度的刺激。

### 3. 提高训练强度

传统的周期训练理论曾对运动训练产生过较大的影响，但已不能完全适用于现代高水平竞技体育研究。在旧的训练模式的指导下，一些教练员片面地理解训练"量"与"质"的关系，机械地认为数量的堆积是获得训练质量的前提，简单地将由训练量引起的机体疲劳作为衡量训练效果的指标。这种以"量"为主构成的训练，即使是运用了非常"专项化"的训练手段，也不可能提高训练的"强度"。运动成绩的提高，取决于多方面的因素，其中训练质量对训练的效果起着至关重要的作用，而训练的质量取决于训练的强度、完成专项技术和练习动作的正确性及练习的密度和数量等。训练目标不明确、重点不突出、针对性不强的低强度训练，运动员的专项能力也就难以提高。运动训练实践已经证明，随着运动员竞技水平的提高，机体各器官、系统的功能及其它们之间的协作不仅达到了相当高的水平，而且日趋逼近生理机能的极限。运动员进入高水平训练阶段的一个主要特征为竞技能力的"可塑空间"逐渐减小，专项成绩的提高速度日趋缓慢，它导致运动员对训练手段和负荷的要求显著增强。在这种情况下，低强度大负荷训练不利于专项水平的提高，有一定强度要求的训练才能有助于运动员保持稳定状态，在比赛中发挥水平。

**4. 根据"从实战出发原则"安排训练**

"从实战出发"，就是要将比赛场的残酷性、对抗强度、比赛压力体现在训练中。

（1）掌握项目特点和规律

运动项目特点是建立科学指导思想的根本，是科学设计训练方法的源泉，是制订科学训练计划的指南。因此在实践中，只有切实了解和掌握了运动项目的特点，才能做好优秀运动员的专项能力训练，否则一切都是空谈。对运动项目的规律和特点有了本质的认识，专项运动能力训练的方向才不会出现偏差，运动成绩才能大幅提高。项目的特点不是一成不变的，随着比赛规则的变化、运动水平的提高，在训练中对专项的理解也应随之变化，专项训练的方法和手段也应发生相应的变化。

（2）重视训练与比赛的一致性

从实战出发就是从比赛的实际需要出发，是专项训练与比赛一致性的具体体现和要求。从实战出发要求在训练中使用比赛时完整且高强度的专项训练手段，这对于体能类项目可能十分重要，比如田径中的跳高和跳远等。完整和高强度的专项训练对于高水平运动员尤其重要。运动员进入高水平训练阶段后，各项身体素质以及它们之间的协作已经达到很高水平，某一局部运动能力的改善不仅很难使专项成绩得到提高，而且有时还会影响到整体的发展。此时只有运用完整且高强度的专项练习手段才能在更加接近实际比赛的环境下，充分挖掘那些与专项密切相关的器官和系统的潜力，从整体上促使不同素质之间、各种素质与技术之间以及心理、环境等因素与技、战术的发挥之间的协作更加均衡和稳定。

（3）坚持从难、从严要求

从实战出发，在进行专项能力训练时要从难、从严进行。从实战出发的"难"就是强调专项能力训练的针对性和高质量；从实战出发的"严"，最根本的就是要突出专项的特点。从难和从严的训练要求训练必须有针对性，根据实战需要从实际出发，结合运动员的个体特点，进行有针对性的训练。

（4）注重心理和智力的培养

对优秀运动员的培养，不仅包括加强对其体能和技术的训练，更重要的是加强对其心理和智力的训练。例如，根据运动员的心理与智力特征，坚持从实战出发，塑造其优秀的心理素质。在实战训练中要打破以"体力投入为主"的单一训练模式，使之向身心并重、技能合一的方向转化和发展。在实践中，有些运动员在大赛中因心理失衡而导致失败，其实这就是平时训练中不注重内在质量的结果。

## 第三节　专项身体素质训练方法

### 一、专项力量

#### （一）专项力量概念的界定

1. 不同项目对力量的不同要求

在对"专项力量"进行界定时，必须弄清不同项目对力量的不同要求，通过分析几个典型项目的用力特点后发现，这些要求主要体现在以下方面：

第一，在不同的运动项目中，由于专项动作用力时刻的起始速度要求不同，最终将导致不同专项运动员的力量产生差异。

第二，由于不同的项目对肌肉用力的持续时间要求不同，导致对运动员的肌纤维成分、用力时的供能系统，以及最大力量和快速力量的要求不同。

第三，在肌肉用力的目的相似时，用力收缩方式稍有不同，会对力的效果产生重大的影响。

第四，在动作结构相似的条件下，如果用力方向的要求不同，对运动员的用力要求也是不同的。

第五，即使在动作结构相似的条件下，如果克服的恒定外界阻力不同，对肌肉力量的要求也会不同。

第六，不同的项目，产生反作用力的物质材料的性能不同，对肌肉用力的要求不同。

第七，即使动作的结构相近，但由于不同项目的战术要求不同，会造成肌肉力量特点的不同。

不同项目对力量的不同要求中，上述第一至第四点都指明了不同专项的运动员肌肉收缩用力在时间和空间上的区别，这些区别又是由于运动员在比赛规则的要求下，为了最大限度地挖掘力量潜力所采用的技术造成的。第五点和第六点的恒定外界阻力以及产生反作用力的物质材料，虽然是由规则规定，但这种规则上的限制，决定了运动员采用哪种技术。第七点则指明了战术对力量特点的影响。

总之，不同项目运动员的力量特点，主要是由该运动员比赛动作的技术和战术在时间和空间上对肌肉用力的要求来决定的。

2. 对专项力量的认识

对"专项力量"较为准确的解释是，在运动员比赛动作技术和战术所要求的时空条件下，参与运动的肌肉或肌群收缩克服阻力的能力。由于这种肌肉的能力最终表现为运动员在该项目的比赛中，为了获得比赛的优胜，在符合规则的条件下，对人的整体或某一部分或器械进行最大限度的加速或减速，或使它们保持在一个特定的位置上，因此，运动员所克服的阻力、运动员或其控制的器械的速度大小或速度变化大小，以及位移大小和姿势的准确与否，都可用来考查运动员在专项力量上的水平。应特别注意，"时空条件"应该包括肌肉收缩时的速度大小、收缩开始前所需改变状态的物体的初速度、肌肉用力的持续时间和肌肉收缩形式。另外，技术是一种理想的"模式"，反映的是一般规律，具有共性；但又必须考虑运动员个人的特点，具有个性。同时技术具有相对性，它随实践的发展而发展，始终处于一个动态的过程中。在理解战术要求时，要特别注意，由于要贯彻战术意图，运动员的心理定向将导致对比赛动作要求的影响。

（二）专项力量训练机理

专项力量是指在运动员比赛动作技术和战术所要求的时空条件下，人体参与运动的肌肉或肌群收缩克服阻力的能力。专项力量训练的目的就是通过专门的肌肉力量训练，使运动员相关的神经肌肉系统引起专项化的适应和提高。

神经肌肉系统可以通过神经和肌肉两条途径来适应训练。根据训练计划的特征，发展肌肉力量时，爆发力将会因去适应其他力量的特征而下降。比如，用完成很慢的大负荷抗阻力练习来提高运动员的最大力量时，就可能导致肌肉快速力量和快速收缩能力的下降。因此，首先要确定目标运动的专项化神经肌肉特征，再去安排用以提高专项力量的各种抗阻力练习。

神经肌肉系统引起的适应，以及由此在运动中产生的提高，与所运用的抗阻力练习类型密切相关。这种训练的专项性涉及练习的各个特征。它们包括练习所动用的肌肉群、动作的结构、关节运动的范围、肌肉收缩的类型与速度。力量训练的专项适应性，要求必须确定目标活动的专项需求。对专项需求的完整分析应该包括参与工作的肌群、收缩类型、动作速度、"拉长—缩短周期"运动的要求、克服或移动的负荷、动作的持续时间、保持高能量输出方面的要求、能够提供的间歇周期和受伤的可能性等方面。

（三）专项力量训练

1. **体能主导类快速力量性项群**

体能主导类快速力量性项群包括跳跃、投掷和举重项目。快速力量的训练在本项群训练中有着特别突出的地位。跳跃项目中快速起跳能力的培养、投掷项目中器械出手速度的训练、举重项目迅速发力上挺能力的训练，都在本项群训练中日益引起高度重视。

2. **体能主导类速度性项群**

体能主导类速度性项群包括短跑、短距离游泳等项目。例如，100米跑、200米跑、

50米自由泳、100米自由泳与100米跨栏等。

短跑运动员专项力量训练。该项目的力量是一种动力性力量，根据用力的性质，动力性力量又可分为重量性力量和速度性力量。短跑运动中的肌肉活动，既表现为重量性力量又表现为速度性力量，只不过在短跑运动中，肌肉的收缩速度更明显、更重要。因此，把短跑运动员的用力称为速度性力量。

短跑运动员的力量训练必须和技术相结合，才能使力量训练达到最佳的效果，因为力量训练的最终目的是为了学习技术、提高运动成绩而服务的。可是怎样才能使二者结合起来呢？简言之，围绕着技术结构的特点进行力量训练。例如，先进的短跑技术要求落地时小腿和踝关节要做积极后扒动作。假若小腿和踝关节的力量差，就不容易做出此动作。为此在训练中就要加强对小腿和踝关节的力量训练。

练习方法有以下几种：①负重做快速的小步跑。要求：落地时小腿和脚做积极的后扒动作，并保持高重心。②负重做高摆扒地的技术。要求：大腿高抬，而后积极下压踏膝放松，小腿自然前伸，落地时积极后扒。③弹性踏步走和弹性踏步跳。要求：脚掌着地过渡到足尖有弹性地走或跳。④沙坑或木屑跑道上做各种弹性跳，要求：踝关节充分用力落地要有弹性（单足跳、跨步跳和原地双脚跳）。⑤负重（杠铃或沙袋）的原地双脚跳起。要求：脚跟不落地、落地后立即反弹跳起。⑥跳深（40厘米高）。要求：足尖着地，落地后立即反弹跳起。

游泳的专项力量训练。进行游泳运动员力量训练，力量练习手段选用必须与游泳技术动作结构和完成动作的主要工作肌肉群用力形式相似，才能获得最佳的训练效果。游泳运动员的陆上和水上力量练习应该结合起来，陆上练习的持续时间应与水上比赛项目所需时间相同，这样才有利于将陆上发展的力量转化为水中的力量。

采用陆上力量练习器进行专项力量练习时，必须考虑到水上训练的练习特点，水上和陆上练习的负荷方向一致才是合理的，可进行的陆上专项力量练习器为橡皮拉力、滑轮拉力和等动拉力。这三种练习器各有不同的特点，相对来说，等动拉力更适合专项，它充分考虑到了水上阻力的性质，在练习的安排上如果水上主要进行速度训练，那么进行力量练习器的训练时，应做力量或速度力量类型的练习。

**3. 技能主导类对抗性项群**

隔网抗性项群包括乒乓球、羽毛球、网球、排球等项目。专项力量素质是该项群运动员对抗能力、速度，以及运动技术动作的掌握与完善的基础和保证。所以，要求运动员必须进行全面的专项力量训练。

（1）发展上肢专项力量素质训练

发展上肢专项力量素质训练可进行各种徒手的挥拍动作训练；持铁制球拍进行各种挥拍动作的训练；持轻哑铃进行各种挥拍动作的训练；用执拍手进行掷远训练；进行扣杀、扣球击远的训练。

乒乓球上肢专项力量训练还可采用借力强行训练法，这是一种极限训练法，主要用于发展乒乓球运动员的相对力量。训练方法是：乒乓球运动员在完成极限负荷，训练到每组的最后阶段，单靠运动员本身的力量已无法完成动作，这时教练或同伴及时给予恰当的助力和保护，使其重新再进行挥拍2~3次。这个动作的关键是给的助力要恰到好处。这种训练方法可使肌肉得到最高强度的刺激，能有效地提高肌肉收缩的速度和力量。

（2）发展下肢专项力量素质训练

乒乓球运动员下肢的专项力量训练也至关重要。训练方法有负重半蹲后跳起训练；负重半蹲侧滑步训练；负重交叉步移动训练；负重单、双脚跳训练；负砂背心或者绑砂护腿进行各种步法移动训练。做杠铃半蹲，首先适当放松关节肌肉，选择用尽全力最多做15次左右的重量来做，8~10个一组，做4组，每组间休息1~2分钟，每周做3次。注意动作中速度要由慢到快，再由快到稍慢。乒乓球要求爆发力，更要求速度，所以不能像健美运动那样的方式来训练，每周不要超过3次，超过3次效果反而不好。

## 二、专项速度

### （一）专项速度训练机理

专项速度训练的目的，就是针对不同的专项，通过专门的反应速度训练、动作速度训练、位移速度训练，使运动员相关的神经肌肉系统引起专项化的适应和提高。专项速度的生理、生化基础表现为以下几点：

#### 1. 专项反应速度

反应速度的快慢取决于兴奋通过反射弧所需要的时间即反应时的长短。在构成反射弧的五个环节中，传入和传出神经的传导速度基本上是固定的。所以，反应时的长短主要取决于感受器的敏感程度、中枢延搁和效应器的兴奋性。其中中枢延搁是影响反应速度的关键因素，反射活动越复杂，经历的突触越多，反应时越长。

#### 2. 专项动作速度

（1）肌纤维类型的百分组成及其面积

肌肉中快肌纤维百分比越高、快肌纤维越粗，肌肉收缩速度就越快。

（2）肌组织的兴奋性

肌组织兴奋性高时，强度较低且时间短的刺激强度就可以引起组织的兴奋。

（3）条件反射的巩固程度

在完成动作的过程中，动作技术越熟练，动作速度也就越快。

#### 3. 专项位移速度

以跑为例，位移速度主要取决于步长和步频两个因素及其协调关系。步长主要取决于肌力的大小、肢体的长度以及髋关节的灵活性和韧带的柔韧性；而步频主要取决于大脑皮质运动中枢的灵活性、各中枢间的协调性、快肌纤维的百分比以及其肥大程度。神经过程的灵活性好，兴奋与抑制转换速度快，是肢体动作迅速交替的前提，各肌群间协调关系的改善，可以减少因对抗肌群紧张而产生的阻力，有利于更好地发挥速度。所以在周期性的项目中，肌肉的放松能力的改善也是提高速度的一个重要因素。

### （二）专项速度的特点

区别于一般速度的专项速度，按不同的表现形式，可分为专项反应速度、专项动作速度及专项位移速度。运动员在大多数运动项目中所表现出来的专项速度，都是这三种表现形式的综合体现，但在不同项目中，专项速度的三种类型各自占的比重有所不同，通常不会单独出现，而是在不同的专项中，表现出各自不同的需求。

运动员专项速度的发展水平对其总体竞技能力的高低有着重要影响。竞技技术动作大多要求快速完成，良好的专项速度有助于运动员更好地掌握合理而有效的运动技巧，肌肉快速地收缩能够产生更大的力量，高度发展的专项速度又为速度耐力、专项耐力的发展提供了更大的空间。在不同的运动项目中，专项速度有着重要的作用。对体能主导类速度性的竞技项目，专项速度水平直接决定着运动成绩的好坏；对耐力性项目，高度发展的专项速度有助于运动员以更高的平均速度通过全程；对技能主导类项目，时间上的优势可以转化为空间上的优势，使体操、跳水等项目选手有更大的可能完成难度更高的复杂技巧，使球类及格斗项目选手获得更多得分的机会。

### （三）专项速度训练

依据项群理论，以运动项目所需运动能力的主导因素为基准，把竞技项目首先分为体能主导类、技能主导类、技心能主导类、技战能主导类四大类。继而以各项体能或技能的主要表现形式或特征作为二级分类标准，把体能主导类项目分为快速力量性、速度性及耐力性三个亚类；把技能主导类项目分为表现唯美性；技心能主导类为表现准确性；技战能主导类则分成同场对抗性、隔网对抗性、格斗对抗性及轮换攻防对抗性四个亚类。发展不同类项群专项速度的要求是不同的。

**1. 体能主导类**

（1）体能主导类快速力量性项群专项速度训练

如跳跃、投掷、举重。该类项目对专项速度的要求主要表现为专项动作速度和专项位移速度。以跳高为例，对其专项速度的训练，主要围绕提高运动员动作速度和位移速度进行。由于大脑皮质神经过程的灵活性是实现高频率动作的重要因素。因此，做高频率的动作的重复练习有助于其发展。例如，跳深、连续跨步跳、原地跳、沙坑跳、跳绳、短距离极限跳、立定三级跳、连续单足跳等。每天训练课跳 150~300 次、每组重复 1~5 次、训练负荷采用本人最大速度的 90%~95%。在专项速度练习之后，进行放松训练，提高肌肉的放松能力。

（2）体能主导类速度性项群专项速度训练

如100米跑、100米游泳、500米自行车等。这类项目对专项速度的要求主要表现为专项反应速度、专项动作速度、专项位移速度三种速度的有机整合。以100米跑为例，提高反应时的练习。通过反复发出各种信号刺激让练习者迅速做出反应的信号刺激法练习，是实现缩短反应时的重要手段。例如，反复进行听起跑口令或枪声进行起跑练习。此外，还应完善起跑技术，提高动作速率的训练。高频率的动作的重复练习有助于其发展肌组织的兴奋性。例如，快速小步跑、快速高抬腿。还可以进行牵引跑、跑台、顺风跑等借助外力提高动作频率的练习。发展磷酸原系统供能的能力，多次重复20~60米的快跑、行进间20~60米快跑、追逐跑等。提高肌肉的放松能力，用次最大速度跑，来避免肌肉过分紧张。发展力量和柔韧性，如持哑铃重复摆臂练习、负重跑、阻力跑等。

（3）体能主导类耐力项群专项速度训练

包括中长距离及超长距离的走、跑、骑、游、滑、划等所有的项目。这类项目是以速度耐力为主导的项目，对专项速度的要求主要表现为专项位移速度。以1500米跑为例。在借助牵引跑、跑台、顺风跑等借助外力提高动作频率的练习的基础上进行持续训练，即在一定的速度基础上进行持续1分钟左右的练习。以通过提高乳酸能供能能力来解决位移速度尤其是最后400米冲刺的能力。提高肌肉的放松能力。在长距离的跑动过程中，注意脚步与呼吸的节奏，摆臂放松，以避免过分紧张。肌肉的放松能力好坏对保持高速度起着重要作用。

2. 技能主导类专项速度训练

例如，体操、艺术体操、技巧、跳水等。这类项目对专项速度的要求主要表现为专项动作速度。以跳水为例，主要采用高频率动作的重复练习，有助于其专项速度的发展。快速练习：如计时俯卧撑；纵跳转体练习：原地跳起转360°或720°练习，连续进行10—20次，要求转体要快速，连续2~3组；快速翻转练习：连续踺子接小翻、连续快速侧手翻；快速哑铃练习：持1千克重轻哑铃，做快速头上双臂屈伸；减少阻力法，可以利用一些增加助力的方法来减轻运动员体重，提高运动员的动作速度，目的是提高运动员高速运动的感觉能力，以帮助运动员提高完成某一技术环节的动作速度。提高速度力量是提高动作速度的重要基础。例如，计时快速推倒立、臂屈、俯卧撑；计时快速完成两头起、背屈伸；计时快速引体向上练习；规定距离的快速爬倒立练习；等等。

3. 技战能主导类

（1）隔网对抗类专项速度训练

如乒乓球、羽毛球、网球、排球等。这类项目对专项速度的要求主要表现为专项反应速度、专项动作速度、专项位移速度三种速度的有机整合。以乒乓球为例，提高反应时的练习可采用信号刺激法，如多球快速练习、视觉反应练习。提高动作速率的训练可进行多球练习，加快供球的节奏和增大回球的难度等。提高灵敏度训练可进行正确的、反复的练习技术动作，尤其是结合性技术动作，提高各种技术动作之间的衔接和转换的协调性和节奏感。提高 ATP-CP 系统和乳酸能供能系统的机能水平可利用"重复训练法"，把时间控制在 1 分半钟以内，两人连续的快速对拉等方法提高 ATP-CP 系统和乳酸能供能系统的机能水平，提高肌肉的放松能力。

（2）同场对抗类专项速度训练

如足球、手球、冰球、篮球等。这类项目对专项速度的要求主要表现为专项反应速度、专项动作速度、专项位移速度三种速度的有机整合。以足球为例，训练方法如下：

①提高反应时的练习

信号刺激法。如轻跳，听（看）教练员击掌，快速转体 180°；队员站成四路纵队，人与人之间距离 3~5 米，教练员站在队伍前面，按照教练员口令和各种手势，全队做向前、向后、向左、向右快速度起动 2~3 米或原地转体 180° 等各种动作的变换练习。

②提高动作速率的训练

重复训练法。通过反复地在快速运动中完成两个或两个以上技术动作结合的练习，逐步提高运动员无球和有球技术动作的熟练程度，建立巩固的动力定型。大量采用田径运动中训练短跑运动员的训练方法来提高足球运动员的跑速。多采用 15~30 米各种不同开始姿势的快速冲刺跑。例如，后退四五步后立即向前冲刺 10 米；连续向前冲三步，再转身后退两三步，再向前冲三四步等方法。

（3）格斗对抗类专项速度训练

如摔跤、柔道、散打、拳击等。这类项目对专项速度的要求主要表现为专项反应速度、专项动作速度、专项位移速度三种速度的有机整合。以拳击为例，训练方法如下：

①提高反应时的练习

信号刺激法。如"相互摸肩练习"，即两人相对分开站立，伺机拍击、触摸对方的肩部，且可相互躲避对方的拍击，看谁反应快、拍击次数多。

②提高动作速率的训练

如"最高速度完成单个动作或组合拳法的练习"，在 15~20 秒内，尽最大速度，尽可能多次快速地完成单个动作或组合拳法。"负重快速完成动作法"，以最大力量水平的 15%~20% 为宜。

③提高 ATP-CP 系统和乳酸能供能系统的机能水平

"最高速度完成单个动作或组合拳法的练习"，是在较短的时间内，大强度、大密度的练习，能较好地发展提高 ATP-CP 系统和乳酸能供能系统的机能水平。

④提高肌肉的放松能力

通过短距离的变速跑、变向跑、单脚跳、双脚跳、收腹跳、跨步跳等各种跑跳动作，重点发展踝关节和小腿三头肌的爆发力及弹性。

（4）轮换攻防对抗类专项速度训练

如棒球、垒球、板球等。这类项目对专项速度的要求主要表现为专项反应速度、专项动作速度、专项位移速度三种速度的有机整合。以棒球为例，训练方法如下：

①提高反应时的练习

采用信号刺激法，如投球手以不同的速度、不同的角度反复投向击球手，让其挥棒击球。

②提高动作速率的训练

在无球状态下，重复进行挥棒技术的练习。

③发展磷酸原系统供能的能力

利用重复训练法，在对以上练习进行多次重复的同时，也很好地发展了磷酸原系统供能的能力。

④提高肌肉的放松能力

尤其是在挥棒前的等待期，过度的紧张会加速能量的消耗。挥棒的瞬间，拮抗肌的主动放松能提高挥棒的有效力量，从而提高专项动作速度。"负荷交替法"可以用较重的棒球棒进行挥棒练习，之后换正常棒球棒接着再做若干次挥棒练习。

## 三、专项耐力

### （一）专项耐力的概念

"耐力"的定义是人体在尽可能长的时间内进行肌肉活动的能力。耐力是人体抵抗疲劳并持续活动的能力。

专项耐力概念虽然已被提出很多年，但是直到现在仍未对此概念的内涵和外延达成一个统一的共识，例如在《体育科学词典》中，把专项耐力的概念定义为运动员长时间持续地或多次地重复地完成专项运动的能力。

### （二）专项耐力的训练机理

人体的运动能力不可避免会受到自身形态结构、心理因素以及环境条件的限制。要想在比赛中取得优异的运动成绩，运动员就必须在生理机能、技术水平和心理素质几个方面获得最大的发展。在探讨训练机理之前，首先要明确影响专项耐力成绩的关键因素，在此基础上才能更好地探索合适而有效的训练方法。

影响耐力素质的因素有多种，这里主要讨论生物学、心理学和遗传学的影响因素，主要从外周性限力因素、中枢性限力因素、心理限力因素以及遗传限力因素四个方面对耐力成绩的影响因素进行研究。

#### 1. 外周限力因素

与中枢限力因素相对应，把心肺功能、内环境的稳定性、肌纤维的类型以及肌肉的横断面积统称为外周限力因素。根据物质转运理论，引入"转运系数"的概念来描述物质从一处运往另一处的能力。物质运输中某一环节的转运系数等于该环节中运输阻力的倒数。氧气的转运系数越大，则受到的阻力越小，氧气转运系数的大小主要取决于心肺功能的强弱；二氧化碳、乳酸及物质代谢的转运系数的大小决定了人体内环境稳态的维持，而内环境的稳定性是有机体正常运行的基础保障；同时人体体温的平衡也影响着内环境的稳定，机体总是通过调节产热率和散热率，使机体的产热量等于散热量，从而保持机体的平衡。耐力训练中归根到底还是肌肉的运动，肌纤维的类型、肌纤维类型的百分比及肌肉的横断面积等都是影响耐力成绩的重要因素。由此可见，能量的供应、内环境的稳态、肌纤维类型及肌肉的横断面积都是影响耐力成绩的决定性因素。从项群的特点角度出发，外周限力因素对体能类项群的影响占有较大比重，例如体能类项群中的中长跑项目，拥有强大的心肺功能和良好的内环境调节机制是获得优秀运动成绩的基本保障。

2. 中枢限力因素

神经系统的专项性特征决定运动单位参与数量与类型，而神经发放冲动的强度和发放模式决定了肌肉力量大小、递增率和持续时间。各中枢间兴奋和抑制的协调，使肌肉活动节律化、能量消耗节省化及吸氧量和需要量相对平衡化，从而能长时间保持运动。神经过程的相对稳定及各中枢之间的协调性是提高有氧能力的重要前提。提高脑细胞对酸性环境的耐受力是耐力训练过程中一个很重要的部分，只有保证信息处理中心和命令下达中心的正常工作，人体的其他功能才得以正常地运行，才能保证机体持续地运动下去。战能类项群和技能类项群中的运动项目需要大强度的神经发放冲动和高频率的兴奋与抑制的相互转换，中枢限力因素对此类项目影响较大，同时中枢机制的耐酸性对无氧运动项目同样非常重要，而对一些射击类项目又需要神经的高度集中。

3. 心理限力因素

影响成绩的除了身体的、技术的因素之外，心理限力因素也起到决定性的作用，然而，心理训练往往没有被放在重要的位置上，这是目前运动训练过程中的一大缺憾。在高水平运动员的角逐中，最后决定胜负的关键因素往往是心理因素，所以心理训练应引起教练的高度重视。在长期艰苦的耐力训练过程中，个体的心理特征是运动员通过自觉的努力获得最佳身体训练效果的主要决定因素。坚强的意志品质还能促使运动员在面对肉体痛苦和精神挫折时，竭尽全力地拼搏。

4. 遗传限力因素

从人类遗传学上看，耐力性项目的运动成绩与其他运动项目的成绩一样，是复杂的多因素的集合。研究发现，人的生理、心理以及神经等的特性受遗传的影响较大，遗传因素在很大程度上决定着运动员的发展方向与发展潜能的大小，例如白肌纤维含量多的运动员适合于快速运动的项目，而红肌纤维多或血红蛋白含量高的运动员则适合于耐力性运动项目。

基于以上分析，从专项耐力影响因素的角度去分析耐力训练的训练机理，得出专项耐力的训练机理主要由以下几部分构成：提高心肺功能及能源储备、提高机体的耐受力、提高神经—肌肉系统的协调整合的能力及其培养运动员坚强的意志品质和完备的心理素质。

### （三）专项耐力训练

#### 1. 体能主导类快速力量性项群

此类项目对专项耐力的要求主要表现为以最大强度重复完成完整比赛动作的能力。例如田赛项目、举重等。

训练方法：重复训练法。这是以多次重复完成比赛动作或接近比赛要求的专项练习为主的训练方法。例如在举重项目中，可以规定某一运动负荷，然后让运动员在此负荷下以标准动作尽可能多地重复完成，直至力竭。跳高耐力训练中，要求运动员在某一高度持续完整地完成跳跃练习。

#### 2. 体能主导类速度性项群

此类项目对于专项耐力的要求是运动员尽可能地在最短的时间内通过全程。例如100米跑、200米跑、50米自由泳、100米自由泳与100米栏等项目。

训练方法：①间歇训练法。根据项目的特点以及时间的要求，安排在一定的时间内重复若干组，组间有间歇休息时间，放慢节奏和速度。②变速训练法。长短段落变速跑，分为多种训练方式，如快慢结合跑，200米快+200米慢+150米快+150米慢+100米快+100米慢+100米冲刺跑，这样可以增强对比赛中速度和耐力结合的意识，体会如何在疲劳状态下进行高速运动。③追逐性训练。例如，让运动员排成一路纵队快跑前进，队尾最后一人急速追赶跑向队首，然后队尾的队员再连续地跑向队首。④上下坡往返跑，下坡时候快跑、上坡时候慢跑等。

#### 3. 体能主导类耐力性项群

此类项目对于专项耐力的要求是用尽可能快的平均速度通过全程。例如，800米以上径赛项目、公路自行车、铁人三项等项目。训练方法如下：

（1）持续训练法

这是一种负荷强度较低、负荷时间较长、练习过程并不中断的练习方法。持续训练法是为重点发展有氧代谢水平而提出的。该法强调一次负荷运动的持续时间较长，强度适中，心率负荷指标应在每分钟130~160次之间。例如在铁人三项运动中，为了发展运动员的有氧耐力，如果运动员要在10.5小时内完成铁人三项比赛，每周至少要进行11千米的游泳、320千米的自行车和65千米的跑步训练来加强体能。

（2）高原训练法

此方法是在高原上进行耐力训练的一种训练手段。我国在云南海埂、青海多巴和宁夏西吉等多地建立了中度高原训练基地，并把高原训练作为大赛前的重要训练手段，取得了显著的训练效果。中度高原空气密度只有海拔平面的77%，氧含量只有平原地区的3/4左右，氧分压大于平原地区的20%~25%。当运动员在这样的环境下进行训练时，由于"调节适应期"产生应激，呼吸频率和心率加快，溶解在血管里的部分氧气受低气压的影响不易被身体吸收，使得血管体积增大、血管扩张、血管壁增厚、血管变粗、通过的血量增多，从而更好地锻炼了心血管系统，提高了最大摄氧量和血色素浓度，增强了耐受乳酸的能力。

4. 技能主导类表现难美性项群

此类项目对于专项耐力的要求是以最佳技术重复完成完整比赛动作的能力。例如体操、艺术体操、跳水、花样滑冰、花样游泳等项目。训练方法如下：

（1）完整练习重复法

完整练习重复法包括规定练习动作套数的重复法和规定练习时间的重复法。规定练习动作套数的方法是指让运动员尽量以比赛规格的动作质量完成某一数量的动作套数。而规定练习时间的重复法是指让运动员在规定的时间内尽量以比赛规格的动作质量进行专项动作的练习。例如，在体操的训练中可规定运动员一次性完成5~15遍整套动作练习或规定在一定的时间内持续地进行某一套专项动作的练习。

（2）分段练习重复法

分段练习重复法是指对有整套动作中的某一技术环节的多次重复练习，如体操训练中原地连续侧空翻、前空翻、连续趋步踺子、踺子小翻等。

（3）间歇训练法

间歇训练理论认为，训练时心率达170~180次/分钟，间歇后心率达100~125次/分钟时再进行训练，此种训练方法主要发展的是磷酸原供能系统。

## 四、专项柔韧

### （一）概念界定和分类

从物理学的角度来看，柔韧素质是指物体在受力变形后不易折断的性质。从解剖学的角度来分析，柔韧素质是指人体关节活动幅度的大小和跨过关节的韧带、肌腱、肉、皮肤以及其他组织的弹性和伸展能力。它包括两个方面的含义：一个是关节活动幅度的大小，另一个是跨过关节的肌肉、肌腱、韧带等软组织的伸展性。关节的活动幅度主要取决于关节本身的解剖结构，跨过关节的肌肉、肌腱、韧带等软组织的伸展性，则主要通过先天遗传和后天训练获得。因此，柔韧素质就是人体通过先天遗传和后天训练获得的关节活动幅度的大小，以及关节周围软组织的伸展能力。

柔韧素质可以分为一般性柔韧和专门性柔韧两种。一般性柔韧通常指运动员在进行一般训练时，为适应和保证一般训练顺利进行所需要的柔韧素质。例如，球类运动员在速度练习时加大步幅所需要的腿部柔韧性；田径运动员负杠铃进行深蹲练习时需要的大腿后群肌肉所表现出来的柔韧性等。专门性柔韧即是专项运动技术所特需的柔韧性。

## （二）专项柔韧的训练机理

影响柔韧素质的因素有很多，包括人体解剖特征、神经活动过程特点、心理因素及身体状况等。大致有以下几个方面：

### 1. 肌肉、韧带组织的弹性

肌肉、韧带组织的弹性是影响柔韧素质的最主要因素。遗传对它们有着一定的影响，但也取决于男女性别、年龄特征及中枢神经系统的兴奋性。在中枢神经系统的影响下，肌肉的弹性会发生显著的变化，如比赛中情绪高涨，柔韧性会有很大程度的提高。

### 2. 关节的骨结构

关节的骨结构是影响柔韧性诸因素中最不易改变的因素，基本上完全由遗传所决定。虽然训练可以使骨结构产生部分的变化，但也仅表现在关节内软骨形态的变化方面。而且这种变化只能局限在关节骨结构许可的范围内。

### 3. 关节周围组织的体积大小

关节周围组织体积的大小对关节活动起着限制作用。它一方面受先天遗传的影响，另一方面也受后天训练的影响。往往由于这些关节周围组织体积的增大而影响柔韧素质的发展，如有些肌肉体积增大就会影响其周围关节的活动幅度。

### 4. 神经活动过程的特点

神经活动表现为兴奋与抑制的转换。这一转换过程的灵活性与运动活动中肌肉的基本张力有着密切的关系，特别表现在中枢神经系统调节对抗肌之间的协调，以及对肌肉紧张和放松的调节。由于神经活动过程分化抑制的发展程度对运动员随意放松能力起重要的作用，因此与柔韧素质有着密切的关系。神经系统能很好地改善对抗肌之间的对抗程度，这将使肌肉放松与紧张的调节能力得到提高，使柔韧性得到良好的表现。

### 5. 心理紧张度

运动员表现出来的心理变化可以通过中枢神经系统、体液调节等影响到有机体各部位的工作状况。心理紧张度过强、过长会使神经过程由兴奋转为抑制，严重影响各部位的协调能力，从而影响柔韧性；反之，如心理紧张度适度，则有助于柔韧性的表现。

### 6. 外部环境的温度和表现柔韧性的时间

18℃以上的外界温度是表现柔韧性的最适宜温度，18℃以下则对柔韧性的表现不利。在一天的不同时间内，运动员的柔韧性也不相同。虽然这与一天内外界温度的变化有关，但更重要的是一天内有机体的机能状态存在着一定的变化。例如，刚睡醒时柔韧性较差，早晨明显下降，中午比早晨好。

许多人以为早晨人的柔韧性好，其实是一种误解。利用早晨进行柔韧性练习主要是因为肌肉内的张力通过一夜睡眠已得到调节，多余的肌紧张已得到消除，肌肉处于松弛状态，韧带易于拉开。

### 7. 主动柔韧性与肌肉的力量有关

有机体某部位的力量大，有助于增大这个部位的活动幅度，显而易见，这个部位的主动柔韧性就必然好。但是力量训练使这个部位周围的肌肉组织、韧带等软组织体积增大，也将影响到关节的灵活程度。因此，在练习时可采用力量练习和柔韧性练习合理结合的方法，克服因力量训练带来的不良影响，从而使这两种素质的发展都达到很高的水平。

### 8. 有机体疲劳的程度

在有机体疲劳的情况下，柔韧性会产生很大的变化，这时主动柔韧性指标下降，而被动柔韧性指标则会提高。

在运动活动的实践中，准备活动做得充分与否、训练时间的长短等非本质性因素对柔韧性也有相当明显的影响。

### 9. 年龄与性别

（1）年龄

根据人的自然生长规律来看，初生的婴儿柔韧性最好。随着年龄的递增、骨的骨化、肌肉的增长，人的柔韧性逐渐加强。柔韧性的增长在10岁以前自然获得发展，10岁以后随年龄的增长，柔韧性相对降低。特别是髋关节，由于腿的前后活动多，加之肌肉组织增大，使左右开胯幅度明显下降。因此，在10岁以前就应进行柔韧练习，使自然增长的柔韧性得到提高。

在10~13岁这个年龄应充分发展柔韧练习，因为这个年龄段是性成熟前期，骨的弹性增强，肌肉韧带的弹性、伸展性仍有较大的可塑性，进行充分柔韧练习，使各关节幅度达到最大的解剖限度，充分提高肌肉韧带的伸展性，不仅能提高各关节的柔韧性，而且对身高增长也是有利的。

13~15岁为生长期。在这个时期骨骼生长速度超过肌肉的生长，因此柔韧性有所下降。在这个时期要特别注意身体发育的匀称性，多做全身性的伸展练习，巩固已获得的柔韧效果。

在16~20岁这个年龄，整个身体发育趋向成熟，可加大柔韧负荷、难度，从而在已获得的柔韧基础上，进一步获得专项所需要的柔韧素质。

（2）性别

根据生理解剖特点，男子的肌纤维长，横断面积大于女子，伸缩度较大，全部肌纤维的3/4强而有力；女子的肌纤维细长，横断面积小于男子，伸展性好，对关节活动限制小，全身仅有1/2的肌纤维强而有力。因此，女子关节的灵活性好于男子。

### （三）专项柔韧训练

专项柔韧的训练，不同的项目有不同的训练方法，但在同一运动项群中，柔韧素质的训练方法有值得借鉴的地方，现按不同运动项群介绍其中每一种运动项目专项柔韧训练方法。

### 1. 技能主导类表现难美性项群

此类项目对于专项柔韧的要求是，运动员以最佳的技术富有美感地完成完整的比赛动作并减少损伤可能的能力。例如，体操、花样滑冰、艺术体操、跳水、花样游泳等项目。以体操为例。发展运动员柔韧素质的方法有两种，即被动和主动，也称消极和积极。被动柔韧练习是指依靠外力的作用促使关节灵活性增大，这一方法可使柔韧指标迅速提高，但与实际应用有一定的距离，运动员承受的痛苦较大。主动柔韧练习是指通过与某关节有关的肌肉收缩来增加关节灵活性的方法。这一方法与专项动作的表现形式相一致，易于体现在体操动作之中，但要想在原有的基础上进一步提高比较困难。由于这两种方法各有利弊，在体操训练中多结合使用。

（1）体操运动员柔韧素质训练方法

单人或双人的各关节伸展练习；采用各种方式、方法拉长肌肉、韧带、肌腱等结缔组织，如甩腰、吊腰、劈叉、压腿、踢腿等多种训练方法；专项动作模仿练习，如大幅度振摆、后软翻、吊环后转肩等。

（2）体操运动员柔韧素质训练负荷

①练习强度：开始以中等强度为宜，最后可达80%以上。

②练习时间：每次可控制在10~20秒，时间不宜太长。

③间歇：完全恢复，可做积极性放松活动。

④重复次数：5~10次。

⑤练习次数：3~5组为宜。

### 2. 技能主导类隔网对抗性项群

此类项目对于专项柔韧的要求是，能在整个比赛过程中完整地完成每个技术动作，增加动作的幅度，避免受伤。如羽毛球、乒乓球、网球等以个人为主的运动项目。

现以乒乓球为例，试做说明。乒乓球运动的柔韧素质主要表现为动力柔韧性，即肌肉、肌腱、韧带根据动力性技术的需要，拉伸到解剖学允许的最大限度能力，随即利用强有力的弹性回缩来完成所要完成的动作。所有爆发力拉伸都属于动力柔韧。静力柔韧性是肌肉、肌腱、韧带根据静力性技术动作的需要，拉伸到动作所需要的位置角度，控制其停留一定时间所表现出来的能力。

柔韧素质的训练方法有两种，即主动或被动形式的静力拉伸法和主动或被动形式的动力拉伸法。这两种训练方法的特点都是在拉伸作用下，有节奏地逐渐加大动作幅度或多次重复同一动作，使软组织逐渐地或持续地受到被拉长的刺激。

（1）主动或被动的静力拉伸

主动或被动的静力拉伸是指缓慢地将肌肉、肌腱、韧带拉伸到酸、胀、痛的感觉位置，并略微超过，然后停留一定时间的练习方法。这种方法可以减少或消除超过关节伸展能力的危险，防止拉伤。由于拉伸缓慢不会激发牵张反射，一般要求在酸、胀、痛的位置停留8~10秒，重复3~5次。

（2）主动或被动的动力性拉伸

主动的动力性拉伸方法是靠自己的力量拉伸，被动的动力性拉伸方法是靠同伴的帮助或负重借助外力的拉伸，但外力应与运动员被拉伸的可能伸展能力相适应。

采用有节奏的、速度较快的、幅度逐渐加大的、多次重复一个动作的拉伸方法时，用力不宜过猛，幅度一定要由小到大，先做几次小幅度的预备拉长，然后再加大幅度，以免拉伤。

3. **体能主导类快速力量性项群**

此类项目对于专项柔韧要求主要是增加肌肉的弹性，加大关节活动幅度，保证在完成技术时进行大幅度的动作，有利于提高节奏控制能力、动作的高度协调性，以及防止受伤，起保护作用。如投掷、跳跃类运动。

以投掷类为例。投掷类项目的柔韧性训练基本上采用拉伸法，分为拉伸法和静力拉伸法。在这两种方法中都有主动、被动拉伸两种不同的训练方式。身体的各个环节肌肉、关节的主动和被动的大幅度伸展和牵引练习通常安排在准备活动和主要练习之间。具体训练内容根据运动员个体情况而定。一般采用肩关节柔韧练习、徒手和带重物做两肩向前或后的绕环的练习、徒手压肩等。

腰部和髋部练习采用站立前屈、俯卧背伸、转体、甩腰及绕环、交叉步跑、正面大步转髋、负重弓箭步走等。不仅要加强柔韧性，还要注意发展各个环节的伸展性和肌肉的弹性，根据专项特点，优先发展肩部和躯干部位的柔韧性。柔韧性练习必须经常进行。

4. **体能主导类耐力性项群**

此类项目对于专项柔韧的要求主要是可以增加关键关节的柔韧性和灵活性，有利于提高专项要求的运动步幅和技术，配合耐力提高竞技能力。如竞走、中长跑、长跑等运动项目。现以竞走运动员的柔韧性训练为例。

竞走运动员的柔韧素质直接影响竞走运动员的步幅和技术，尤其是髋关节的柔韧性和灵活性。采用身体各个环节肌肉、关节的主动和被动的大幅度伸展和牵引练习，通常安排在准备活动和主要练习之间。根据竞走运动员的特点，在练习时提高运动员的肩、髋、膝、踝等关节的柔韧性和灵活性，适当增加身体围绕垂直周转动的幅度，提高肌肉紧张和放松能力，以改善动作的协调均衡性，协调能力。

5. **体能主导类速度性项群**

此类项目主要是更有利于运动技术的掌握和肌力的发挥，如游泳、短距离跑等项目。以游泳为例，其练习方法如下：

（1）动力牵拉

动力牵拉是指有节奏地、速度较快地、幅度逐渐加大地多次重复一个动作的拉伸方法。在运用该方法时，用力不宜过猛，幅度要由大到小，从而避免拉伤。每种练习重复5~10次。

（2）静力牵拉

静力牵拉与动力牵拉正好相反，是轻柔、缓慢地将关节移到最大活动范围内，将肌肉、肌腱、韧带拉伸到一定的酸、胀、痛的感觉位置并略有超过，然后停留一定时间的练习方法。这种方法可以减少或消除超过关节伸展能力的危险性，防止拉伤。由于拉伸缓慢不会激发牵张反射，一般要求在酸、胀、痛的位置停留5~60秒，重复6~8次。

（3）被动牵拉

被动牵拉是静力牵拉的一种，由他人施加的一个压力，即在同伴的帮助下或负重借外力的拉伸使活动幅度增大，但外力应与运动员被拉伸的程度相适应。

（4）慢速动力拉伸

慢速动力拉伸是用比较慢的速度进行动力拉伸，可与静力牵拉结合进行，当关节移到最大幅度时静止5秒或更长的时间。

（5）收缩—放松法

收缩—放松法是根据神经肌肉的本体感受特征发展起来的。其根据是当肌肉先收缩时，可以更充分地放松，使活动幅度增大。

牵拉的程度比牵拉的方式更为重要，但有两种方式潜在的危险性比较大，应尽量避免。动力牵拉是最危险的，因为正在快速运动的肢体很难被控制，因此容易造成过度拉长。被动牵拉也比较危险，一个强壮而热心的同伴很可能将被牵拉者的肌肉和肌腱拉伤。不过，被动牵拉比较适合于踝关节的牵拉练习，因为这个关节不容易被过度牵拉，而且被动牵拉的效果很好。

每次训练前后应安排10~20分钟的牵拉练习，这样有利于运动员在游泳专项训练时增大动作幅度，同时改进技术。建议静力牵拉和收缩—放松牵拉持续6~60秒，因为训练效果可能达到活动范围极限在开始数秒时就已经产生，过长的牵拉可能是浪费时间。每次练习可进行3~6组，每组10~15次。进行任何素质训练的同时，也伴随着调节器、结构代谢方面的改变。然而，适应改变的过程取决于负重力量、肌肉收缩的方式、速度及练习的持续时间、肌肉组织的个体结构。

# 第六章　运动训练的处方与监督

现代运动训练是健康人为了增强体质和提高运动技能的一种手段，在这个过程中，稍有不慎就会受伤。因此，在运动训练的过程中，需要制定合理的营养处方和运动处方，并且积极进行医务监督和自我监督。

## 第一节　营养处方

营养是人体获取和利用食物中的养料以维持生命活动的综合过程，是保证人体正常生长和发育的重要因素。营养与运动的科学配合，可以更有效地促进身体的生长发育和提高健康水平。

### 一、合理营养概述

#### （一）合理营养的概念与基本要求

1. 合理营养的概念

人的生长和发育过程与营养密切相关，科学合理的营养搭配不仅可以增强体质、提高健康水平，而且可以明显地提高工作效率。所谓合理营养就是要通过提供符合基本卫生要求的平衡膳食，让提供膳食的质量能够达到人体生理、生活和劳动以及其他活动的需求。

2. 合理营养的基本要求

合理营养主要是通过提供平衡膳食来实现的，其基本要求包括以下几个方面：
（1）供给人体所需要的热能和营养素。
（2）膳食要具有良好的感官形状，色、香、味俱全，能够引起食用者的食欲。
（3）食物要易于消化吸收和有一定的饱腹感。
（4）具有合理的膳食制度及良好的进食环境。
（5）有严格的食品卫生制度和良好的饮食习惯，提供的食品应无毒无害。

## （二）不同项目训练者营养需要的特点

运动过程中人体热能代谢的水平和营养素的需要会受到各种因素的影响。根据不同项目的物质代谢特点，科学地利用营养来促进体育锻炼的效果，能提高身体健康水平。无论是参加什么项目的运动都应当摄取营养平衡和多样化的膳食，在此基础上再考虑不同类型的运动训练在营养需要方面的一些特点。实际上，不同个体在膳食方面的特殊性常比不同项目要求的差异性更为突出。

### 1. 耐力性运动的营养特点

耐力项目如长跑等，其代谢特点是运动时间长，运动强度较小，热能与各营养素的消耗大，能量代谢以有氧代谢供能为主。运动过程中肌糖原消耗大，蛋白质分解加强，脂肪供能比例随运动时间延长而增加。因此，为维持体内糖原储备，应首先满足能量的消耗，供给充足的糖。耐力运动对脂肪的利用和转换率高，故其膳食中的脂肪可略高于其他项目的运动，达到总能量的30%~35%，其蛋白质占总能量的12%~14%。

### 2. 力量性运动的营养特点

力量性运动要求肌肉有较大的力量和较强的爆发力，运动具有强度大、运动中高度缺氧、运动有间歇以及无氧供能为主等特点。肌肉对蛋白质的需要量大大增加，特别是在训练初期，要供给充足的蛋白质和维生素B，初期蛋白质可达总需热量的18%~20%。

### 3. 速度性运动的营养特点

速度性运动具有以力量素质为基础的无氧代谢供能的特点，在运动的过程当中能量的代谢率非常高，虽然运动持续时间较短但是强度很大，其能量主要依靠碳酸原系统和糖无氧酵解，在短时间内体内产生大量的碳酸性产物。在进行速度性运动期间要在膳食中加大动物性蛋白质的比重，用来满足增大肌肉体积和提高肌肉质量的需要，具体而言，蛋白质的摄入量每日每千克体重可以达到2克左右。

### 4. 游泳运动的营养特点

游泳是在水中进行的运动项目，与在陆地上不同，水的温度低、阻力大，机体散热既多又快。游泳训练对机体的力量和耐力都有一定的要求。因此，针对游泳运动训练者的营养膳食中应该包含丰富的蛋白质和糖。同时还要求较多的脂肪和维生素A，以利于保持体温和保护皮肤。另外，应适当增加碘的含量，以适应低温环境甲状腺素分泌增多的需要。

### 5. 球类运动的营养特点

球类运动是以全面性活动为主的体育活动，要求运动者具备力量、速度、耐力、灵敏和技巧等多方面的素质，运动强度大，能量消耗较高。其膳食供给应根据运动量的大小，保证充足的能量。食物中要含丰富的蛋白质、糖，以及维生素B、维生素C、维生素E和维生素A。

### 6. 灵巧、技巧性运动的营养特点

这类项目的特点是动作繁多且相对复杂，对力量、速度素质、灵巧度和协调性都有很高的要求。同时对神经系统也有较高的要求，热能消耗不是非常大。这类运动项目的营养特点是高蛋白质、高热量、低脂肪，维生素和矿物质应重点在于铁、钙、磷的含量及维生素 B1 和维生素 C 的含量。

## （三）运动、营养与自由基

近年来生物医学关于自由基理论的发展，推动了人们从自由基方面来认识和研究与运动相关的医学问题。许多研究证实，运动和营养均与自由基反应有关，适宜的运动锻炼可使体内自由基清除系统功能增强；而合理的营养，补充营养型抗氧化剂则有利于自由基的清除，从而保护机体免遭自由基的攻击，增强体质，提高运动能力。

### 1. 自由基及其作用

自由基是指在外层轨道上含有一个或一个以上未配对电子的原子、分子、离子或基团。如果这类物质中含有不配对的氧，则称为氧自由基。体内重要的氧自由基有超氧阴离子自由基、羟自由基、质子化超氧阴离子自由基、脂氧自由基等。这些氧自由基及其衍生物统称为活性氧。

自由基性质极为活泼，所有的细胞成分均可以是它们的攻击目标。可使许多生物大分子发生损伤，引起超氧化反应，导致细胞结构和功能的破坏，还能启动一系列多级自由基连锁反应，产生许多的有害的次生自由基和毒性产物。

正常情况下机体不断地产生自由基，但同时机体自身又存在清除自由基的酶类和非酶物质，不断地清除自由基，自由基的产生和清除处于平衡状态，从而保护机体免遭损伤。氧自由基产生过多或机体清除能力下降时，都会发生组织损伤。

### 2. 运动与自由基

大量的实验已表明，急性剧烈的运动可导致机体自由基产生增多，同时由于酸性代谢产物的增加，抑制了清除自由基酶的活性，使机体清除自由基的能力下降，造成氧自由基在体内集聚过多，脂质过氧化反应增强，使组织损伤。

有氧运动训练不仅可以减少体内的自由基和脂质过氧化物的含量，还可以减轻由自由基引起的损伤程度。实验表明，有氧运动训练虽然不能完全抑制自由基的产生，但是可以通过提高机体的抗氧化力加快清除自由基。除此之外，运动训练也能够让人体处于安静状态时的自由基的基础生成量减少，且能够降低人体在运动时自由基的高峰值。

### 3. 营养与自由基

营养与自由基在生物学方面有着极为密切的联系，在清除因运动而产生的大量自由基过程中起着重要的作用，或参与抗氧化酶的构成，或作为还原剂直接清除自由基。人体自身不能合成很多具有保护作用的抗氧化剂，而必须从体外摄入某些抗氧化剂或一些营养素

构成抗氧化剂。一般来说，维生素本身直接清除自由基或在清除自由基的反应体系中提供氢原子，而微量元素则是通过参与抗氧化酶的构成发挥抗自由基的作用。因此，营养合理的平衡膳食对机体保持良好的抗氧化能力十分重要。

总之，提高机体的抗氧化能力是预防氧自由基损伤的关键。一是通过有氧耐力训练能使体内抗氧化酶活性增加，以消除体内产生的过量自由基；二是合理补充外源性的抗氧化剂，主要来自膳食中的抗氧化营养素，膳食以外补充抗氧化营养素必须注意营养素之间的平衡。

## 二、运动与营养素

营养素是指能在体内消化吸收、供给热能、构成机体组织成分、调节生理机能、为机体进行正常物质代谢所必需的物质，包括蛋白质、脂肪、糖类、维生素和水等。

### （一）运动与水和电解质

#### 1. 水的生理功能

水是人体最重要的组成成分，是仅次于氧的维持生命的必需营养物质。若人体内水分丧失达到20%，生命是无法维持的。机体内的一切生物化学变化都必须有水的参与，水占成人体重的60%左右。水在人体内的主要生理功能有以下几个方面：

（1）它是构成机体的主要成分。

（2）它参与全身所有的物质代谢，负责完成机体的物质运输。

（3）调节体温，保证腺体正常分泌。

#### 2. 水的来源与需要量

人体在正常情况下，每天经皮肤、呼吸道以及以尿和粪便的形式排出体外的水和摄入体内的水必须保持基本相等，处于动态平衡中，这称为"水平衡"。其中体内水的排泄途径以肾的排出最为重要。体内水的来源主要有三个方面：一是三大能源物质在体内代谢过程中产生的代谢水；二是食物水；三是饮料水。其中饮料水是体内水的主要来源。

#### 3. 人体运动时水的作用及运动补液

水在人体内除具有运输养分和代谢废物、组成细胞液、润滑等重要作用外，对调节运动时的体温和保持热平衡极其重要。人在剧烈运动时，体内产热增加，当环境温度达到人的皮肤温度时，出汗成为调节体热平衡主要的途径。运动时的出汗与运动强度呈正相关，但也受运动持续时间、气温、热辐射强度及湿度等多种因素的影响。一次大强度运动如果得不到及时的补液，常会引起脱水、体内环境失去稳定条件，使运动能力受到损害。

一般来说，口渴感是机体确定其是否出现脱水最早的和有效的主观指标，但必须注意口渴不能作为开始补水的标志。因为当人感到口渴时，其脱水量已经达到体重的2%~3%，此时补液，需要48小时才能补充上体液的丢失量。渴的感觉仅是一种防止严重脱水的自我保护机制，可以作为确定轻度脱水并防止中度和重度脱水的一种自我指标，不能用来作为补液的指征。

运动中的水分需要量因运动量和出汗量的不同有很大的差异。一般单凭主观的口渴来掌握饮水量是不够准确的，较好的指标是身体的出汗量。运动中补充的水量以达到出汗量的80%~90%为宜（出汗量由运动前后的体重变化来测估）。水分的摄取量应以保持水平衡为原则，水的补充应采取少量多次的原则。由于人体在运动中大量出汗的情况下，最需要补充的是水，因此要求饮料能尽快地通过胃肠进入血液。一般情况下，如果运动时间不超过60分钟，补充纯水即可；如果超过1小时，则应补充含电解质和糖的运动饮料。

4. 电解质的生理功能

机体内钠、钾、钙、镁等电解质对维持细胞内外的容量、渗透压、酸碱平衡和神经肌肉兴奋性有重要的功能。运动情况下，电解质的代谢加强。不同运动负荷可使血浆中电解质的浓度发生明显的改变。运动中的血清钾和钠浓度比安静时增加，并可延续到运动结束，在运动后逐渐恢复到安静水平，而在长时间运动后血清钾和钠显著降低，低于安静时的水平，表明剧烈运动中体内电解质有所消耗。

## （二）运动与维生素

1. 维生素的生理功能

维生素是维持人体生命和调节正常生理机能的一类有机化合物，是人体所必不可少的。维持正常的生理机能只需要少量的维生素，但是维生素在人体内只有很少的储存量，需要经常性地从食物中获取。

维生素有很多种类，根据其性质可以分为脂溶性和水溶性两大类。脂溶性维生素包括维生素A、维生素D、维生素E和维生素K四种，水溶性维生素包括维生素B1、维生素B2和维生素C等。各种维生素在体内不构成组织，也不提供能量，它们有各自的功用，总的来说是调节物质能量代谢，保证生理机能。

（1）维生素A。维生素A的主要功能是维持正常视力和维持上皮组织结构的完整性。维生素A的缺乏轻则引起视觉以及暗适应能力的下降，重则会使人患夜盲症。维生素A最好的来源是各种动物的肝脏、乳类品、蛋黄以及胡萝卜、菠菜等黄绿色蔬菜。

（2）维生素D。维生素D的主要功能是促进钙的吸收，促进骨骼钙化和牙齿的正常发育，对机体的钙磷代谢和骨骼生长发育有非常关键的作用。维生素D的缺乏轻者使机体钙的吸收受到阻碍，严重者可使骨骼脱钙进而导致骨质疏松。维生素D的主要来源是鱼肝油、蛋黄、奶品。

（3）维生素E。维生素E的功能非常强大，不仅可以增强机体对缺氧的耐受力，减少组织细胞的耗氧量，还可以扩张血管，改善循环，提高心功能，增加肌肉力量与有氧耐力。如果与维生素 C 结合使用，能缓和及预防动脉硬化。维生素 E 主要来自动物性食品、小麦胚芽、玉米以及绿叶蔬菜。

（4）维生素 B1。维生素 B1 的主要功能是在糖代谢中发挥作用，促进肝糖原、肌糖原的生成，保护神经系统机能。维生素 B1 广泛存在于谷物杂粮中，多含在胚芽和外皮部分，精加工易丢失。

（5）维生素 C。维生素 C 的主要功能有：加强体内氧化还原的过程，提高 ATP 酶的活性，使机体得到更多维持运动的能量；可以提高耐力、减轻疲劳，促进体力的快速恢复；可以促进造血机能，参与解毒过程，增强机体抗病力。维生素 C 广泛存在于蔬菜和水果之中。

2. 维生素与运动的关系

体育运动使维生素在体内的代谢过程加强并使一些维生素的需要量增加。在热能营养充足和平衡膳食的情况下，一般不会发生维生素缺乏，但在大运动量训练或减体重期，热能营养不能满足需要时，或添加食物的营养密度不够时，应注意预防维生素的营养不良。容易发生缺乏或不足的主要有维生素 B1、维生素 B2、维生素 A 和维生素 C，应注意进行定期监测和防治。

### （三）运动与蛋白质

1. **蛋白质的组成及生理功能**

蛋白质是生命存在的主要形式，也是构成人体的重要生命活性物质。蛋白质由碳、氢、氧、氮四种主要元素组成，一部分蛋白质还含有硫、磷、铁、铜、碘等元素，这些元素先组成结构较简单的氨基酸，这些氨基酸又根据是否在体内合成而分为必需氨基酸和非必需氨基酸，再由各种不同的氨基酸组成不同种类和营养价值各异的蛋白质。组成蛋白质的氨基酸共有 20 多种，人体蛋白质的种类初步估计达 10 万种以上，都是由这些氨基酸的不同排列组合而成的。

蛋白质在人体内的主要生理功能具有多样性，主要有以下几个方面：

（1）构成机体组织，促进生长发育。

（2）构成酶和激素成分，调节酸碱平衡及全身生理机能。

（3）增强机体抗病免疫能力，供给热能等。

机体一旦缺乏蛋白质，首先影响机体生长发育，肌肉萎缩，甚至贫血，并出现抗病力下降、内分泌紊乱、易疲劳、伤口不愈合等现象。

2. **蛋白质的来源与需要量**

日常膳食中的肉、蛋、奶等是动物性蛋白质的主要来源；而豆类是植物性蛋白质的主要来源。其中动物性食物蛋白质营养价值较高，而植物性蛋白质由于缺少一些必需氨基酸，故营养价值较低。一般认为动物性及植物性蛋白质在食物中应各占 50%。蛋白质来源中最好 1/3 为优质蛋白，但蛋白质摄入过多会因食物消化动力增加热能需要，增加肝和肾排出附加的氮代谢物，蛋白质代谢产物为酸性，过多时会增加体液的酸度，引起疲劳，并将引起水的需要量增加和便秘等副作用。

### 3. 蛋白质与运动的关系

蛋白质与人体运动能力有密切关系，如肌肉收缩、各种生理机能的调节等。氨基酸氧化还可为运动提供一部分能量，一般情况下氨基酸在运动中供能的比例相对较小，但在体内肌糖原储备耗竭时氨基酸供能可达10%~15%，这取决于运动的类型、强度和时间。氨基酸主要通过丙氨酸-葡萄糖循环的代谢过程提供运动中的能量。

体育运动可使体内蛋白质代谢发生变化，如耐力运动使蛋白质分解大于合成速度，机体氮排出量增加；而力量性运动能使活动肌群的蛋白质合成速度大于分解速度，因而肌肉壮大，以上反应均使机体对蛋白质的需要量增加。尽管蛋白质的摄入不足会影响运动训练的效果，甚至影响机体的健康，但蛋白质摄入过多也会对机体的正常代谢产生不良的作用。

## （四）运动与脂肪

### 1. 脂肪的组成及生理功能

通常所说的膳食脂肪主要包括甘油三酯、胆固醇和磷脂等。食物中的脂肪包括固体的动物脂肪和液体的植物脂肪，其主要由一分子的甘油和三分子的脂肪酸组成，其组成元素除碳、氢、氧外，有时还有氮、硫、磷等。脂肪酸又可分为饱和脂肪酸和不饱和脂肪酸。正常人脂肪占体重的10%~20%，主要存在于皮下和脏器的周围。皮下脂肪受营养状况和机体活动的影响而增减，变动较大，故称为可变脂。

脂肪在体内的生理作用主要是：供能和储能，脂肪既是三大供能营养素之一，又是体内过剩能量的一种储存方式；构成细胞膜及一些重要组织的组成成分；保护内脏及保持体温；促进脂溶性维生素的吸收；增加饱腹感和食物香味等。

### 2. 脂肪的来源与需要量

膳食中脂肪的供给量受饮食习惯、经济条件和气候等影响，变动范围较大。一般以膳食的总热能的比例为标准。我国推荐的成年人每日摄入量为占总热能的20%~30%，不宜超过30%，在寒冷环境下可适当增加。

动物性脂肪来自各种动物油、奶油、蛋黄等；植物脂肪主要来源于各种植物食用油，核桃、花生、葵花籽等干果也可为机体提供较丰富的脂肪成分。特别要注意的是，膳食中多余的能量在体内也很容易转变成脂肪供机体利用或储存起来，尤其过多的动物性脂肪中的高饱和脂肪酸和高胆固醇是诱发冠心病的因素之一。

### 3. 脂肪与运动的关系

脂肪是机体运动时的能量来源。作为能源物质，脂肪具有产热量高的特点，但必须在氧供应充足的情况下，脂肪酸才能氧化供能，其耗氧较多。在氧不充分时，不仅不能完全氧化，而且其代谢的中间产物酮体的增加会对机体产生不良的影响。因此，一般在运动强度小于最大摄氧量的55%的长时间运动时脂肪才能作为主要的供能物质。

有氧运动训练通过增加脂质转换和处理，可降低血浆甘油三酯和低密度脂蛋A胆固醇的含量，增加高密度脂蛋白胆固醇，从而延缓动脉粥样硬化的进程。此外，有氧运动训练可促使脂肪酸游离出来参与供能，同时结合饮食控制，可以造成机体热能负平衡（消耗的热能大于吸收的热能），从而达到减肥的目的。

### （五）运动与糖

#### 1. 糖的组成及生理功能

糖由碳、氢、氧三种元素组成。绝大多数糖类中，氢和氧的比例与水一样，故糖类又称为碳水化合物。按其化学结构的不同，可分为单糖——包括葡萄糖、半乳糖、果糖；双糖——包括蔗糖、麦芽糖、乳糖；多糖包括淀粉、肝糖原、肌糖原、纤维素与果胶。膳食中的糖类主要是淀粉，经过消化后变成葡萄糖才能被吸收。

糖类的主要生理作用有以下几种：

（1）供给热能，是人体最主要的能源物质，人体所需能量的60%是由糖类供应的。

（2）构成组织成分并参与其他物质代谢，调节脂类代谢，保护肝脏的功能。

（3）对中枢神经系统有特殊营养作用。

#### 2. 糖的来源与需要量

糖的供给量与饮食习惯、生活水平和劳动性质等因素有关，一般认为以占总热能的60%~70%为宜。糖广泛分布于自然界中，食物中的米、面、谷物约有80%属于糖类，因此日常膳食既可满足对糖的需求，也可直接摄取糖果及饮用含糖饮料，提高肝糖原、肌糖原含量储备。机体内多余的糖会转化为脂肪，糖原也可由蛋白质和脂肪异生，一般情况下不易缺乏。

#### 3. 糖与运动的关系

糖是肌肉活动的主要能量来源，人体内糖的主要储备形式是糖原。肌肉运动时摄取的糖可为安静时的20倍或更多。糖易氧化且氧化完全，代谢终产物为二氧化碳和水，不会增加体内的酸度。与脂肪比较，糖氧化时耗氧量最少，在消耗等量氧的条件下，糖的产能效率比脂肪高。肌糖原的总量平均为350克，可提供1400千卡能量；肝糖原的总量为70~90克，可供给280~360千卡能量；血液中糖的总量为20克，供能量为80千卡。肝糖原的含量虽不高，但对血糖可起到调节作用。体内糖的利用受多种因素影响，如运动强度、体力条件、运动前的膳食、运动类型及环境等因素。糖原耗竭时，可出现低血糖症。低血糖首先影响大脑功能，因脑细胞主要依靠糖提供能量，低血糖会引起中枢神经系统兴奋性下降，反应迟钝，四肢无力，动作协调性下降，甚至晕厥、运动不能继续等。

## 第二节 运动处方

运动处方对运动训练有非常重要的指导作用。本节将对运动处方进行具体概述，对其制定的原则和程序、运动处方的基本内容以及实施进行具体的阐述和研究。

### 一、运动处方概述

#### （一）运动处方的概念

运动处方是指对从事体育锻炼的人（含病人），根据其医学检查资料，按健康、体力以及心血管功能状况，结合生活环境条件和运动爱好等个体特点，用处方的内容规定健身活动适当的运动种类、时间和频率，并指出运动中的注意事项，指导其有计划地经常性锻炼、达到健身或治病的目的的方法。

运动处方是在身体检测的基础之上，根据锻炼者身体的需求，按照科学健身的原则，为锻炼者提供的量化指导方案。康复医师、体疗师、健身教练对从事体育锻炼者或病人，根据医学检查资料（包括运动试验和体力测验），按其健康、体力以及心血管功能状况制定运动处方，以指导人们有目的、有计划、科学地开展健身活动。

#### （二）运动处方的分类

随着康复体育的不断发展及运动处方应用范围的扩大，运动处方的种类也不断增加。常见的分类有以下两种：

**1. 按锻炼的对象和作用划分**

（1）治疗性运动处方。以治疗疾病、提高康复效果为主要目的。用于某些疾病或损伤的治疗和康复，它使医疗体育更加定量化、个别对待化。例如，某人中等肥胖，体重超标10千克，他需每天爬山1小时，约16周时间体重可以降到标准范围。这就是治疗性运动处方。

（2）预防性运动处方。以增强体质、预防疾病、健美、提高健康水平为主要目的，主要用于健身防病。比如说人进入中年之后，身体的各项机能开始衰退，动脉硬化就是其中一个表现，那么，为了预防动脉硬化，运动处方规定了中等强度的耐力跑，通过运动来减少脂肪和胆固醇的沉积，进而有效预防动脉硬化。这就是预防性运动处方。

**2. 按锻炼的器官系统划分**

按锻炼的器官系统可以划分为心血管系统的运动处方、运动系统的运动处方、神经系统的运动处方、呼吸系统的运动处方。

## （三）运动处方的基本格式

目前，运动处方的格式没有统一的规定，但运动处方应全面、准确、简明、易懂。运动处方应包括以下内容：

（1）一般资料。

（2）临床诊断结果。

（3）临床检查和功能检查结果。

（4）运动试验和体力测验结果。

（5）运动的目的和要求。

（6）运动项目。

（7）运动强度。

（8）运动时间。

（9）运动频度。

（10）注意事项。

（11）医师或教练签名。

（12）复查日期。

（13）运动处方的制定时间。

## （四）制定运动处方的特点

### 1. 目的性强

运动处方是有非常明确的远期目标和近期目标的，制定运动处方和实施运动处方的时候都要围绕运动处方的目的进行。正是因为运动处方具有很强的目的性，才能够进行比较具体的制定和实施。

### 2. 计划性强

运动处方的制定是依据一定的目标完成的，因而计划性也较强。体育锻炼者依据运动处方进行运动锻炼，可使运动负荷量安排得当，锻炼得法，做到心中有数，同时也能提高运动兴趣，并逐渐养成终身运动的习惯。

### 3. 科学性强

运动处方的制定和实施过程是严格按照康复体育、运动医学、运动学等学科的要求进行的，有较强的科学性。按运动处方进行锻炼，能在较短的时间内取得较明显的健身和康复效果。

### 4. 针对性强

运动处方不是随意和任意制定的，其制定一定要有针对性。在制定运动处方的过程中，要针对运动者个人的健康状况、体能水平、兴趣爱好等实际情况进行，制定的运动处方要有一定的针对性和个性化。这样的运动处方才具有良好的适应性与健康促进的作用。

## 二、制定运动处方的原则

### （一）科学性原则

科学性原则要求在制定运动处方的时候要考虑可行性，运动处方必须符合人体的生理和心理特点。特别要注意运动处方中的运动时间和运动强度要符合处方对象的身体特点以及运动的重点要求。

### （二）具体性原则

运动处方的制定不是千篇一律的，应该根据每个个体的不同情况来制定，要根据每一个参加运动训练的人的具体实际情况，制定出符合其个人身体客观条件和要求的处方。

对于不同的疾病，运动处方应该有不同，而且对同一疾病在不同的阶段其对应的运动处方也应该不同。

### （三）有效性原则

运动处方中运动强度和运动量的安排要保证对机体刺激有效，运动处方的制定和实施应使参加锻炼者或病人的功能状态有所改善。在制定运动处方时，要科学、合理地安排各项内容；在运动处方的实施过程中，要保质保量认真完成锻炼。

### （四）安全性原则

运动处方的制定要结合体育锻炼者的具体实际情况而定，最主要的是要保证体育锻炼者的安全。

在制定运动处方时，首先要对体育训练者进行全面的健康诊断和体力测试，保证运动训练的安全，这样可有效避免运动损伤的发生；其次还要严格遵循运动处方的各项规定和具体要求，合理选择运动负荷，保证运动训练的科学性和安全性。

# 第三节　自我监督

有一种监督方式可以有效地促进运动训练的进展，提高运动训练的效率，那就是自我监督。本节将对自我监督的概念和自我监督的主要内容进行阐述。

## 一、自我监督的概念

自我监督是指运动参加者在体育训练过程中，采用自我观察和检查的方法，对自己的健康状态、生理功能变化和运动成绩进行连续不断的观察，并定期记录于训练日记中，供本人、指导者和医师参考。

自我监督的目的在于评价锻炼效果，调整训练计划，防止过度疲劳的发生，更有利于健康水平的提高。因此，自我监督是运动医务监督的一个补充方法，是指导者和医师作为掌握和评价运动者情况的一项依据。经常性的自我监督对于增进信心、坚持科学训练、防止运动过量或不足、提高锻炼效果和养成运动卫生习惯等都有重要意义。指导者和医师应经常检查自我监督记录表，必要时进行重点检查，采取相应措施。

## 二、自我监督的主要内容

自我监督包括主观感觉和客观检查两个方面。其结果记录于自我监督表中。

### （一）主观感觉

**1. 一般感觉**

一般感觉反映了整个机体的功能状态，尤其是中枢神经系统的状态。身体健康者表现为精力充沛、精神愉快。但患病或过度训练时就会有身体软弱无力、精神萎靡不振、易疲劳、易激动等不良感觉。在进行自我监督时，可根据自我感觉记录为良好、一般、不好等。

**2. 运动心情**

运动心情即运动欲望，是指对体育运动的兴趣程度。经常参加运动的人一般是愿意参加运动的；如果方法不对或过度疲劳，则对运动不感兴趣或产生厌烦。记录时可根据个人的心情记录为渴望锻炼、愿意锻炼、厌烦锻炼等。

**3. 睡眠情况**

经常运动的人其神经功能比较稳定，一般睡眠良好。良好的睡眠应该是入睡快、睡眠深而少梦，早晨起床精神焕发、精力充沛、全身有力。如果晚上失眠、易醒、多梦，早晨起来没有精神，说明训练方法不当或运动量过大，就要检查运动量是否合适。记录时应写睡眠的持续时间和睡眠状况是否良好。

**4. 食欲情况**

刚参加完体育训练之后因为消耗了太多的能量，所以食欲较好，饭量也比较大。如果出现运动后没有进食的欲望而且食量减少的情况，则说明运动的强度或者时间安排不当且身体状况不好。此外，运动刚结束后马上进食，食欲也较差。记录时可写食欲良好、食欲一般、食欲减退、厌食等。

**5. 不良感觉**

参加剧烈运动后，由于身体过度疲劳，往往会出现四肢无力、肌肉酸痛等情况，这是正常的生理现象，经过适当休息可以恢复。训练水平越高，这些现象消失得越快。如果运动后出现头晕、恶心、心慌、气短、腹痛等,则表示运动方式不当、运动量过大或健康状况不良。记录时可写头晕、恶心、气短、心慌等。

6. 出汗量

运动时出汗的多少与气候、运动程度、衣着、饮水量、训练水平、身体素质和神经系统的状况等有关。如果突然大量出汗,特别是有自汗和夜间盗汗现象时,表明身体极度疲劳或有其他疾病。记录时可写出汗适量、出汗增多、大量出汗、夜间盗汗等。

（二）客观检查

1. 脉搏

经常参加体育运动者,由于迷走神经紧张性增高,安静时脉搏频率较缓慢。在自我监督中,可用早晨脉搏来评定运动水平和身体机能的状况。一般在早晨醒来起床前测定脉搏,若脉搏逐渐下降或不变,说明身体机能反应良好；若每分钟增加12次以上,说明身体机能反应不良,应找出原因及时处理；若早晨脉搏连续保持较快的水平,可能是过度训练所致。如果发现脉搏节律不齐,需采用心电图等方法进一步检查。测量脉搏时,一般测10秒内的跳动次数,再换算出1分钟的数值,然后记录下来。

2. 体重

参加体育锻炼后,体重一般有下列变化：刚参加运动的人,由于身体里水分和脂肪大量消耗,体重可下降2~3千克。经过一段时间的锻炼,体重比较稳定,运动后减轻的体重能够完全恢复。长期坚持锻炼的人,肌肉逐渐发达起来,体重有所增加,而且保持一定水平。自我监督时,每周可测1~2次,只要按照这三个阶段发展,即为正常情况。如果体重持续下降,表明有严重的疲劳或患有其他消耗性疾病。

3. 肺活量

肺活量的大小在一定程度上表现出呼吸功能的好坏,运动能使呼吸功能显著增强。经常参加锻炼的人,能使肺活量增加,但在过度训练时,肺活量就会减少。有条件时,应在运动前做一次肺活量检查,参加一个阶段的运动后,肺活量会增加一些,如持续下降则表明肺功能不良。

4. 肌力

训练状态良好时,握力、背力均增加。如肌力持续下降,应引起注意。

5. 运动成绩

坚持合理锻炼,运动成绩会逐渐提高或保持在一定水平上。如果运动水平没有提高,甚至下降,可能是早期过度训练的状态,应找出原因,适当休息或调整运动量。

6. 血压、心电图

在有条件时,或对某些患有心脑血管疾病的锻炼者,要定期检查,并做运动前后对比的观察。

## 7. 其他记录

例如，缺席情况、受伤情况、中断运动时间和气象条件等。另外，女性还要记录月经的情况，如运动后月经量多少、经期长短、有无痛经等。

# 第七章　球类运动训练的科学方法

## 第一节　篮球运动训练

### 一、篮球运动概述

篮球运动是美国詹姆士·奈·史密斯教授在1891年发明的。由于此项运动深受广大青少年学生的喜爱，因此在学校体育运动中占有重要地位。

篮球运动有进攻和防守两部分。比赛时为了争得场上主动，在规则允许的情况下，双方都各自力求采用有效的技术和战术将球投入对方的球篮，以争取多得分而赢得比赛的胜利。

现代篮球运动的主要特点是高速度、高强度，无论传球、运球、突破，都要快速、突然、有力，并在激烈对抗中完成技术动作，强调高空技术和高空优势，高度与速度的结合更加完善；要求具有高度的技巧性，传、运、投等技术动作要达到熟练自如、出神入化的地步，攻守对抗异常激烈，对争抢能力要求很高。

经常参加篮球运动，能改善中枢神经系统的机能，使运动分析器、前庭分析器特别是视觉分析器得到良好的训练，有利于促进学生完成动作的协调性，提高观察、判断和反应能力，增强循环、呼吸等器官系统的功能。紧张激烈的篮球比赛，还可以培养运动员积极、果断、勇敢、顽强的战斗意志和集体主义精神。

### 二、篮球基本技术训练

篮球技术是比赛中为了达到一定的目的所采用的各种专门动作方法的总称。

篮球进攻技术包括传球、接球、运球、投篮、持球突破等；防守技术包括防守对手、抢、打、断球等。无论是进攻技术还是防守技术都含有移动和抢篮板球的技术。

## （一）移动

### 1. 移动的方法

移动是篮球技术的基础，是比赛中最常用的一种基本动作。进攻中为了摆脱对手，切入接球或合理运用传、运、投、突，防守中为了抢占位置，堵截对手或抢断球，都离不开移动技术。

（1）基本站立姿势。基本站立姿势是运动员在场上既稳定又机动的站立姿势。

动作要领：两脚前后或左右开立，略比肩宽，两膝微屈，重心落在两脚之间，上体稍前倾，脚跟微微提起，两臂弯曲自然放于体侧，抬头含胸，目视前方。

关键环节：屈膝降低重心，保持最大的机动性。

（2）起动。起动是队员改变静止状态的一种办法。

动作要领：起动以后脚或异侧脚的前脚掌短促有力地蹬地，上体迅速前倾或侧转，向跑动方向移动重心，手臂协调摆动，脚快速向跑动方向迈出。起动后的前两三步要短促而快速，在最短的距离内把速度充分发挥出来。

关键环节：移动重心，蹬地突然起动。

（3）跑。跑是队员在场上改变位置、提高速度的重要方法。

①侧身跑。这是队员观察场上情况，迅速摆脱与超越防守时采用的一种方法。

动作要领：跑动中头和上体自然地向有球方向扭转，脚尖朝向跑的方向，既要保持跑速，又要观察场上情况。

关键环节：上体侧身转肩，脚尖朝向跑的方向。

②变速跑。这是队员在跑动中利用速度的变换来完成攻守任务的一种方法。

动作要领：加速时，用前脚掌短促有力地蹬地，上体稍前倾。减速时上体稍直立，前脚掌用力抵住地面，从而降低跑速。

关键环节：采用身体重心的前移后倒，运用脚的后蹬、前顶来改变速度。

③变向跑。这是队员在跑动中突然改变方向并加快速度来摆脱防守的一种方法。

动作要领：从右向左变向时，右脚尖稍内扣，同时右脚前脚掌内侧用力蹬地，随之腰部扭转，上体向左前倾，左脚向左前方跨出一小步，右脚迅速向左腿的侧前方跨出一大步，继续跑动。

关键环节：右脚蹬地，屈膝内扣，转移重心，加速跑动。

④后退跑。这是队员在场上背对跑动方向的一种跑动方法。

动作要领：用两脚的前脚掌交替蹬地向后跑动，同时提踵，身体稍前倾，抬头观察场上情况，两臂协调摆动以保持身体平衡。

关键环节：前脚掌蹬地、提踵，保持身体平衡。

（4）跳。跳是队员在场上争取高度和远度的一种方法。

①双脚起跳。多用于跳球、投篮、抢篮板球及抢断球。

动作要领：起跳前两膝弯曲，重心下降，上体稍向前倾，两臂弯曲，肘外张。起跳时，两脚用力蹬地，并用提踵、提腰、摆臂的力量，使身体向上腾起。落地时，前脚掌先着地，屈膝缓冲，保持平衡，以便衔接下一个动作。

关键环节：重心下降，用力蹬地，腰臂协调提摆，身体自然伸展。

②单脚起跳。多用于改变方向、接球、投篮、冲抢篮板球。

动作要领：起跳时，最后一步步幅要小，起跳脚用全脚掌着地，屈膝降重心，用力蹬地。另一腿屈膝上抬，同时摆臂提腰帮助起跳，落地时屈膝保持平衡。

关键环节：起跳腿屈膝迅速蹬伸，摆动腿、腰、臂协同向上用力。

（5）急停。急停是队员在起跑中突然制动速度的一种方法。

①跨步急停（两步急停）。跨步急停时注意两拍的节奏。

动作要领：急停时先向前跨出一大步，第二步落地的同时，两膝深屈，腰胯用力，重心下降，身体稍向侧转，用前脚掌内侧蹬地，重心在两脚之间。

关键环节：第一步脚掌抵地屈膝，上体侧转移重心；第二步用力抵地体内转，降重心。

②跳步急停（一步急停）。跳步急停时要注意身体平稳。

动作要领：急停时用单脚或双脚起跳，身体稍后仰，两脚同时平行或前后落地，屈膝，重心下降，保持身体平衡。

关键环节：降低重心，保持身体平衡。

（6）转身。转身是队员以一脚为中枢脚和另一脚蹬地向前后跨出来改变站立的位置和方向，以利进攻或防守的一种方法。

①前转身。前转身是指移动脚向中枢脚前面跨步使身体改变方向。

动作要领：向左做前转身时，左脚为中枢脚，左脚提踵，前脚掌用力蹬地，右脚前脚掌内侧蹬地，上体平稳左转，右脚蹬地后迅速跨步落地。

关键环节：中枢脚前脚掌蹬地，转体、跨步要快，身体平稳。

②后转身。后转身是指移动脚向中枢脚后面跨步使身体改变方向。

动作要领：向右做后转身时，左脚为中枢脚，左脚提踵，前脚掌用力蹬地，右脚前脚掌内侧蹬地，同时用力向右后方转胯、转身，右脚蹬地后迅速落地，身体平稳。

关键环节：中枢脚提踵，前脚掌蹬地，同时转胯、转肩要快。

（7）滑步。滑步是防守时堵截对方路线的一种移动方法。

动作要领：向左滑步时，左脚向左跨出，落地的同时右脚滑动跟随左脚移动，左脚又继续跨出。

关键环节：屈膝降低重心，水平滑动。

（8）交叉步。交叉步是为了及时地起步、抢位来变换和保持有利的位置与其他步法结合的方法。

动作要领：交叉步向右时，左脚用力蹬地迅速从右脚前向右交叉迈出，上体稍右转，左脚落地，右脚迅速向右侧跨步，控制重心。

关键环节：用力蹬地，两脚交叉动作要快。

（9）后撤步。后撤步是变前脚为后脚的一种方法。

动作要领：后撤步时，屈膝，重心降低，前脚掌内侧着地，同时腰部用力向后转胯，后撤前脚，后脚蹬地，然后用力蹬地紧接滑步，保持防守位置。

关键环节：前脚用力蹬地，转胯迅速后撤。

（10）攻击步。攻击步是防守队员突然前移，进行抢球、打球或破坏对手接球、传球、投篮等防守行动的一种步法。

动作要领：做攻击步时，后脚猛力蹬地，前脚突然迅速向前跨出逼近对手。落地时重心偏在前脚上，前脚同侧手前伸做干扰和抢截性防守动作。

关键环节：两脚向前蹬跨突然，落地身体重心平稳。

## 2. 移动练习

（1）基本站立姿势练习，原地进行移动重心的模仿练习。

（2）起动及各种跑的练习。①基本站立姿势或各种不同情况下的听信号或看手势快速起动练习；②每人一球向前抛，球离手后快速起动接住球；③利用场内的圆圈和线做侧身跑；④跑动中听信号做变速跑、变向跑。

（3）起跳练习。①原地双脚起跳练习；②行进间单脚起跳练习。

（4）急停练习。①跑动中听信号做急停练习；②跑至规定的位置做急停练习。

（5）转身练习。①原地做跨步、撤步、前转身、后转身练习；②急停后做转身跑的练习。

（6）防守步法练习。①看手势或听信号做各种脚步移动练习；②一对一攻守练习。

（7）滑步和交叉步练习。①原地做滑步和交叉步练习；②跑动中听信号做滑步和交叉步练习。

（8）攻击步练习。①原地练习攻击步伐；②一对一做攻击练习。

### （二）传、接球

#### 1. 传、接球方法

传球是篮球比赛中进攻队员之间有目的地转移球的方法，是场上队员之间相互联系和组织进攻的纽带，是实现战术配合的具体手段。

接球是持球进攻的基础。只有接好球，才能进行传球、投篮、突破或运球等。接球与传球是紧密联系的，接球技术好，可以弥补传球的不足，减少传球失误。接球也是抢篮板球和断球的基础。

（1）传球方法

①双手胸前传球

动作要领：两手五指自然分开，拇指相对呈八字形，用指根以上部位持球的侧后方，手心空出，两肘自然弯曲于体侧，将球置于胸前。肩、臂、腕部肌肉放松，两眼注视传球目标，身体呈基本姿势。传球时，后脚蹬地，身体重心前移，同时两臂前伸，手腕由下向上翻转，同时拇指用力下压，食指、中指用力弹拨，将球传出。出球后手心和拇指向下，其余手指向前。

关键环节：蹬地、伸臂、翻腕、抖腕、拨指动作要协调连贯。

②双手头上传球

动作要领：双手持球于头上，两肘向前，近距离传球时，小臂前摆，手腕前扣并外翻，同时拇指、食指、中指用力向前拨球。传球距离较远时，要蹬地，并通过腰腹力量带动上臂发力。小臂前甩，腕、指用力前扣，将球传出。

关键环节：小臂前摆和手腕前扣快速有力，带动手指用力拨球。

③单手肩上传球

动作要领：以右手为例。右手传球时，左脚向传球方向跨出半步，同时双手将球引到右肩侧上方，肘关节外展，手腕后屈，右手持球的后下方，左肩对着传球方向，重心落在右脚上。出球时，右脚蹬地的同时转体带动上臂，肘领先，前臂迅速前甩，手腕前扣，最后通过食指、中指、无名指的弹拨下压动作将球传出。

关键环节：转肩带动送肘，快速向前挥甩前臂，手腕、手指用力拨球。

④反弹传球

动作要领：反弹传球时，向前下方用力，击地点根据防守者的位置决定，一般应在传球者距离接球者2/3的地方。球弹起的高度一般在接球人的腹部为宜。

关键环节：出球要快，击地点适当。

（2）接球方法

①双手接球

动作要领：接球肘要伸臂迎球，五指自然分开，肩、臂、腕、指放松。当手指接触到球时，手臂顺势后引缓冲来球的力量，两手持球于胸腹之间。

关键环节：随球的高低移动重心，伸臂迎球，顺势缓冲。

②单手接球

动作要领：以右手为例。右手接球，左脚向来球方向迈出，手臂伸出，五指自然分开，掌心正对来球，腕、指放松。当手指触球时，手臂顺势将球后引，收臂置球于身前或体侧，另一手迅速扶球。

关键环节：伸臂迎球，触球后顺势后引，另一手迅速扶球。

### 2. 传、接球练习

（1）原地传、接球练习。①原地持球模仿练习；②两人一组一球，对面站立进行传、接球练习。

（2）行进间传、接球练习。①迎面移动中传、接球练习；②两人一组，全场直线跑动传、接球练习；③三人直线跑动传、接球练习。

## （三）运球

运球是队员在原地或移动中，用单手连续按拍和迎引从地面反弹起来的球。

### 1. 运球方法

（1）高运球

动作要领：抬头，目视前方，上体稍前倾，以肘关节为轴，用手按拍球的后侧上方，球的落点在身体侧前方，球反弹的高度在腰、胸之间。

关键环节：以肘关节为轴，大小臂协调地上下迎送球。

（2）低运球

动作要领：抬头，目视前方，两腿迅速弯曲，降低重心，上体前倾，以身体和靠近防守队员一侧的腿来保护球。同时用手短促地按住球，控制球从地面反弹的高度在膝关节以下，以便摆脱防守继续前进。

关键环节：降低重心，手臂、腕、指协调用力来控制球。

（3）运球急起、急停

动作要领：运球急起时，后脚用力蹬地，同时按拍球的后侧上方，向前运球，以超越对手。运球急停时，手按拍球的前上方，同时两脚做跨步急停动作，并转入低运球，用臂、身体和腿来保护球。

关键环节：注意触球部位及手型的变化，护球于体侧。

（4）体前变向换手运球

动作要领：在行进中运球，右手按拍球的右上方，使球弹向左侧，右腿迅速向左前方跨步，上体左转，侧肩贴近防守者，左手拍球的右侧，突破防守者。

关键环节：变向的同时侧肩转体，严格控制球的落点，跨步移动超越对手要快。

### 2. 运球练习

（1）原地高、低运球。运球手法要正确。体会手指、手腕上下按的动作，以及手触球的部位和控制球的要领。

（2）直线运球。运球动作协调，运球过程中，要注意抬头。

（3）运球急起、急停。纵队于端线外，听信号后，运球急起，到中线时急停，再急起到端线。同样的方法返回。在场内设标志线，听信号后运球急起，到标志线时运球急停。重复练习。

（4）换手变向运球。弧线运球：沿罚线圈、中圈做弧形运球到对面的端线，再沿边线做直线运球返回。圆圈运球：沿罚球圈、中圈做圆周运球到对面的端线，再沿边线做直线运球返回。

### （四）投篮

**1. 投篮方法**

投篮是进攻队员为将球投入对方篮筐而采用各种专门动作的总称。

（1）原地双手胸前投篮。动作要领：双手持球于胸前，两肘自然下垂，两脚前后或左右开立，重心落在两脚掌上，目视瞄准点。投篮时，两脚蹬地的同时，腰腹伸展，两臂向前上方伸出，两手腕同时外翻，拇指稍用力压球，使球通过拇指、食指、中指指端投出。投球出手后，脚跟提起，腰、臂随出球方向自然伸展。

关键环节：向上送臂、翻腕、外拨球，肩、肘关节自然放松，全身协调一致发力。

（2）原地单手肩上投篮

动作要领：右手持球于肩上，左手扶球的左侧，右臂屈肘，前臂与地面接近垂直，两腿微屈，右脚在前，重心落在两脚掌上。投篮时，右臂随腿的蹬伸和腰腹的伸展，抬肘向前上方充分伸直，用手腕前压的动作，使球从食指、中指指端投出。球离手时，手臂要随球自然跟送，脚跟提起。

关键环节：蹬地展体，抬肘伸臂，屈腕弹指协调配合。

（3）行进间单手低手投篮

动作要领：右脚向前跨出时接球，第二步继续加速，向前上方跳起，腾空时臂向上伸展，接近球篮时，用手指上挑的动作，使球向前旋转投向球篮。

关键环节：向上起跳，直臂举球，指腕挑拨。

（4）行进间单手肩上投篮

动作要领：右脚向前跨出时接球，接着迅速上左脚起跳，右腿屈膝上抬，同时举球至肩上，左脚蹬地腾空后上体稍后仰。当身体达到最高点时，右手臂伸直，用手腕前屈和手指力量将球投出。

关键环节：向上起跳，举球，腕、指用力。

（5）运球急停跳起投篮

动作要领：快速运球中，最后两步稍减速，利用跨步或跳步急停接球起跳，同时双手持球迅速上举，两脚用力蹬地，身体腾空接近最高点时，伸臂，用腕、指的力量将球投出。

关键环节：急停与起跳衔接连贯。

**2. 投篮练习**

（1）原地投篮。①徒手投篮模仿练习：听信号做持球—举球—投篮出手的练习；②持球模仿练习：两人一组一球，相距一定距离，对投练习；③正面定点投篮练习：一纵队近距离投篮，投篮后抢篮板球，将球传给后边的人投篮。

（2）行进间投篮。①行进间投篮的基本脚步动作练习：两人一组一球，一人托球，另一人在走动或慢跑中跨右脚同时拿球，然后跨左脚并起跳，做右手肩上投篮练习，然后互换；②一纵队在与球篮呈投篮45°角的位置运球投篮：每人一球，运球投篮后，抢篮板球。

（3）跳起投篮。①原地跳起投篮模仿练习：两人一组一球，相距一定距离，做原地跳起投篮练习；②运球急停跳起投篮练习：半场运球，到限制区附近时，急停跳起投篮。

### （五）持球突破

#### 1. 持球突破方法

持球突破是持球队员运用脚步与运球技术相结合的快速超越对手的一项攻击性很强的进攻技术。它由蹬转、转体探肩、放球、加速几个技术环节所组成。

（1）交叉步持球突破

动作要领：以防守队员右侧突破为例。两脚左右开立，两膝微屈，持球于胸前，突破前先做瞄篮或其他假动作。突破时，左脚内侧蹬地，并向左前方迈出一大步，上体左转，右肩向前下压，将球引至左侧，在右脚离地前用左手推拍球于迈出脚的前方，同时，右脚用力蹬地，加速超越对手。

关键环节：蹬地、跨步、转体探肩动作连贯，蹬跨第一步要大，紧贴对手，二次加速要快。

（2）同侧步持球突破

动作要领：以防守队员左侧突破为例。准备姿势与交叉步持球突破相同。突破时，用左脚掌内侧用力蹬地，右脚迅速向防守队员的左侧跨出，同时上体稍右转，左肩下压重心前移，用右手放球于右脚侧前方，左脚迅速跨步抢位，用右手推拍球，加速超越对手。

关键环节：跨步、放球快速连贯，中枢脚离地前球要离手。

（3）跨步急停持球突破

动作要领：当同伴传球时，迅速伸臂迎球，合理急停并接住球。落地后，两腿屈膝，重心降低，保持平衡，保护好球，然后再根据防守队员的位置和情况做交叉步或同侧步突破防守。

关键环节：摆脱移动，伸臂迎引球和跨步的衔接要协调连贯，接球急停要稳，确定中枢脚，起动要快。

#### 2. 持球突破练习

（1）原地持球突破练习。①徒手模仿突破的各种脚步动作。每人一球，面向球篮站立；②做瞄篮动作后，快速向左侧或右侧做跨步突破动作，然后收腿还原，重复练习；③一纵队于罚球圈附近，做原地交叉步和同侧步持球突破练习。

（2）跳步急停持球突破练习。①每人一球，向前抛球，高度在胸腹之间，单脚蹬地随球向前做一步急停接球，两脚平行落地，再衔接交叉步或同侧步持球突破动作；②每人一球，向左或右侧前方抛球，然后用同侧脚蹬地，单手领球做跨步急停，再做侧步或交叉步持球突破动作；③两人一组，一人传球，另一人跑上一步急停接球，然后用交叉步或同侧步迅速突破上篮。

### （六）抢篮板球

**1. 抢篮板球方法**

抢篮板球是投篮不中时双方争夺控制球权的一项技术。抢篮板球技术是一项联合技术动作，由抢占位置、起跳动作、空中抢球动作和获球后的动作所组成。

（1）双手抢篮板球

动作要领：起跳后，身体在空中充分伸展，尽量扩大制空范围，两臂同时伸向球的落点方向，当身体和手至最高点时，双手将球握住，腰腹用力，迅速收臂将球持于胸前。

关键环节：身体在空中充分伸展，腰腹用力，收臂。

（2）单手抢篮板球

动作要领：起跳后，身体和手臂充分向球的落点方向伸展。在最高点指端触及球时，用力屈腕、屈指迅速握球，随之屈臂拉球于胸前，另一手护球。

关键环节：屈臂拉球，另一手护球。

**2. 抢篮板球练习**

（1）徒手模仿练习。①原地起跳，双手或单手抢篮板球动作的模仿练习；②助跑单脚起跳触篮板练习；③结合上步、跨步、转身、滑步等脚步动作，做单、双脚起跳抢篮板练习。

（2）判断起跳和抢球练习。①每人一球，抛球击篮板，上步起跳，用双手或单手在空中抢反弹回来的球；②每人一球，跑动中向不同方向抛球，起跳后用双手或单手抢球。

（3）对抗情况下的抢篮板球动作练习。①一对一的攻防训练。一队员防守另一人进攻。进攻队员投篮后，摆脱防守冲抢篮板球，防守者积极跟进。②二对二攻防训练。攻方两人投篮后，设法摆脱防守，冲抢篮板球，防守者迅速跟进。③三对三攻防训练。攻方三人经配合后投篮，并摆脱防守者冲抢篮板球，防守者及时调整防守位置，始终保持正确防守姿势。

### （七）防守对手

**1. 防守方法**

防守对手是防守队员合理地运用脚步移动和手臂动作，积极主动地抢占有利位置，阻挠和破坏对手进攻的行动。

（1）防守无球的对手

动作要领：防守无球的对手时，根据球和对手所处的位置确定和调整自己的防守位置。当对手处在强侧（有球侧）时，应采取错位防守，即站在球与对手的传球路线的内侧位置，面向人、侧向球的站法，逼近对手。当对手处于弱侧（无球侧）时，应向球和球篮方向靠拢，做侧向人、面向球的站法，松动防守。移动的同时，借助手臂的动作，扩大防守面。

关键环节：抢占位置，积极移动。

（2）防守有球的对手

动作要领：在防守过程中，一旦自己所防的对手接到球，防守者要及时调整与对手的位置和距离，做到球到手、人到位。在占据对手与球篮之间的有利位置的基础上，与对手保持适当距离。离篮远则远、离篮近则近，根据有球对手的意图及球篮的距离，采用平步或斜步防守，并合理运用抢球、打球、断球等技术。

关键环节：判断准确，动作突然，保持身体平衡。

2. 防守练习

（1）防守无球对手的练习。①防守移动步法的练习，见移动部分；②半场或全场的一攻一防练习。

（2）防守有球对手的练习。①两人一组，一攻二防，进攻队员做投、切动作，防守队员抢、打球；②三人一组，两人传球，一人做横断或纵断球练习。

## 三、篮球运动基本战术训练

篮球运动战术是指在篮球比赛时，根据篮球运动的特点和具体对象所确定的攻、防集体配合及全队协调行动的特定组织形式和方法。

### （一）快攻与防守快攻

1. 快攻

快攻是由防守转入进攻时，以最快的速度，在对方尚未部署好防守之前，以时间、人数和位置上的优势，果断而合理地进行攻击的一种快速进攻战术。

快速进攻战术的组织形式有长传快攻、短传快攻、结合运球突破快攻。快攻战术的组织结构是由发动、接应、推动、结束四个阶段组成的。

发动快攻的时机：抢获后场篮板球、抢或断得球后、掷界外球、跳球获球后。

快攻战术练习方法包括三种：

（1）发动与接应的练习。先练抢获篮板球发动快攻与固定接应，再增加难度练习。

（2）快攻推进阶段的练习。先练中路推进，再练边线推进，最后中、边结合。

（3）快攻结束阶段的练习。

要求：一传要快，接应队员主动选位。

2. 防守快攻

防守快攻是有组织地制约对方速度和破坏快攻路线的配合方法。

防守快攻的方法有拼抢进攻篮板球、封堵第一传和接应、封堵推进。

防守快攻的练习方法包括三种：

（1）封堵第一传和接应。二攻二守或三防三夹击第一传，封堵接应队员。

（2）以少防多的练习。一防二或二防三练习。

（3）全场综合防守快攻的练习。二防二、三防三、五防五练习。

### （二）人盯人防守与进攻人盯人防守

#### 1. 人盯人防守

人盯人防守战术是指每个防守队员在盯住自己对手的同时，进行集体防守的战术。包括半场缩小（松动）人盯人和半场扩大（紧逼）人盯人及全场紧逼人盯人。

人盯人防守的练习方法包括五种：

（1）个人防守能力的训练。

（2）在进攻队员球动人不动的条件下的防守队员选位练习。

（3）在进攻队员人动球动条件下的防守练习。

（4）半场攻守练习。

（5）全场紧逼人盯人练习。

#### 2. 进攻人盯人防守

进攻人盯人防守是根据人盯人防守特点，综合运用传球、投篮、运球、突破等个人技术动作和传切、掩护、策应等几个人之间的战术基础配合所组成的全队进攻战术。

进攻人盯人防守的练习方法包括四点：

（1）战术分段、分位练习。

（2）在消极防守情况下的全队战术练习。

（3）半场攻防对抗情况下的战术练习。

（4）进攻全场紧逼人盯人防守的练习。

### （三）区域联防与进攻区域联防

#### 1. 区域联防

区域联防是防守队员由攻转守迅速退回半场后，每个人分工负责防守一定的区域，严密防守进入该区域的球和进攻队员，并与同伴协同防守而构成的一种集体防守战术。

区域联防的练习方法包括以下四种：

（1）基本落位队形的练习。

（2）分解练习：一防二、二防三、防溜底线、防背切、防中锋等的练习。

（3）消极进攻情况下的五对五完整练习。

（4）积极进攻对抗情况下的完整练习。

### 2. 进攻区域联防

进攻区域联防是在了解和掌握区域联防的特点和规律的基础上，尽量避免造成一对一阵形，针对其薄弱环节，结合本队具体情况，确定进攻重点，所组织的具体有针对性的进攻战术配合。

进攻区域联防的练习步骤与方法包括三个方面：

（1）全队战术的跑位练习。先按规定的落位和进攻方法练习。

（2）分解练习。中锋策应、局部配合。

（3）对抗情况下的练习。半场五对五的全队完整战术练习。

## 第二节　足球运动训练

### 一、足球运动概述

19世纪初叶，足球运动在当时欧洲及拉美一些国家特别是在资本主义的英国已经相当盛行。然而众多的资料表明，中国古代足球的出现比欧洲更早，历史更为悠久。我国古代足球称为"蹴鞠"或"踢鞠"，"蹴"就是踢的意思，"鞠"是球名。"蹴鞠"一词最早记载在《史记·苏秦列传》里，汉代刘向《别录》和唐人颜师曾《汉书·枚乘传》均有记载。到了唐宋时期，"蹴鞠"活动已十分盛行，成为宫廷中的高雅活动。1985年7月，国际足联主席阿维兰热博士来中国时曾表示：足球起源于中国。

从17世纪中后期开始，足球运动逐步从欧美传入世界各国，尤其是在一些文化发达的国家更为盛行，越来越多的人走向球场，投身到这一富有刺激性和畅快感的运动中去。在这种情形下，英国人率先为足球运动的发展做出了重要贡献。1863年10月26日，英国人在伦敦皇后大街弗里马森旅馆成立了世界第一个足球协会——英格兰足球协会。会上除了宣布英格兰足协正式成立之外，还制定和通过了世界第一部较为统一的足球竞赛规则，并以文字的形式记载下来。英格兰足球协会的诞生，标志着足球运动的发展进入了一个崭新的阶段，因此，人们公认1863年10月26日，即英格兰足球协会成立之日为现代足球的诞生日。英格兰足协的成立带动了欧洲和拉美一些国家足球运动的蓬勃发展。1872年英格兰和苏格兰之间进行了历史上第一次协会间的比赛。1890年奥地利开始举办足球锦标赛。1889年荷兰和阿根廷出现了若干个足球组织。1900年西班牙巴塞罗那成立了"加泰罗尼亚"足球协会。这些发展为创建国际性的足球组织创造了条件。1904年5月21日，国际足球协会联合会（简称国际足联，英文缩写为FIFA）在法国巴黎圣奥诺雷街229号法国体育运动协会联盟驻地的后楼正式成立，法国等7个国家的代表和代理人在有关文件上签了字。1904年5月23日，国际足联召开了第一届全体代表大会，法国的罗伯特·盖林被推选为第一任主席。1905年4月14日，英格兰足协加入国际足球联合会，国际足联的宗旨是促进国际足球运动的发展和各国足协之间的友好关系。

足球有"世界第一运动"的美誉，是全球体育界最具影响力的单项体育运动。标准的足球比赛由两队各派10名球员与一名守门员，共11人，在长方形的草地球场上对抗、进攻。比赛目的是尽量将足球射入对方的球门内，每射入一球就可以得到一分，当比赛完毕后，得分最多的一队胜出。如果在比赛规定时间内得分相同，则须看比赛章则，可以抽签、加时再赛或互射点球（十二码）等形式比赛分高下。足球比赛中除了守门员可以在己方禁区内利用手部接触足球外，球场上每名球员只能利用除手以外的身体其他部分控制足球（开界外球例外）。

## 二、足球基本技术训练

### （一）运球及运球过人

运球是指运动员在跑动中为将球控制在自身范围内，用脚部进行的推拨球动作。采用此类方法突破防守队员时，称为运球过人。

运球及运球过人是运动员控球与进攻能力的具体表现形式，熟练掌握与合理运用运球及运球突破技术，对调控比赛节奏、丰富战术变化、破解密集防守、创造射门机会都具有实际的意义。

1. 运球动作方法

直线运球时，自然跑动，步幅偏小，上体稍前倾，两臂协调摆动。运球脚屈膝提起前摆，脚趾稍内转斜下指，摆至球体上方时，用脚推拨球的后中部，重心随球跟进。

曲线运球时，触球作用力方向应偏离球心，使球呈弧线运行。

变向运球时，应根据变向角度的大小，调整支撑脚的位置、触球部位及运球脚用力方向，以保证蹬脚用力与推拨触球动作协调一致。

2. 运球过人

运球过人从动作方法上可大致分为强行突破、假动作突破、变向突破、交叉突破和人球分离突破几类。

（1）强行突破。强行突破指利用速度优势，以突然快速的推拨和爆发式的起动，加速超越防守队员的动作方法。实施强行突破时，通常要求防守队员身后有较大的纵深距离，从而使速度优势能够得到充分发挥。

（2）假动作突破。假动作突破指运动员利用各种虚晃动作迷惑对手，如假射、假传、假停等。使其不知所措或贸然盲动失去重心，并乘机突破的动作方法。实施假动作突破时，要真真假假、真假结合，假动作要带真、真动作要快捷，在控好球的同时，能够有效调动对手，利用其重心错位进行突破。

（3）变向突破。变向突破指队员利用灵活的步法和娴熟的运球技术，不断改变球路，使对手防守重心出现错位，并利用出现的位置差乘机突破的动作方法。实施变向突破时，运球队员脚下要娴熟，步法要灵活，重心变换随心所欲，变向动作要突然，变向角度要合理。

（4）变速突破。变速突破指队员通过速度的变化，打乱对手的速度节奏，并利用产生的时间差乘机突破的动作方法。实施变速突破时，节奏变化要鲜明，做到骤停疾起，要充分利用攻方的先决优势去支配和调动对方，真正做到你快我慢、你停我走，使对手无从适应。

（5）人球分离突破。人球分离突破指运球队员利用对手站位过死或重心移动过猛时，突然推球从其胯下或体侧越过，自己却迅速从另一侧超越对手实现突破的动作方法。实施人球分离突破时，运球队员要能够有效地把握和利用对方的重心变化，并能够利用其身后的空间，推拨球动作要快速隐蔽，跑进路线要合理。

运球突破时用于控制和支配球的基本动作有以下几种：

①拨球。拨球指利用脚踝的动作，以脚背内侧或外侧触拨球的动作方法。用脚背内侧的拨球称"里拨"，用脚背外侧的拨球称"外拨"。

②拉球。拉球指用前脚掌触压球，并向某一方向拉动的动作方法。在拉球到位后，通常要连接一个推拨动作使球离开原地。

③扣球。扣球指通过快速转体和脚踝的急转扣压，将球控制至反方向的一种动作方法。用脚背内侧的扣球称"里扣"，用脚背外侧的扣球称"外扣"。

④挑球。挑球指利用脚背或脚尖将球向上撩挑，使其从空中改变方向或超越防守的动作方法。

拨、拉、扣、跳、推既是运球过人的基本动作方法，又是技术教学中用作熟悉球性的行之有效的练习方法。在比赛中，这些动作既可单独运用，也可有机地组合使用，但切忌僵化地套用概念模式，而应视比赛需要，以娴熟的球性为纽带，通过合理有效的技术组合，使技术发挥更大的效力。

## （二）踢球

踢球是指运动员有目的地用脚将球击向预定目标的动作方法。踢球是运动员进行比赛活动的主要技术手段，它在比赛中的主要用途是传球和射门。

踢球动作根据接触击球时脚的部位可分为脚内侧、脚背外侧、脚背内侧、脚背正面、脚尖和脚跟踢球等，下面简述四种：

### 1. 脚内侧踢球

脚内侧踢球的动作特点是触球面积大，可控性强，出球平衡准确，是短距离传球和射门常用的脚法。

动作方法：

踢定位球时，直线助跑，支撑脚踏在球侧约15厘米处，膝微屈，脚趾指向出球方向，踢球腿以髋关节为轴由后向前摆，膝踝外展，脚尖稍翘，以脚内侧部位对准来球，当膝关节接近球体上方时，小腿加速前摆，击球刹那，脚跟前顶，脚型固定，用脚内侧部位击球的后中部。

踢地滚球时，要根据来球速度、方向以及摆腿的时间，确定支撑脚的选位，保证踢球能充分地摆踢发力。

进行蹭踢球时，大腿要抬起，小腿应拖后，利用小腿的加速前摆击球，抬腿的高度要与来球高度相适应，摆腿的时间应与来球速度相对应，并根据出球的目标调整击球的部位。

### 2. 脚背正面踢球

脚背正面踢球的动作特点是踢摆幅度大，动作顺畅，便于发力。但出球路线及性能缺乏变化，适用于远距离的传球和大力射门。

动作方法：

踢定位球时，直线助跑，支撑脚踏在球侧约15厘米处，脚趾指向出球方向，膝微屈，眼睛注视球。在支撑脚前跨的同时，踢球腿大腿顺势后摆，小腿后屈。前摆时，大腿以髋关节为轴带动小腿前摆，当膝关节摆近球体上方时，小腿加速前摆，脚背绷直，脚趾扣紧，以脚背正面击球的后中部。击球后，踢球腿顺势前摆落地。

踢反弹球时，要准确判断球的落点、反弹时间和角度，选好支撑脚的位置，在球落地的刹那，踢球腿小腿加速前摆击球，在球反弹离地时击球的后中部。

踢地滚球时，支撑脚应正确选位，踢两侧地滚来球时，脚趾应对准出球方向，击球部位应准确，以保证击球能发上力。对速度较快的来球，要通过加大摆踢力量和调整出球方向，消除其初速度对出球方向的影响。

踢空中球时，支撑脚的选位要稍远，以踢球腿能顺利踢摆发力为原则，并可根据来球角度或击球目的选用抽击、弹击或摆击等方法。

### 3. 脚背内侧踢球

脚背内则踢球动作的特点是踢摆动作顺畅、幅度大，脚触球面积大，出球平衡有力，且性能和线路富于变化，是中远距离射门和传球的重要方法。

动作方法：

踢定位球时，斜线助跑，助跑方向与出球方向约成45°，支撑脚踏在球侧后方约25厘米处，膝微屈，脚趾指向出球方向，重心稍微倾向支撑脚一侧。在支撑脚踏地的同时，踢球脚以髋关节为轴，大腿带动小腿由外后向前内略呈现弧线摆动，膝踝关节稍外旋，当膝关节摆至接近球的内侧上方时，小腿加速前摆。击球时，膝向前顶送、脚背绷直，脚趾扣紧斜下指，以脚背内侧击球的后中下部，击球后踢球腿顺势前摆着地。

踢地滚球时，要注意调整身体与出球方向的角度关系，以便踢球摆踢发力。

搓踢过顶球时，踢球脚背略平，插入球的底部做切踢动作，击球后脚不随球前摆。

转身踢球时，助跑最后一步略带跨跳动作，支撑脚的脚趾和膝关节尽可能转向出球方向，击球点应在球的侧前部，并利用腰的扭转协助完成摆踢动作。

踢内弧线球时，击球点应在球的后外侧，击球刹那，踝关节内旋发力，脚趾勾翘，使球内旋并呈弧线运行。

**4. 脚背外侧踢球**

脚背外侧踢球动作的特点是预摆动作小、出脚快，能利用膝、踝关节的灵活变化改变出球的方向和性质，是实用性较强的技术手段。

动作方法：

脚背外侧踢球的动作方法类似脚背正面踢球，只是摆踢时，脚面绷直，脚趾向内扣紧斜下指，用脚背外侧击球的后中部，击球后，踢球腿顺势前摆着地。

踢地滚球时，踢球脚同侧的来球多用直线助跑，支撑脚在球侧后约25厘米处落位，异侧来球则多用斜线助跑，支撑脚一般距球10~15厘米。其他动作则类似踢定位球。踢外弧线球时，支撑脚踏在球侧后15~20厘米处，踢球腿略显弧形摆踢，作用力方向与出球方向约呈45°，脚型同踢定位球，击球点在球的内侧后部。击球后，踢球脚向支撑侧斜，以加大球的外旋力量。

**（三）接球**

接球是指运动员运用身体的有效部位，将运行中的球有目的地接控在所需位置上的动作方法。它是运动员获得球的主要手段。良好的接控球能力能为球队创造更多的进攻机会，也是保证进攻顺畅的重要因素。

**1. 腿部接球**

脚部接球的动作方法最多、运用最广，是接球技术的最基本内容。

动作方法：

接地滚球时，身体正对来球，判断来球的速度和方向，选好支撑脚位置，膝关节微屈。接球脚根据球的状态相应提起，膝、踝关节旋外，脚趾稍翘，用脚内侧对准来球，触球刹那，接球部位做相应的引撤或变向接球动作，将球控制在所需要的位置上。

接反弹球时，接球腿小腿应与地面形成一定的夹角，向下做压推动作时，膝要领先，小腿滞留在后面。

接空中球时，接球腿要屈膝提起，可根据需要采用引撤或切挡动作，并在球落地时随即将球控制住。

**2. 胸部接球**

胸部接球技术的特点是触球点高，面积宽接球稳定，适用于接胸部以上的高空球。

动作方法：

挺胸式接球，适用于接有一定弧度的高球。接球时，身体正对来球，两腿自然开立，膝微屈，两臂在体侧自然抬起，上体稍后仰与来球形成一定的角度。触球刹那，胸部主动挺送，使球触胸后向前上方弹起落于体前。

缩胸式接球适用于接齐胸的平直球。缩胸接球与挺胸接球的动作差异在于触球刹那，靠迅速收腹、缩胸缓冲来球力量，使球直接落于体前。

胸部接球的触球点高，接球后球下落反弹。因此，做完胸部动作后，需及时跟进将球控制在脚下。如要将球接向两侧时，身体在触球的刹那要向出球方向转动，带动球的变化。

**3. 大腿接球**

大腿接球技术的特点是接触球部位面积大，且肌肉丰厚有弹性，动作简单易做，适用于接有一定弧度的落降高球。

动作方法：

身体正对来球，选好支撑脚位置并稳固支撑，接球腿屈膝上抬，以大腿中前部对准来球。触球刹那，接球积极引撤下放，接球部位的肌肉保持功能性紧张，以对抗来球冲力，使球触腿后落于体前。

接力量较小的来球，还可采用大腿垫接的方法，即接球腿屈膝上抬迎接，触球刹那，大腿相对稳定，接球部肌肉适度紧张，将球向上垫起，用这种方法接球，可在球落地前处理球，也可待球落地后将球控在脚下。

**（四）头顶球**

头顶球是指运动员用额部将球击向预定目标的动作方法。

现代足球比赛是一种立体的攻防战，攻守双方不仅在地面上寸土必争，在空中的对抗也互不相让。头顶球的击球位置高，是争取时间和空间主动的重要技术手段。尤其是在罚球区附近，头球的争夺对攻防双方都有举足轻重的意义，是一种快速简练，适用于进攻和防守的技术手段。

前额正面顶球技术的特点是触球部位平坦；动作发力顺畅，容易控制出球方向，出球平稳有力。

动作方法：

原地顶球时，身体正对来球，两腿自然开立，腿微屈，两眼注视来球。随球临近上体稍后仰，展腹挺胸，两臂自然张开，下颌收紧，身体自下而上地蹬地、收腹、摆体、顶送发力，当头摆至身体垂直部位时，用前额正面顶击球的后中部。

转身顶球时，身体稍侧对来球，出球方向一侧支撑脚靠前站立，以便转体发力。击球刹那，后脚用力向出球方向蹬转带动身体转动，当身体转向出球方向时加速摆体，用前额部顶击球。

跳起顶球时，要选好起跳位置，掌握好起跳时机，起跳脚积极蹬跳发力，手臂协调向上提摆，以加强起跳力量。起跳后，展腹挺胸，形成背弓，两眼始终注视来球。跳至最高点时，快速收腹摆体，下颌收紧，前额积极迎球顶送发力，顶球后屈膝缓冲落地。

鱼跃顶球时，要准确判断来球，掌握好起跳时机和击球点，利用积极后蹬使身体向前水平跃出，两臂微屈前伸，眼睛注视来球。利用身体的水平冲力将球顶击。出球后，两臂屈肘伸手撑地，随后胸部、腹部、大腿、小腿依次缓冲着地。

### （五）抢、断球

抢、断球指防守队员有目的地运用身体的某一部位，将对手控制下或传递中的球夺过来，踢出去、破坏掉的技术动作方法。

抢、断球是运动员获得球的主要手段之一，是球队转守为攻的主要途径，是运动员个人防守能力的综合体现。

抢断球动作方法说明如下：

1. 抢球

正面抢球。在逼近控球队员时，防守队员应控制好身体重心，两膝弯曲，上体略前倾，并注意观察对手的脚下动作，在对手触球的刹那，支撑脚前跨将球控住。如对方双脚触球，则应顺势向上做提拉动作，将球从对方脚背上带出。

2. 断球

断球的动作方法从比赛意义上讲是运动员根据防守和进攻的双重需要，合理地选用接球、踢球、顶球和铲球技术方法。如果需直接将球处理或破坏掉，就可选用踢球、顶球或铲球动作来实现，若是为了将球控在脚下，则可选用合理的接球动作来达到目的。动作的关键是判断准、起动快、连接紧。

## 三、足球基本战术训练

足球战术是指在足球比赛中为了战胜对手，根据主客观情况所采取的个人行动和集体配合的方法。

### （一）进攻战术

1. 摆脱与跑位

（1）摆脱。摆脱的方法可以采用突然起动、冲刺跑、急停、突然变向、突然变速和假动作等。

（2）跑位。跑位可以起到接应、策动、牵制、突破等作用。跑位的这些作用是随着场上情况的变化而不断互相转化的，因此队员应机动灵活、多谋善变，既要勤于跑位又要善于跑位。

## 2. 传球

（1）传球的目标。一般分为向脚下传和向空中传两种，但向前、向空位传球是主要的。若遇见有向几个队员同时传球的可能性时，应传球给对对方威胁大的队员。

（2）传球的时机。要掌握好传球的时机，要做到既不早又不晚，这就需要控球队员对本队和对方队员的位置和跑动路线有正确的判断。

（3）传球的力量。传球的力量应该适度、准确。在向被对方紧逼的同伴脚下传球时，传球力量要大些，并且将球传向远离防守队员一侧的脚，否则易被防守队员抢断；在向空当传球时，一般要求球到人到、人到球到，但在向有较大纵深距离的空当传球时，若突破接应的队员速度快，补位的防守队员离得也较远，传球的力量就要大些，以利于发挥突破队员的速度。

## 3. 运球突破

（1）控球队员在无人接应或不利于传球的情况下，要做有意识地向左、向右运球以摆脱或向前突破对手。

（2）控球队员在对方罚球区，或接近对方罚球区，一经运球突破便能获得射门机会时，应采用运球突破战术。

（3）在对方紧逼，处在一对一的情况下，一旦突破便可传中或进行传球渗透时，应大胆地采用运球突破战术。

### （二）防守战术

#### 1. 个人防守战术

（1）选位。防守队员选择的位置，原则上是站在对手与本方球门中心所构成的一条直线上，与对手的距离可根据场区以及球所处的位置来决定。另外，防守者的选位还应使自己能够清楚地观察到场上的情况和球的移动方向，使球和人都能处在自己的视野之内。

（2）盯人。盯人是指防守者本人所处的位置能够限制、看守对手的活动，达到能及时地封堵对手的接球或其传球路线的目的。

#### 2. 区域防守战术

区域防守是指每一个防守队员占据一定的活动区域，当进攻者进入该防区时，区域防守队员实施积极防守，以限制进攻者在此区域内的活动。

保护与补位是局部地区集体防守的基础，保护是补位的前提，没有保护也就不可能有效地补位。防守队员补同伴在防守中出现的漏洞称为补位，它是防守队员间相互协助的集体防守战术。

#### 3. 全局防守战术

全局防守战术包括盯人防守、区域防守和混合防守三种。

其中，混合防守战术就是盯人防守和区域防守相结合的防守方法。混合防守是目前世界各国所普遍采用的一种防守战术,它集中了盯人防守和区域防守两者的优点,从而在防守中能够根据场上情况进行逼抢、盯人和补位,以达到稳固防守的目的。

延缓对方进攻、快速退位到位、保持防守层次、紧逼盯人、严密封堵球门前30米范围,这是全体队员集体防守的关键。

# 第三节 排球运动训练

## 一、排球运动概述

排球运动是1895年由美国马萨诸塞州霍利奥克基督教青年会干事摩根先生发明的。最初的排球是根据网球的打法发展而来的。1905年这种运动传到中国,当时中国的打法是每队16人出场比赛,分站4排,每排4人,故名"排球",1947年,国际排球联合会成立,决定世界性的排球比赛采用美式6人制。

目前世界性的排球比赛有世界锦标赛、奥运会和世界杯赛。1949年举行了首届男子排球世界锦标赛,1952年举行了首届女子排球世界锦标赛。1964年在第18届奥运会上排球被列为正式比赛项目,1965年又成功举办了第一届男子世界杯赛,1973年举办了第一届女子世界杯赛。以上三大排球比赛均是每四年举行一次,其比赛顺序为:奥运会的第二年是世界杯赛,第三年为世界锦标赛,规模最大的赛事为世界锦标赛。

当前排球运动的发展趋势是"全、高、快、变",尤其是网上争夺与对抗日趋激烈化,着重表现在网上的突破与反突破、限制与反限制更为激烈,扣球技术水平的高低已成为能否在世界大赛夺魁的关键。

排球运动既可作为一项竞争激烈的竞技项目,也可作为一种余暇型的体育活动内容。经常参加排球运动不仅能提高人们的力量、速度、反应、灵敏、耐力等身体素质,还能培养人们机智、果断、冷静等品质,它对人体的身心发展具有良好的促进作用。

## 二、排球基本技术训练

### (一)准备姿势与移动

准备姿势的目的是为了便于做好下一个动作,而移动的目的是要迅速地接近球、站好位。它们是完成各项技术的重要条件。

1. 准备姿势

(1)两脚左右开立(略宽于肩),站左半场的队员左脚稍前,站右半场的队员右脚稍前,站场中的队员左右平行开立。

（2）两眼注视来球，两膝弯曲并内扣（膝部的垂直面超过脚尖），脚跟提起，上体前倾，含胸收腹，两肩的垂直面超过膝部。

（3）两臂自然弯曲，置于胸腹之间，两手掌心相对，手指自然张开。

### 2. 移动

（1）并步。移动时，前脚先向前（或左、右）迈出一步，同时后脚用力蹬地，在前脚落地后，后脚立即并上成准备姿势。

（2）滑步。在并步的基础上，连续滑动。

（3）交叉步。向右侧移动时，身体稍向右转，左脚从右脚前面向右交叉跨出。

（4）跨步。移动时，一脚支撑并蹬地，另一脚向来球方向跨出一大步，上体前倾，重心自然移至跨出腿上，后脚蹬地随着重心移出而跟着上步成准备姿势。

（5）跑步。两脚用力蹬地，迅速起动，两臂用力摆动，加快步子，争取跑到球的落点位置，并逐步降低身体重心，保持好击球的准备姿势。

（6）后退步。移动时，身体保持稍低的姿势，两脚交替快速向后退步，重心应保持在前面。

### 3. 准备姿势与移动练习

（1）原地做准备姿势。

（2）慢跑中，听教师信号做准备姿势。

（3）学生在准备姿势的基础上，看教师的手势做向前后左右移动的动作。

（4）两人一组，一人抛球，另一人按步法要求移动接球。

（5）利用排球场内各条线，做各种移动步法练习或接力赛。

## （二）传球

### 1. 传球方法

传球是接应一传或防守后，把球传给扣球手的以进攻为主的技术，是进行比赛与组织战斗的基础。传球技术包括正面传球、背向传球、体侧传球等。

下面以正面传球为例进行介绍：

（1）准备姿势。两脚前后站立，后脚跟稍提起，两膝微屈，上体稍前倾，双手由下提起置于胸前，两肘自然下垂。

（2）击球点。击球点一般在脸前，当来球距脸前约一个球左右的距离时，便要做击球动作。如果来球较平，击球点可稍低一些；如果来球弧度高或向上、向后传球，击球点可稍高一些。

（3）传球手形。当手触球时，其手型应该是手腕稍后仰，小拇指斜对前方，拇指相对成一字形，手指自然微屈成半球形与球体吻合。

（4）击球的用力。传球时，要利用蹬地伸膝向上展体和伸臂的动作，协调用力迎击球，并以拇指、食指、中指负担球的压力，无名指和小拇指帮助控制球；球触手的瞬间，手指和手腕应保持一定的紧张程度，用手指的弹力和手腕、手臂与身体协调的力量将球传出。

（5）手感。手感是控制球的核心，主要靠手指、手腕主动而细微的动作来进行这种调整。

2. 传球练习

（1）原地徒手模仿传球。

（2）两人一组，一人抛球，另一人接球（体会击球点与手型的动作）。

（3）两人一组，一抛一传。

（4）两人对传球，先自传一次，再传给对方。

（5）两人一组，隔网对传。

（6）三人一组，三角传球。

（7）两纵队相向跑动传球。

## （三）垫球

1. 垫球方法

垫球是接发球和后排防守的主要技术动作，是组织进攻和反攻战术的基础。垫球技术包括正面双手垫球、体侧垫球、背垫、正面低姿势垫球、跨步垫球、滚动垫球、鱼跃垫球及挡球等。

下面以正面双手垫球为例进行介绍：

（1）垫球前。正面对准来球，两脚前后开立，身体稍前倾，大小腿自然弯曲，两臂插入球下。

（2）手型。双手自然叠掌互握，两臂夹紧，手腕下压成直臂。

（3）触球部位。触球部位在腕关节以上10厘米左右桡骨内侧平面。

（4）击球点。击球点在腹前一臂距离左右。

（5）击球用力。伴随着蹬地、提腰、抬臂，以肩关节为轴击球的后中下部。垫球的用力大小与来球的力量成反比，与垫出球的距离成正比。

2. 垫球练习

（1）原地徒手模仿练习。

（2）两人一组，一抛一垫（先原地、后移动）。

（3）自垫。

（4）两人一组对垫球。

（5）三人一组，三角形连续垫球。

（6）两人一组，一发一垫（距离由近至远）。

（7）隔网一发一垫。

（8）两人一组，一扣一防。

### （四）发球

#### 1. 发球方法

发球是比赛的开始，也是进攻的开始。发球的目的是直接得分或破坏对方的进攻战术，减轻防守负担，创造反攻的有利条件。发球技术包括正、侧面的上手发球，正面下手发球，正面上手飘球，侧面勾手飘球，跳发球等。

下面以侧面上手发球、正面上手发球和正面下手发球为例进行介绍：

（1）侧面上手发球

①准备姿势。左肩对网站立，两脚左右开立，与肩同宽，两膝微屈，上体稍前倾，重心落在两脚间或稍偏右脚，左手持球于腹前。

②抛球。左手将球抛至左上方1米左右，约离身体一臂远。

③击球。在抛球的同时，右臂摆至右侧后下方，手指微屈而紧张，利用右脚蹬地和向左转体的力量，带动右臂向前摆动，在左前上方用大拇指根用力击球的后中下部，以小幅仰角将球击出。击球时，手臂要伸直，眼睛要看球。

（2）正面上手发球

①准备姿势。正面对网，两脚前后开立（右手发球，左脚在前），左手持球置于胸前。

②抛球。左手将球垂直平稳地抛起到右肩的前上方，高度在击球点上方1~2球的位置。

③击球点。略高于头部的右前上方。

④击球。在抛球的同时，右臂屈肘后引（肘部与肩部齐平），手掌置于头的右后方，上体略向右侧移动，抬头、挺胸，身体重心移至右脚。击球时，身体重心前移，利用收腹动作带动右臂迅速向前上方挥动，伸直手臂，在最高点用全手掌击球的后中下部，在手触球的一刹那，手腕适当地向前推压。

（3）正面下手发球

①准备姿势。正对球网，左脚在前、右脚在后，两膝微屈，左手持球置于腹前，右臂自然下垂。

②抛球。左手将球在体前右侧抛起，离手20~30厘米。

③击球。右脚踏地，身体重心前移，右臂伸直，以肩为轴，向前摆动到腹前，用虎口掌根或手掌击球的后下部。

#### 2. 发球练习

（1）分组发球对抗。两组完成同样的发球数，统计失误数并查找失误原因。

（2）定线、定区交替发球。如指定第一个球发直线，第二个球必须发斜线；第一个球是前场，第二个球必须是后场等。要求线路清楚、落点准确。

（3）分组对抗性练习。两人一组完成相同数量的发球，谁先失误，谁受罚。

## （五）扣球

### 1. 扣球方法

扣球是最积极、最有效的进攻方法，是进攻中最有力的武器，也是一个队实力强弱的重要标志。扣球技术包括正面扣球、勾手扣球、快球、单脚起跳扣球和调整扣球等。扣球技术比较复杂，它的技术结构包括准备姿势、判断、助跑、起跳、空中击球和落地几个相衔接的动作部分，整个动作必须协调、连贯，具有鲜明的节奏和独特的时间和空间概念。

下面以正面扣球为例进行介绍：

（1）准备姿势。两脚自然开立，一脚稍前，两膝稍屈，身体稍前倾，眼睛注视来球，随时准备向各方向助跑。

（2）判断。首先是对一传的判断，然后根据二传手传出球的飞行方向、弧度、速度，判断好球的落地，选好起跳点和起跳时机。

（3）助跑。以两步助跑为例，左脚先迈出第一步（决定方向），紧接着右脚跨出一大步（选择起跳点），支撑点在身体重心之前，并以脚跟先着地过渡到全脚掌着地，同时左脚随即在右脚稍前的地方着地，身体重心降低，两膝弯曲并内扣，两臂经体侧摆至体后下方，准备起跳。

（4）起跳。起跳时，上体前倾，两脚迅速有力地蹬地，两臂由体后下方继续向体前上方挥摆，同时快速展腹，带动全身腾空而起。

（5）空中击球。起跳后，上体稍后仰，并稍向右侧扭转，挺胸展腹，左手自然置于体前，右臂屈肘举起，肘关节指向侧方，并高于肩部，手置于头的右侧方，前臂、手腕、手指放松，五指微张，手掌成勺形；击球时，利用迅速转体收腹动作带动手臂猛烈地挥击，同时，手臂要伸直，用全掌击球的后中上部，手腕快速下甩。

（6）落地。落地时，应由前脚掌过渡到全脚掌，同时顺势屈膝、收腹，以缓冲下落的力量，并立即准备做下一个动作。

### 2. 扣球练习

（1）集体进行一步助跑起跳练习。

（2）集体进行两步助跑起跳练习。

（3）做原地的挥臂动作练习。

（4）做网前助跑起跳的完整练习。

（5）两人一组，一人双手举高球，另一人原地扣球。

（6）两人一组，对地扣球练习。

（7）助跑起跳扣网前固定吊球练习。

（8）做一步助跑起跳扣球的完整性练习（教师或学生抛球）。

（9）做两步助跑起跳扣球的完整性练习（教师或学生抛球）。

### （六）拦网

#### 1.拦网方法

拦网是防守的第一道防线，是反攻的重要环节。成功的拦网，可以直接拦死或拦回对方的扣球，使本方由被动转为主动，也可以将有力的扣球拦起，为本队防守减轻压力。有效的拦网可以对扣球者造成心理上的威胁，从而削弱对方进攻的锐气和信心。

（1）单人拦网

①准备姿势。取位离中线20~30厘米处，两脚左右开立与肩同宽，两膝弯曲，上体微前倾，两臂自然弯曲置于胸前，做好起跳准备。

②起跳。两脚用力蹬地，两臂在体侧前方划小弧用力上摆，带动身体垂直上跳。

③空中击球。起跳后稍收腹，以便控制平衡和延长腾空时间。腾空后，两臂从胸前向头上方伸出，提肩举手，两手间的距离小于球体，手指、手腕紧张并尽可能靠近球。触球时，两手手腕下压。

（2）集体拦网

①起跳时应避免互相干扰或冲撞。

②起跳后，手臂在空中既不要相互重叠，缩小拦网面，也不要间隔太大造成中间漏球。

③如对方从4号位组成拉开进攻时，应以本方2号位队员拦网为主，3号位队员移动配合，组成集体拦网；如对方4号位扣集中球，则应以本方3号位队员拦网为主，2号位队员移动配合组成集体拦网；如对方从3号位进攻，一般以本方3号位队员拦网为主，2号或4号位队员协同配合；如对方从2号位进攻，则以本方4号位队员拦网为主，3号位队员移动配合。移动的步法一般采用并步、交叉步或跑步等。

#### 2.拦网练习

（1）原地网前起跳做徒手拦网练习。

（2）教师或学生站于网对面高台上持球，学生轮流做起跳拦网练习。

（3）两人一组隔网相对站立，同时做向两侧移动一步的起跳拦网动作练习。

（4）两人一组，一抛一拦。

（5）一组从对方4号位或2号位扣球，另两人一组进行集体拦网练习。

## 三、排球的基本战术训练

### （一）发球的个人战术

（1）攻击性发球。尽量准确地发出弧度平、速度快、力量大、旋转性强或幅度大的攻击性球破坏对方一传并争取直接得分。

（2）准确性发球。可将球准确地发到对方两个队员之间的连接区、前区、后区死角三角地带或对方交换位置活动区，以破坏对方一传。

（3）发给一传差、信心不足、连续失误、情绪不稳、精力分散的对方队员。

### （二）扣球的个人战术

（1）扣球时避开拦网队员的手。①扣球时运用路线的变化，灵活采用扣直线球、斜线球和小斜线球等；②运用转体、转腕的扣球技术，达到突然改变扣球线路的目的；③运用扣球或吊球技术，从拦网队员手的上方进行突破；④运用时间差扣球使对方达不到拦网的目的。

（2）扣球时利用拦网队员的手。①利用打手出界来破坏对方的严密拦网；②运用轻扣拦网队员的手，造成球随拦网队员一起落下。

（3）根据临场情况采用的扣球战术。①运用二次球扣球，或佯传突转扣球使对方来不及拦网；②找人、找点扣球，找对方技术差者或空当进行扣球。

### （三）拦网的个人战术

拦网是被动技术，要变被动为主动，关键在于隐蔽，造成对方扣球队员判断错误而使己方拦网成功。

（1）拦网队员可站直拦斜、站斜拦直或正拦侧堵、侧堵正拦，并可运用取位和空中变化的假动作迷惑对方。

（2）有时可制造假象，使对方受骗。如假装露出中路空当，引诱对方队员扣中路，待对方扣中路之后突然拦关门球。

（3）如发现扣球队员要打手出界或平扣时，可在空中及时将手撤回而使对方扣球出界。

（4）在估计到对手扣球威力不大时要防止对方吊球、轻扣等。

# 第四节　乒乓球运动训练

## 一、乒乓球运动概述

乒乓球运动是由两名或两对选手用球拍在中间隔一网的球台两端轮流击球的一项室内运动。

乒乓球运动的特点是球小、速度快、变化多、设备简易。另外，它不受年龄、性别、身体条件的限制，所以能广泛地开展。在我国乒乓球运动的开展已相当普及，因为它运动量适中，具有较强的娱乐性、竞争性，经常参加比赛还有利于促进人际间的交流、合作、友谊，并可以有效地调节紧张的情绪，缓解工作、学习所带来的精神压力，它是广大群众尤其是青少年所喜爱的体育运动项目。经常参加乒乓球运动可以发展人的灵敏性和协调性，乒乓球运动可提高动作速度和上下肢的活动能力，改善心血管系统的能力，增强体质，还有助于培养勇敢顽强、机智果断、沉着冷静、敢于拼搏等优良品质。因而，在普通高校开展乒乓球运动是非常有必要的，但由于学生技术水平不高，体能锻炼的强度不够，还需要与心肺功能及力量素质的练习相结合，以促进学生健康和身体素质的全面发展。

## 二、乒乓球的基本技术训练

### （一）握拍法、基本姿势和步法

**1. 握拍法**

握拍法主要有两种：直握拍和横握拍。两种握法均有各自的优点和缺点。选择握法时，应根据自身的特点来确定握拍的方法。

（1）直握法。拇指和食指的第一、二指关节弯曲，自然平均地钳住拍柄，拍柄贴住虎口，其他三指自然弯曲重叠，中指第一指关节顶在拍背面中间上1/3处。

（2）横握法。中指、无名指、小指自然弯曲握住拍柄，虎口贴住拍肩，拇指略弯曲紧呈拍或斜伸向拍面，食指斜伸在拍的另一面。

**2. 基本姿势**

两脚开立，比肩稍宽，左脚稍前，前脚掌内侧着地用力，两膝自然弯曲，重心在两脚掌之间，含胸收腹，身体略前倾，执拍手手臂自然弯曲，放松置于身体右侧腹前（右手为例）。

**3. 基本步法**

步法是乒乓球技术环节的一个重要组成部分，是及时、准确地运用与衔接各项技术动作的枢纽，亦是执行各项战术的有力保证。具有良好的步法，就能够经常保持最佳的击球位置，使击球的速度、力量、旋转得到充分的发挥。乒乓球的基本步法主要有单步、跨步、跳步、并步、交叉步五种。

（1）单步。一脚为轴，另一脚向前后左右不同的方向移动，重心随之跟上。

（2）跨步。一脚蹬地，另一脚向移动方向跨一大步，为防止跨步后失去重心，应随后跟上半步或一小步。

（3）跳步。击球时以来球异侧方向的脚用力蹬地，两脚同时离地向左或向右移动，蹬地脚先落地，另一脚也跟着落地站稳，以取得合理的击球位置。

（4）并步。一脚先向另一脚移（或叫并）半步或一小步，另一脚在并步脚落地后即向同方向移动。

（5）交叉步。击球时先以来球异方向的脚向来球方向移动，并超过另一脚，接着另一脚再向来球方向移动以取得合理的击球位置。一般在来球角度大的情况下采用这种步法。

4. 练习

（1）台前徒手模仿各种步法练习。

（2）结合挥拍动作进行各种步法练习。

（3）结合身体素质练习，增强下肢起动速度和爆发力。

## （二）推挡

### 1. 推挡方法

推挡球技术的特点是站位近、动作小、速度快、变化多，是我国直拍快攻打法的一项重要的基本技术。比赛中通过落点变化来牵制调动对手，争取主动，既能为进攻创造有利的时机，又能起到积极防御的作用。推挡主要包括快推、加力推、减力挡等。

（1）快推。击球前，上臂靠近身体适当后撤引拍，拍型基本与台面垂直，球拍略高于来球或与球网同高，击球时，手臂迅速前迎，在来球的上升期触球，前臂手腕用力向前将球推出，触球的中上部，食指用力压拍。

（2）加力推。动作幅度比快推大，当球弹至上升后期或高点期时，利用伸髋和转腰动作加大手臂向前的推击力，并用中指顶住球拍。

（3）减力挡。击球前不用撤臂引拍，可稍屈前臂调整球拍位置，当球弹起时，手臂前移迎球，触球瞬间控制好拍形，不要向前用力撞球，甚至还应该略有后缩动作，借来球力量将球反弹回去。

### 2. 推挡练习

（1）徒手做推挡模仿动作，体会动作要点。

（2）在台上两人互推斜线或直线，待熟练后逐渐增加力量和速度。

（3）一人攻球，另一人推挡，定点定线，两人轮换。

### 3. 推挡时的注意事项

（1）上臂和肘远离身体右侧，以免影响前臂发力。

（2）左脚过于靠前或右脚在前，难以运用腰髋之力。

（3）手臂不会后撤引拍，击球距离太短，不易控制球和发力。

## （三）攻球

### 1. 攻球方法

攻球具有力量大、速度快等特点，是比赛中争取主动、克敌制胜的重要手段。各类打法都必须掌握攻球技术。

（1）正手近台攻球。左脚稍前，身体离球台40厘米左右。击球前，持拍手臂要右前伸迎球，前臂自然放松，球拍呈半横状。当球从台面弹起时，前臂和手腕向前上方挥动，并配合内旋转腕的动作，使拍形前倾，在上升期击球中上部。拍触球刹那，拇指压迫，同时加快手腕内旋速度，使拍面沿球体做弧形挥动。击球后，挥拍至头部高度。

横拍击球时，手臂要自然弯曲，手腕与前臂近乎成直线并约与地面平行。前臂和手腕稍向上用力，击球时间、部位和拍形与直拍基本相同。

（2）正手中远台攻球。左脚稍前，身体离球台1米左右。击球前，持拍手臂向右后方引拍，球拍呈半横状，拍形稍后仰。击球时，手臂由后向前挥动。球拍触球前，前臂在上臂带动下向前上方用力，手腕边挥边转使拍形逐渐前倾；在球下降前期，击球中部并向上摩擦，上臂带动前臂继续向前上方挥动，腰髋转动配合发力。同时上体左转，重心移至左脚。

横拍正手中远台攻球时，手臂向后引拍，手腕稍下沉，球拍成横状，然后手臂向前上方用力。击球时间、部位和拍形与直拍基本相同。

2. 攻球练习

（1）原地徒手及持拍模仿动作，注意身体重心的交换和腰、臂协调一致的用力。

（2）结合步法，在移动中进行攻球模仿动作。

（3）一人发平击球，另一人练习攻球。打一板后再重新发球。

（4）多球练习。一人喂球，另一人练习攻球。

（5）两人一推一攻练习。要求固定落点和线路，先轻打，力求板数，随着技术质量的提高再增加力量。

（6）两人对攻斜线、直线。力量由轻到重，多打板数，体会触球时的肌肉感觉。

（7）一点对两点或多点的连续攻。要求陪练方用推挡推至对方两点或多点，练习者攻到对方的一点。

（8）结合性技术。如左推右攻，推挡侧身及推挡、侧身、扑正手等（开始应有规律性，熟练后再到无规律性）。

3. 攻球时的注意事项

（1）引拍时，上臂直向后拉会出现牵肘，影响击球力量。

（2）手腕过分僵硬或上翘，影响手腕的灵活性。

（3）直拍反手发力时，肘部支出横拉，攻球侧旋；横拍反手攻时，手腕乱动，拍面角度不固定，影响命中率。

（四）搓球

1. 搓球方法

搓球是一项过渡性技术，用它对付下旋来球比较稳健，常为进攻创造条件，也是初学削球时必须掌握的入门技术。根据击球方位的不同可分为正手搓球和反手搓球。根据击球的时间、回球的落点和旋转又分为快搓、慢搓、摆短、劈长、转与不转及侧旋搓球。

下面以正、反手搓球为例进行介绍：

（1）正手搓球。击球前，身体稍向右转，向右上方引拍，击球时前臂和手腕向左前下方用力，将球搓出。

（2）反手搓球。站位近台，击球时，拍面后仰，屈臂后引，前臂以向前用力为主，配合手腕动作。根据来球旋转的程度调节拍面角度和用力方向，来球下旋强，拍触球的底部，向前用力大些；来球下旋弱，拍触球的中下部，向下用力大些。

### 2. 搓球练习

（1）徒手模仿动作，注意前臂、手腕的发力方法。

（2）自抛球在台上，弹起后，将球搓过网，反复体会前臂、手腕发力摩擦球的动作。

（3）搓接固定旋转、落点的发球。

（4）斜线或直线对搓，在熟练的基础上结合各种搓球。

（5）搓球和攻球结合练习。

### 3. 搓球时的注意事项

（1）前臂、手腕僵硬，不会摩擦，只是碰击球，易吃旋转。

（2）滥用手腕，会造成臂、腕用力脱节。

## （五）发球

### 1. 发球方法

发球是乒乓球比赛中每一分的开始，是乒乓球技术中唯一不受对方制约和限制的技术，在规则允许的范围内，可以最大限度地施展自己的战术意图。发球的种类很多，根据旋转可分为转与不转和侧旋发球等。

（1）正手发下旋与不转球。持球手将球抛起后，持拍向后上方引拍，拍呈横状并略微前倾：①发下旋球时，手臂向前下方挥摆，用球拍下部靠左的位置摩擦球的中下部，触球瞬间手腕要有爆发力；②发不转球时，动作的轮廓与发下旋球时一致，用球拍下部偏右的位置，触球的中下部，触球瞬间用拍推球。

（2）反手发右侧上（下）旋球。站位在左半台，右脚稍前或平站，身体略向左偏斜，左手将球向上抛起，向左后方引拍，腰部略向左转动：①发侧上旋时，右前臂从左后向右上方加速挥动，直拍手腕做前伸，横拍手腕做内收腰部配合向右转，击球中部向右侧上方摩擦；②发侧下旋时，动作方法大致与发侧上旋球相同，区别在于：向左上方引拍，手臂向前下方挥摆，击球中下部向右侧下方摩擦，触球高度略高于网。

### 2. 发球练习

（1）徒手做抛球，接着做发球的模仿动作。

（2）两人一组，一人发球，另一人接发球，只进行发接球练习，要求定点定线。

（3）结合规则的要求对发球进行练习。

（4）发球结合抢攻，提高发球抢攻的意识。

### （六）接发球

1. 接发球方法

首先要判断好来球的旋转性能、力量大小、速度快慢和落点长短，然后决定回击方法和还击技术。接平快球和上旋球时，可用推挡和攻球来回击；接下旋球时，应将球拉起，击球的中下部，也可用搓球、削球或提拉、弧圈球等技术还击；接侧旋球（包括侧上、侧下）时，可采用把球回击到对方球拍移动的相反方向，用推挡、攻球等方法还击。

2. 接发球练习

（1）规定一种发球的旋转和落点，自己用一种或几种方法接，可集中精力熟悉一种发球。

（2）规定一套发球变化的规律（如一长一短、一转一不转等），自己用一种或几种方法接（在分辨不清某种发球的旋转变化时，用此练习效果最好），可提高判断能力。

（3）不限制发球的变化规律，全面练习接发球的技术。

### （七）弧圈球

1. 弧圈球方法

弧圈球是一种上旋力非常强的进攻技术，它与攻球相比，在对付强烈下旋球及低于网的来球时更加稳健，因此被广泛使用。

（1）正手弧圈球。左脚在前，右脚稍后，身体略向右扭转，腹微收，髋稍向右后方压转，左肩略高于右肩；击球时，右脚掌内侧蹬地，以腰髋的扭转带动手臂向左上方挥动；击球瞬间，快速收缩前臂，直拍的中指（横拍的食指）应加速以促成手腕在触球瞬间的甩动。①加转弧圈球：手臂在腰的带动下向后下方引拍，球拍低于来球，在来球的下降期或高点期，摩擦球的中部或中上部，以向上发力为主，略带向前发力。②前冲弧圈球：重心稍高于拉加转弧圈球，手臂自然向后引拍，球拍与来球同高或稍低于来球，在来球的上升后期或高点期，摩擦球的中上部或中部，以向前发力为主，略带向上发力。

（2）反手弧圈球。两脚基本上平行开立，腰、髋略向左转，稍收腹，肘关节略向前，出前臂向左后方划一小弧引拍，手腕下垂；击球时，两脚向上蹬伸，展腹，腰、髋略向右转，以肘关节为轴，前臂向上方发力，手腕配合用力，摩擦球的中上部。

2. 弧圈球练习

（1）徒手做模仿动作，认真体会动作要领。

（2）自抛自拉练习，体会腰、臂的协调用力。

（3）一人发平击球或下旋球至某一点，另一人练习拉。体会正确的击球点和触球瞬间的摩擦动作（可用多球进行）。

（4）一人推挡，另一人拉。定点定线，要求先轻拉，随着熟练程度的提高再增加力量和旋转。

（5）两点改三点对一点连续拉。要求拉者在左右移动中进行练习，范围由小到大，落点从有规律到无规律。

（6）对搓反手斜线，其中一方侧身抢拉或反手拉。

（7）一点搓两点，另一方搓中抢拉。

### 3. 拉弧圈球时的注意事项

（1）不会移动身体重心，只靠手臂发力，影响击球的力量和旋转。

（2）手臂伸得过直，球拍沉得过低，整个动作向上太多，缺少向前的力量。

（3）撞击球力量过大，摩擦力小，易吃下旋；引拍时向后拉手过多，球拍离身体太远，不易发力。

## （八）削球

### 1. 削球方法

削球是一种防御性技术，具有稳健性好、冒险性小的特点。通过旋转和落点的变化，调动对手，伺机反攻，使对手处于被动，甚至失误。

（1）正手削球。右脚稍后，身体略向右转，双膝微屈，拍形近似垂直，引拍至肩高附近；在来球的下降期，前臂在上臂的带动下，随着身体重心的移动向下、向前、向左挥动，触球的中下部，手腕控制好拍形并有摩擦球的动作。

（2）反手削球。左脚稍后，身体略向左转，拍形竖立，引拍至肩高，前臂在上臂的带动下，随身体重心的移动向下、向前、向右挥动，在来球下降前期触球的中下部，手腕控制好拍形并有一定的摩擦球动作。

### 2. 削球练习

（1）徒手模仿，做好引拍、挥拍等动作。

（2）用正手或反手削对方发来的平击球。

（3）斜线对斜线或直线对直线；用正手或反手削对方拉过来的球。

（4）一点削多点，或多点削一点。从有规律到无规律。

（5）削球与攻球结合练习。

### 3. 削球时的注意事项

（1）拍形过分后仰，易出高球或出界。

（2）引拍不到位，限制了前臂的下切动作。

（3）步法不到位，形成用手够球，难以控制球和加转。

## 三、乒乓球基本战术训练

### （一）发球、接发球战术

#### 1. 发球抢攻战术

发球抢攻是快攻型乒乓球运动员的重要战术之一。发球抢攻的战术意识首先是尽量争取发球直接得分；其次是迫使对方回球质量不高，从而赢得有利的进攻机会；最后才是迫使对方接发球不具备杀伤力，从而自己进行抢攻。

#### 2. 接发球战术

接发球战术是由某一单项攻（冲）球技术所形成的，进攻性强，可变接发球的被动地位为主动地位，也可直接得分，是乒乓球运动各种打法特别是进攻型打法的主要战术。

常用的接发球战术主要有以下几种：

（1）用快拨、快推和拉球回击，争取形成对攻的相持局面。

（2）用快搓摆短回接，使对方难以发力抢攻或抢拉。

（3）对各种侧旋、上旋或不强烈的下旋短球，可用"快点"技术回接。

（4）接发球抢攻或抢拉。

以上四种接发球战术，在比赛中可视场上具体情况灵活运用。选手可采用多种回接方法，给对方制造出各种困难，使其无法适应，从而破坏其发球抢攻或抢拉的战术意图。

### （二）对攻战术

对攻是进攻型打法选手互相对垒时常采用的一项重要战术。快攻类打法主要是依靠正手攻球、反手攻球、反手推挡或快拨技术，要充分发挥其快速多变的特点，以达到调动对方、有效攻击的目的；弧圈类打法主要是依靠正、反手两面弧圈球技术，充分发挥旋转的威力，以达到牵制对方、增加攻击效力的目的。常用的对攻战术有攻对方两角、对角线攻击、侧身攻、攻追身球、轻与重的结合攻、攻防结合等。

### （三）拉攻战术

拉攻战术是快攻打法对付削球类打法的主要战术之一。其主要是以连续正手快拉来创造进攻机会，机会出现后，采用突击和扣杀的手段来得分。

### （四）搓攻战术

搓攻战术是进攻型选手的一项辅助战术，主要是利用搓球的旋转和落点变化，为进攻创造机会。常用的搓攻战术包括以下三种：

（1）搓球落点变化，伺机进行突击。

（2）搓球转与不转相结合，变化落点伺机突击。

（3）搓拉与落点变化相结合，伺机突击。

### （五）削攻结合战术

削攻结合的特点是：由削球和攻球结合而成，常以逼对方两个角加转削球为主，伺机反攻；或以转、低、稳、变的削球，迫使对方在走动中拉攻，使其回球质量不高，从中寻找机会反攻。这种战术有"稳、逼、变、凶、攻"的特点，是攻、削结合打法的主要战术。

### （六）扣、拉、吊结合战术

扣、拉、吊结合战术的特点是：由拉攻战术与放短球相结合而成，是快攻型打法对付削球打法时常用的战术。

# 第五节　羽毛球运动训练

## 一、羽毛球运动概述

1873年，英国公爵鲍弗特在格拉斯哥郡的伯明顿庄园里进行了一次羽毛球表演。从此，羽毛球运动便逐渐开展起来，"伯明顿"也就因此作为羽毛球的英文名称。1893年世界上第一个羽毛球协会在英国成立，并进一步修订了规则，规定了统一的场地标准，确定了羽毛球的形状和重量。1899年在伦敦举行了全英羽毛球锦标赛。

1934年，由丹麦、英国、法国等十多个国家发起成立了世界羽毛球联合会（简称"国际羽联"），总部设在伦敦。国际羽联于1948—1949年举办了第一届世界男子团体赛，于1956年举办了第一届世界女子团体赛。国际羽联和世界羽联于1981年5月26日宣布合并，统称为"世界羽毛球联合会"。其管辖的主要比赛有汤姆斯杯赛、尤伯杯赛、世界锦标赛、全英羽毛球锦标赛和奥运会比赛等。羽毛球运动于1992年巴塞罗那奥运会开始进入奥运会，其中包括男女单打、男女双打共4个项目。

羽毛球运动是20世纪初传入我国的。1963年前后，随着华侨中的羽坛名将归国，我国羽毛球运动进入了鼎盛时期。进入20世纪80年代以来，中国选手在世界大赛中连续取得优异成绩。

## 二、羽毛球的基本技术训练

### （一）握拍

#### 1. 正手握拍法

通常正确的握拍与握手姿势非常相似。虎口对着拍柄内侧的小棱边，拇指和食指贴在拍柄的两个宽面上，中指、无名指和小指并拢握住拍柄，掌心不要紧贴，拍柄末端与小鱼际肌相平，拍面与地面基本垂直。

#### 2. 反手握拍法

在正手握拍的基础上，拇指和食指将拍柄稍向外转，食指稍向中指收拢，拇指第二指节顶贴在拍柄内侧的宽面上，中指、无名指和小指并拢握住拍柄，柄端靠紧小指根部，使手心留有空隙。

### （二）发球与接发球

#### 1. 发球方法

发球有正手发球和反手发球两种。根据球在空中飞行的弧线，可分为高远球、平高球、平快球和网前球等。现介绍正手发高远球技术和正、反手发网前球技术。

（1）正手发高远球。发高远球站位应靠近中线一侧，离前发球线约 1 米的位置。右脚在前，左脚在后，身体稍侧对网，两脚与肩同宽，身体重心放在右脚上。发球时，右臂后引，由下而上向右前方挥拍，同时左手放球。挥拍过程中，重心由右脚转到左脚。当球拍挥至右侧稍前下方（击球点）时，右前臂加速，握紧球拍，手腕由后伸经前臂稍内旋至屈收，急速向前上方闪动击球。击球后，球拍随势向左上方减速收回至胸前。

（2）正手发网前球。发网前球的基本动作与发高远球相仿，但站位稍靠前。由于网前发球飞行距离短、弧线低、用力轻，前臂挥动的幅度和手腕后伸的程度要比发高远球小；球拍触球时，拍面从右向左推送击球，使球刚好越网而过，落在对方前发球线附近。

（3）反手发网前球。站位靠近前发球线，左脚或右脚在前均可，身体重心在前脚，上体前倾，后脚脚跟提起。右手反握在拍柄稍前部位，肘关节提起，手腕稍前屈，球拍低于腰部，斜放在小腹前；左手持球在球拍面前方。发球时，球拍由后向前推送击球，使球的最高弧线略高于网顶，球过网而下落在对方前发球线附近。

#### 2. 发球练习

（1）徒手做发球前的准备姿势，模仿发球的动作练习。

（2）在场上两人对练发球或在空地上用多球进行发球练习。

（3）先练习发直线球，后练习发斜线球；先练习发定点球，后练习发不定点球。

（4）综合练习各种发球技术。

**3. 接发球方法**

（1）单打站位。通常站位是在离前发球线约1.5米靠近中线的位置。左脚在前、右脚在后，双膝微屈，身体重心放在前脚上。后脚脚跟稍抬起，身体半侧向球网，球拍举在身前，两眼注视对方。

（2）双打站位。由于双打发球区较单打发球区短，发高远球易出界和被对方扣杀。所以，双打发球多以发网前球为主，接发球时应站在靠近前发球线的地方。双打接发球的准备姿势与单打基本相同，略有区别之处是身体前倾较大，球拍高举，在球处于网上的最高点时击球。

**4. 接发球练习**

（1）开始练习接发球时，最好是采用固定的一种基本技术去接对方的单一发球（可用多球）。

（2）练习接球时应在对方球拍触球的瞬间观察球的飞行方向以提高判断能力。

（3）在上述基础上，还要进一步研究控制回球落点，以避免在接球后给对方较多的攻击机会。

## （三）击球

羽毛球的基本打法一般分为后场高空击球技术、网前上手击球技术、下手击球技术等。

**1. 后场高空击球技术**

后场高空击球技术是打好羽毛球的主要手法之一。根据其技术特点的不同，通常可分为高球、吊球和杀球（扣杀）。

（1）高球方法

高球分为高远球和平高球。高远球是指将球击得高而远，球飞至对方底线上空垂直落到有效场区内。平高球是从高远球发展来的，它的飞行速度比高远球快、弧线比高远球低，是后场进攻的有效技术之一。

①正手击直线高球和对角高球。在右后场区击球的位置上，左脚在前、右脚在后，稍屈膝。侧身对网，重心在右脚前掌上，左手自然上举，头抬起注视来球，右手持拍于身体右侧。击球前，重心下降准备起跳。起跳的同时右臂后引，胸舒展。当球降落至额前上方的击球点时，上臂往右上方抬起，肘部领先，前臂自然后摆，手腕尽量后伸，前臂急速内旋往前上方挥动，手腕向前闪动发力（手指由松突然握紧球拍）击球托，球即朝直线方向飞去。若手腕控制拍面击球托的右侧下部，球则向对角方向飞行。击球后，手臂随势自然收至胸前。

②头顶击直线高球和对角高球。由于来球是飞往左后场区，击球点应选择靠近头顶的位置。头顶击直线高球和对角高球的准备姿势和动作要领基本与正手击高球相似，但击球前要求上体稍弓身后仰，以便更好地发力。右上臂往右后上抬，球拍由右后绕过头顶，前

臂向前上方经内旋带动手腕突然屈收闪动发力，击球托，球即沿直线飞行。头顶击对角高球，握拍稍有改动，即用拇指和食指向内捻动拍柄，使虎口对准拍柄靠外的小棱边，球拍仍由右后绕过头顶，前臂向右前方内旋带动手腕屈收闪动发力，击球托的左部。击球后，由于前臂内旋明显，惯性作用大，手臂自然往前摆动。回收球拍时，前臂稍外旋，将拍置于胸前。

③正手头顶击平高球。正手头顶击平高球的准备姿势和动作要领与正手击高远球相似，主要区别在于击球点较击高远球稍前，拍形角度稍前倾。

（2）高球练习

①徒手练习击高球的模仿动作，体会动作要领。

②"一点打一点"，即固定直线或斜线对打。

③"一点打两点"，即一人先固定在底线某个角上，先后将高球击往对方底线两个点（直线加斜线高球）。

（3）吊球方法

把对方击来的高球，从后场轻击、轻切或拦吊到对方的网前区，叫吊球。吊球按飞行的弧线和击球动作的不同主要分为劈吊、轻吊和拦截（都有正手、头顶和反手之分）等。

下面以正手劈吊直线球和对角线球、正手轻吊直线球和对角线球为例进行介绍：

①正手劈吊直线球和对角线球。直线劈吊，击球前动作和击直线高球相似。击球时用力较轻，带有劈切动作，落点一般离网较远。不同点击球瞬间前臂突然加速，用手腕的闪动向前下方切击球托的右侧下部，使球越网下坠。击球后，手臂随势自然回收至胸前。对角线劈吊，击球前的动作同正手击对角线高球。不同点是在击球瞬间用加速的力量把球向对角方向切击。击球后，球拍随势自然回收至胸前。

②正手轻吊直线球和对角线球。轻吊击球前动作和劈吊动作相似，不同点是落点离网较近。击球时拍面正对来球，在接触的瞬间，轻切来球，使球一过网即下坠。

（4）吊球练习

①按动作要领进行模仿练习，体会动作要领。

②通过击定点球练习，体会"切击"动作，即采用"挑一点、吊一点"。

③做变方向的吊球练习，采用"挑一点、吊两点"。

（5）扣杀球方法

扣杀球是把高球用力向前下方重压、重切或重"点"击球，球飞行的弧线较直，落地快，对对方的威胁较大。扣杀球从手法上可分为正手扣杀、头顶扣杀和反手扣杀；从力量上又可分重杀（杀球力量较大）、轻杀（杀球力量较小）和点杀（力量不大，但速度较快，落点近前场），还有长杀（近底线）和劈杀（切劈）等。

①正手扣杀直线球和对角线球。正手扣杀直线球的准备姿势和动作要领与正手击高球技术大体相同。不同点是右脚起跳后，身体后仰呈反弓后收腹用力。前臂带动手腕用力下压，球拍正面击球托，击球点较击高球稍前，无切击，使球沿直线向前下方飞行。击球后

立即回动，右脚向前跨步要大，正手扣杀对角线球的准备姿势和动作要领与正手扣杀直线球相同。不同点是起跳后身体向左前方转动用力，协助手臂向对角方向击球。

②头顶扣杀直线球和对角线球。头顶扣杀直线球和对角线球的准备姿势和动作要领与头顶击高球相同。不同点是挥拍击球时，要尽全力往直线方向或对角方向下压。球拍面与击球方向水平面的夹角小于90°。

③反手扣杀直线球和对角线球。反手扣杀直线球和对角线球的准备姿势和动作要领与反手击高球相同。不同之处是击球前的挥拍力度要大，跳起后身体反弓加上手臂、手腕的延伸、外展。击球瞬间球拍与扣杀球的水平夹角应小于90°。

（6）扣杀球练习

①按动作要领进行模仿挥拍练习，体会动作要领。

②通过向前下方用力投掷羽毛球（或垒球），体会鞭打动作。

③做定位扣杀练习，即"杀一点或两点"的固定练习（或用多球进行扣固定扣杀球练习），并注意准确性。

### 2. 网前上手击球技术

（1）放网方法

放网是指运用网前放网技术使球回击到对方网前区域的击球，通常可分为正手放网前球和反手放网前球两种。

①正手放网前球。侧身对右边网前，右脚跨前成弓箭步，重心在右脚上。右手持拍于右侧体前约与肩高，拍面右边稍高，斜对网。左臂自然后伸起平衡作用。击球前，前臂稍外旋，手腕外展引拍至右侧前。击球时手腕稍内收，食指和拇指控制拍面和用力大小，轻切球托把球轻送过网。击球后，在身体重心复原的同时，收拍至胸前。

②反手放网前球。侧身对左边网前，右脚跨前成弓箭步，重心在右脚上。右手反手握拍，持拍于体侧前约同肩高，拍面左边稍高斜对网，左臂自然后伸。击球前，前臂稍内旋，手腕外展引拍。击球时手腕内收，拇指和食指分别贴在拍柄内、外侧的小棱边上，用拇指的推力轻托球把球送过网。击球后，随重心复原收拍至胸前。

（2）放网练习

①徒手挥拍模仿放网动作，体会动作要点。

②利用多球进行正、反手两个部位的放网练习。

③在本场区的中心位置进行上网放网练习。

（3）网前搓球方法

搓球是用网前搓球技术使球带旋转或翻滚而越网至对方前场近网区域内的击球方式。通常可分为正手网前搓球和反手网前搓球。

①正手网前搓球。正手网前搓球的准备姿势同正手放网前球。击球前，前臂外旋，手腕外展引拍至右侧。击球时在正手放网动作的基础上，加快挥拍速度，切搓球托底部或侧

部，使球旋转翻滚过网。

②反手网前搓球。反手网前搓球的准备姿势同反手放网前球。击球前，前臂稍往上举，手腕前屈，手背约与网高，拍面低于网顶。击球时，手腕和手指控制拍面角度，用肘关节和腕关节前伸稍下降及前臂稍外旋的合力，搓切球托的侧底部。另外也可在反手放网前球动作的基础上，前臂稍伸直，手腕由外展到内收，带动球拍向前切送，击球托的后底部。

（4）网前搓球练习

①徒手挥拍模仿搓球动作，体会动作要领。

②利用多球进行正、反手两个部位的搓球练习。

③一对一站在网前，做送球、搓球或对搓练习。

④在本场区中心位置进行不定点的上网搓球练习。

（5）网前挑球方法

挑球是将对方击来的网前球、吊球、杀球（轻杀）等挑高过网回击至对方后场底线附近区域的击球。它是网前挑球技术的泛称，通常可分为正手网前挑球和反手网前挑球两种。

①正手网前挑球。正手网前挑球准备姿势同正手放网前球。击球前，前臂充分外旋，手腕尽量后伸。击球时，从右下向右前方至左上方挥拍击球。在此基础上，若球拍向右前上方挥动，挑出的是直线高球；若球拍向左前方挥拍，挑出的则是对角高球。

②反手网前挑球。反手网前挑球的准备姿势同反手放网前球。击球前，右臂往左后拉抬时引拍。击球时，前臂充分内旋，手腕由屈至后伸闪动挥拍击球。若球拍由左下向左前上方挥动，则球向直线方向飞行；若球拍由左下向右前上方挥动，则球向对角线方向飞行。

（6）网前挑球练习。

①徒手挥拍模仿挑球动作，体会动作要领。

②利用多球进行正、反手挑球练习。

③进行固定线路的吊、挑球练习。

**3. 下手击球技术**

下手击球技术属于防守性技术，通常可分为接杀球和接吊球两种。

（1）接杀球方法

接杀球技术是指对方扣杀过来的球，己方利用接杀球技术将球回击至对方某场区内的接球技术，通常可分为正手接杀球技术和反手接杀球技术。这种技术在不同的位置上利用有关技术配合相应的步法和手法，可打出不同的球，即挡、勾、挑、抽球等。

（2）接吊球方法

接吊球技术是指对方吊过来的球，己方利用接吊球技术将球回击至对方某场区内的接球技术，通常可分为正手接吊球技术和反手接吊球技术。利用这种技术时，在不同的位置上利用有关技术，配合相应的步法和手法，可打出不同的球，即放、挑、勾球等。

（3）接杀球和接吊球练习

①按照动作要领进行正、反手接杀球及接吊球的放网、挡、挑等技术的模仿练习。

②利用多球进行练习。

③定位"一攻一守"的练习（先左或右半场，后再到全场）。

④进行不定位的全场攻守练习。

## 三、羽毛球的基本战术训练

### （一）单打战术

#### 1. 压后场战术

此战术是采用高远球或平高球反复压对方后场两角，造成对方被动，然后伺机采用杀球和吊球攻击对方空当。此战术用来对付初学者、后退步法慢和急于上网的对手较为有效。

#### 2. 发球抢攻战术

此战术主要是以发网前球和平快球为主，限制对方的进攻，迫使对方挑球。然后用杀球和吊球进攻对方的空当和弱点。发球抢攻战术主要用于对付防守能力较差的对手。在比赛进入最后关键时刻运用此战术往往会使临场经验不足的对手感到束手无策。

#### 3. 控制网前战术

此战术是通过各种手段主动抢先放网或故意让对方先放网，然后上网重复放网，并与搓、推、勾、扑球结合运用，造成对方网前直接失误或被动挑球，此时抓住有利时机大力扣杀或快速吊球。此战术主要用来对付后场技术较好而网前技术较差的对手。

### （二）双打战术

#### 1. 攻人

这是双打中常用的一种战术。对付两名技术水平高低不一的对手时，一般采用这种战术；对付两名技术水平相似的对手时也可以使用。集中攻击对方一名队员的战术，常能取得成功；在另一名队员赶来协助时，又会暴露出空当，在其不备时又可突袭之。

#### 2. 攻中路

守方左右站位时把球打在两人中间，可以造成守方两人抢接球或同时让球，限制守方在接杀时挑大角度的高球调动攻方，有利于攻方的封网。守方前后站位时把球下压或轻推在边线半场处，这种方法多是在接发网前球和防守反攻抢网时运用。这种球守方前场队员拦截不到，后场队员只能以下手击球放网或挑高球，后场两角便会露出很大空当，因而有机可乘。

### 3. 攻后场

这种战术常用来对付后场扣杀能力差的对手,把对方弱者调到后场后也可使用。此战术是用平高球、平推球、接杀挑底线把对方一人紧逼在底线两角移动,在对方还击出半场或网前高球时即可大力扣杀。如在逼底线两角时对方同伴要后退支援,则可攻击网前空当或向后退者打追身球。

### 4. 后攻前封

后场队员积极大力扣杀,在对方接杀放网、挑高球或企图反击抽挡时,前场队员以扑、搓、推、勾等技术控制网前,或拦截吊封前半场,使整个进攻连贯而又凶狠、凌厉。

## 第六节 网球运动训练

### 一、网球运动概述

网球运动的起源可以追溯到12—13世纪法国传教士在教堂回廊里用手掌击球的游戏。14世纪中叶,这种供贵族消遣的室内活动从法国传入英国,法国王储曾送网球给英王亨利五世。16—17世纪是法国和英国宫廷网球活动的兴盛时期。

1912年3月1日,在法国巴黎成立了国际网球联合会。目前该联合会已发展了100多个正式会员国。1980年,中国网球协会被接纳为正式会员。

中国的网球运动是在19世纪后期,由英、美、法等国的商人、传教士和士兵相继传入的。中国的第7届全运会上已有网球比赛项目。中华人民共和国成立后,网球运动在我国政府的关怀和重视下发展很快。1953年,在天津举行了全国四项球类(其中包括网球项目)运动大会。以后每隔一年或两年举办一次全国性网球比赛。网球作为小球中的一员很有可能成为我国的优势项目。

### 二、网球运动的基本技术训练

#### (一)东方式握拍法

东方式握拍法分为正手握拍法和反手握拍法。

正手握拍法要点:由拇指与食指形成的"V"字形虎口放在球拍把手的右上斜面,与拍底平面对齐,食指与其余三个手指稍分开,从拍下平面绕过来,食指下关节压在右垂直面上,拇指自然弯曲,握住右垂直面。击球时由手掌根部与食指下关节控制球拍。

反手握拍法是在正手握拍法的基础上，手沿逆时针方向旋转一个平面。其要点是：由拇指与食指形成的"V"字形虎口放在把手的左上斜面上，手掌根部贴在拍的左上斜面，与拍底对齐，食指与其余三个手指稍分开，食指下关节压在右上斜面，拇指一般贴在左垂直面上，拇指末节稍弯曲贴住左下斜面。

### （二）击球准备姿势

要点：面向对方场区站立，两脚开立略宽于肩，右手握拍柄，左手扶着拍颈部分，持拍于体前；两膝微屈，上体略前倾，脚跟稍抬起，重心置于前脚掌间，保持便于迅速起动的姿势，两眼注视对手或来球。

### （三）正、反手击球法

#### 1. 正手击球

以右手为例。右手握拍柄，左手扶拍颈上，拍头高于手腕，眼睛注视着对方来球。当判断出对方来球的方向时，球拍开始后摆，一直到拍头对着球场后方为止，向后挥拍的同时向右转体，在左脚迈出的同时左肩对网、屈膝使拍子下降到击球点，然后向前向上挥拍把球击出。击球后，球拍必须有力地继续向前挥动到左肩前面比肩较高处，然后迅速还原准备击下一个来球。

#### 2. 反手击球

以左手为例。反手击球与正手击球的身体动作基本相同，两者的不同之处是反手击球点应更靠前。所以，反手击球时必须更早地向球跨出左脚，并向右挥拍，当球飞向反手位置时，立即转动击球手的肩部，同时带动拍子后撤，形成侧身对网。击球时手臂充分前伸，与拍面垂直。

### （四）发球

基本的发球类型有三种，即侧旋球、平击球与强烈旋转球。其中最常用的是侧旋球。下面以右手握拍为例，介绍这三种发球技术：

#### 1. 侧旋球

发侧旋球时，左手抛出的球应离右肩至少 30 厘米。右手臂跟进动作是以自己身体的右上方迅速有力地划向下方。球的旋转是由拍面与球的接触角度以及身体、手臂的跟进动作产生的。为了加强发球的旋转性，应该尽量把手臂抬高，在高处发球。同时手臂与身体的跟进动作要尽可能一气呵成，不要中途停顿。

#### 2. 平击球

平击球是力量最大的发球，击出的球速最快，很少旋转，因此也称为"炮弹式"发球。发平击球的抛球动作与侧旋球是一样的。不同的是，其击球点靠前上方，要把拍面转过来正面对球，同时手腕从后向前抖甩下扣，使拍面与球后上方接触，球向前下方飞出。

### 3. 强烈旋转球

强烈旋转球也称为美式旋转球。这是一种难度很大的发球，一般只有具备熟练网球技术的高个子选手采用，发强烈旋转球，抛球较侧旋球低，球应抛向身体前上方。收拍要尽可能低，腰向右后方扭转，以保证有足够的动量使球强烈上旋。

### （五）接发球

（1）准备接发球时，身体重心稍高些。

（2）向前迎击球，主动进攻，不要被动应付。

（3）挥拍后摆动要小，把注意力集中在球上。

（4）击任何球时，手腕都要固定，拍头不能掉在手腕下面。

### （六）随击球与截击球

#### 1. 随击球

随击球是一种接近网前的打法，可以在球落地后打，也可以在空中打。击随击球的位置一般是在发球线附近，也就是底线和球网中间的地方。对方打过来较弱的球是击随击球的好机会。随击上网是网球运动中另一项重要的击球技术。

#### 2. 截击球

球落地前被凌空拦截，称为截击。截击球分正手截击球和反手截击球。这是一项很重要的基本技术，是战术中主动进攻得分的一种方法。

### （七）反弹球

反弹球是在球落地后，刚开始弹起来时立即打的球。

### （八）挑高球与高压球

#### 1. 挑高球

当自己处于被动或对方高压球不好时利用挑高球来破坏对方的优势，变被动为主动。

挑出线的高球，可以破坏对方的节奏，也可以迫使对方由网前退回底线，还可以调动对方前后左右奔跑，自己争取主动上网。

#### 2. 高压球

高压球又称扣杀或猛扣，即将对方挑过来的高球自上而下扣压到对方场区的球。高压球要及时侧身，早举球拍，眼睛看准球，找准击球点。高压球一般以平击高压为主，也可以用切削高压打出好的角度和落点。当对方挑高球挑得很高、很深时，可打落地高压球。打这种球要快速侧身后退，后退时眼睛不能离开球，要求步子退后，然后再向前做高压击球动作。

## 三、网球基本战术训练

### （一）发球战术

#### 1. 右区发球

站在右区发球时，第一发球一般采用平击大力发球。站位靠近中点，发向对方右发球区中线附近，迫使对方用反手接发球。第一发球若失误，则第二发球一般应采用侧旋球发向对方右发球区边线附近，利用侧旋迫使对方离开场区接球，自己则可以占据场中有利位置等待回击。

#### 2. 左区发球

站在左区发球时，第一发球有 90% 可以发到对方左边线附近，即对方的反手边，同时，根据对方的情况随时调整发球类型。左区第一发球的第二个目标是对方场区的中心线附近。这种发球的机会在比赛中大概占 10%，当对方为了接反手球而离中点较远时，可以突然采用平击大力发球，使对方不得不跑回场区中间用正手接球。这种发球具有突然性，往往可以直接得分。

### （二）接发球战术

#### 1. 右区接发球

当对方在右区发球后仍留在端线附近时，则回球可以把球击向对方端线的两角之一。

一般情况下，当对方把球发向自己的反手时，回球也击向对方的反手。记住，应把球击向安全范围内，不要企图一下子置对方于"死"地，接发球仅仅是比赛的开始。

#### 2. 左区接发球

当对方在右区发球后仍留在端线附近时，回球时则与对付右区发球的方法一样，把球击到对方两角之一。

这两种接发球的动作要领相同，手腕应固定，利用拍面与来球形成的不同水平角度来控制回球方向，球要击得深。

### （三）对角线战术

为了最大限度地调动对方，消耗其体力，应该设法让其做对角线跑动。

# 第八章 传统与时尚体育运动训练的科学方法

运动训练是为提高某种机能、掌握某种技能而进行的反复练习的过程。它是体育运动的组成部分之一，不论是传统的体育运动还是时尚的体育运动，都离不开运动训练。在开展体育运动训练时，必须借助一定的科学方法。本章将对传统与时尚体育运动训练的科学方法进行深入研究。

## 第一节 武术运动训练

武术产生于古时人们的狩猎与战争活动之中，是人们对搏斗技艺以及搏斗经验进行总结的成果。在几千年的发展中，武术逐渐形成了自身独特的技术体系，并成为一项深受人们喜爱的体育运动项目。

### 一、武术运动基本动作的训练

武术的基本动作是武术中最基础的动作，只有学好这些基本动作，才有可能真正学好武术。武术的基本动作包括以下几方面的内容：

（一）手型的训练

**1. 拳的训练**

拳的样式是五指卷紧，拇指压在食指、中指第二指节之上。拳分为拳面、拳背、拳眼、拳心、拳轮，拳心朝上（下）为平拳，拳眼朝上（下）为立拳。在训练时，要注意拳握紧、拳面平、直腕。

**2. 掌的训练**

掌的样式是四指并拢伸直，拇指弯曲紧扣于虎口处。掌分为掌指、掌背、掌心、掌根、掌外缘，手腕伸直为直掌，向拇指侧伸掌指朝上为立掌。在训练时，要保持掌心开展、竖指。

### 3. 勾的训练

勾的样式是五指的指尖捏拢在一起，分为勾尖与勾顶两部分。在训练时，要尽可能保持屈腕。

## （二）步型的训练

### 1. 马步的训练

马步的样式是两脚左右开立约为脚长的 3 倍，脚尖要正对前方，同时膝盖弯曲呈半蹲姿势，大腿接近水平，两眼平视前方两手抱拳于腰间。在训练时，要注意保持头正、挺胸、直背、立腰、扣足。

### 2. 弓步的训练

弓步的样式是左脚向前一步至少约是脚 4 倍的距离，脚尖稍稍内扣，左腿膝盖弯曲呈半蹲姿势，大腿接近水平，膝与脚尖垂直；右腿挺膝伸直，右脚尖稍稍内扣并斜向右前方。同时，两脚都要脚掌着地，上体正对前方，两手抱拳于腰间，两眼向前平视。在训练时，要注意挺胸、立腰，前腿弓、后腿绷，同时前脚尖与后脚跟保持在一条直线上，并要左右脚交替进行。

### 3. 虚步的训练

虚步的样式是两眼平视前方，双手叉腰，两脚前后开立，一只脚的脚尖斜向前，同时膝盖弯曲呈半蹲姿势，大腿与地面接近水平；另一只脚提起前移一步，脚跟离地，脚面绷平，脚尖稍稍内扣并虚点地面，以使重心落在后腿上。在训练时，要注意挺胸、立腰、虚实分明，并要左右脚交替进行。

### 4. 仆步的训练

仆步的样式是双手在腰间抱拳，两脚左右开立，一条腿向相同一侧迈一大步呈屈膝全蹲的姿势，大腿与小腿紧紧靠在一起，臀部与小腿靠近，脚掌全部着地；另一条腿挺直平仆，脚尖稍稍内扣，脚掌全部着地。同时，两眼要向平视挺直腿的一侧。在训练时，要注意挺胸、塌腰、沉髋，并要左右交替进行。

### 5. 歇步的训练

歇步的样式是两眼平视前方，双手在腰间抱拳，两腿交叉屈膝全蹲，在上方的腿要保持脚掌全部着地，脚尖外展；在下方的腿的脚跟要离地，臀部外侧紧贴后小腿。在训练时，要注意挺胸、塌腰，两腿靠拢贴紧，并要交替进行。

### 6. 丁步的训练

丁步的样式是两手抱拳于腰间，两腿并拢呈半蹲姿势，一只脚全脚着地支撑，另一只脚脚跟抬起，脚面绷直，脚尖稍内扣并虚点地面，与支撑脚内侧相靠。在训练时，要注意挺胸、立腰、虚实分明，并左右手脚交替进行。

### （三）手法的训练

**1. 冲拳的训练**

两眼目视前方；两脚左右开立，两脚之间的距离大致等同于肩宽；两手握拳（拳心向上、肘尖向后）分别抱于腰侧；一拳从腰间旋臂向前快速冲出，转腰、顺肩，在肘关节过腰后右前臂内旋，力达拳面，另一拳的肘部向后牵拉。在训练时，要注意挺胸、收腹、拧腰、顺肩、出拳快速且有力，同时出拳一侧的手臂要伸直，并与肩膀保持水平。

**2. 架拳的训练**

两眼目视出拳的反方向；两脚左右开立，两脚之间的距离大致等同于肩宽；两手握拳（拳心向上、肘尖向后）抱于腰间，一拳向下、向侧面、向上经头前向出拳一侧上方划弧并在上方旋臂架起，注意臂微屈、拳眼向下。在训练时，要注意松肩、肘微屈、前臂内旋，并左右手交替进行。

**3. 推掌的训练**

两眼目视前方；两脚左右开立，两脚之间的距离大致等同于肩宽；两手握拳（拳心向上、肘尖向后）抱于腰间，一拳由腰间旋臂向前立掌推出。在训练时，要注意挺胸、收腹、拧腰、顺肩，出掌快速且有力，出掌的手臂伸直，力达掌外沿，并左右交替进行。

**4. 亮掌的训练**

两眼目视亮掌的反方向；两脚左右开立，两脚之间的距离大致等同于肩宽；两手握拳（拳心向上、肘尖向后）分别抱于腰侧；一拳变掌，由腰间向身体侧面、向上划弧至头上方，臂呈弧形，掌心向前，虎口朝下，头随手的动作转动。在训练时，要注意挺胸、收腹、立腰、抖腕，抖腕、亮掌与转头要同时完成，并左右手交替进行。

### （四）步法的训练

**1. 击步的训练**

两眼向前平视；两脚左右开立，两脚之间的距离大致等同于肩宽；两手叉腰；上体稍前倾；后脚离地提起，前脚随即蹬地前纵，并且后脚在空中时要向前碰击前脚；落地时后脚先落，前脚后落。在训练时，要注意上体在跳起时保持正直并侧对前方。

**2. 垫步的训练**

两眼向前平视；两脚左右开立，两脚之间的距离大致等同于肩宽；两手叉腰；后脚离地提起，脚掌向前脚处落步，前脚立即以脚掌蹬地向前上跳起，将位置让于后脚，接着屈膝提腿向前落步。在训练时，要注意上体在跳起时保持正直并侧对前方。

**3. 弧形步的训练**

两眼向前平视；两脚左右开立，两脚之间的距离大致等同于肩宽；两手叉腰；两腿略屈，两脚迅速连续向侧前方行步（每一步都要与肩宽大致相同），走弧形路线。在训练时，要注意挺胸、塌腰，保持半蹲姿势和重心平稳，同时在落地时注意快速从脚跟转换为全脚掌，并要及时转腰。

### （五）腿法的训练

#### 1. 正踢腿的训练

两眼向前平视；两脚并立；两臂侧平举，两手呈立掌或握拳；一脚往前半步，同侧腿作为支撑，另一侧脚的脚尖勾起并向额前方猛踢。在训练时，要注意挺胸、收腹、立腰，踢腿后及时收髋并保持上体正直。左右腿要交替进行练习。

#### 2. 侧踢腿的训练

两眼向前平视；两脚并立；两臂侧平举，两手呈立掌或握拳；一脚往前半步并保持脚尖外展，另一脚的脚跟稍稍提起，上体右转90°，脚跟稍稍提起一侧的手臂前伸，另一侧手臂后举；手臂前伸一侧脚的脚尖勾紧向耳朵一侧踢起，同时此侧手臂屈肘立掌于右肩前或垂于裆前，另一侧手臂则屈肘上举亮掌。在训练时，要注意挺胸、立腰、开髋、侧身、猛收腹。左右腿要交替进行练习。

#### 3. 弹腿的训练

两眼向前平视；两腿并立；两手叉腰；一侧腿屈膝提起，要脚面绷直，保证大腿与腰在同一平面，在提膝接近水平时要迅速猛力挺膝、向前平踢，保持大腿和小腿成一条直线，并与腰保持相同的高度；另一侧腿伸直或微微弯曲作为支撑。在训练时，要注意挺胸、立腰、收髋、脚面绷直，向前平踢时快速且要有力。左右腿要交替进行练习。

#### 4. 外摆腿的训练

两眼向前平视；两脚并立；两臂侧平举，两手呈立掌或握拳；一脚向侧前方，另一脚脚尖勾紧并向反侧的上方踢起，经面前向同侧上方外摆，直腿落下。在训练时，要注意挺胸、塌腰、松髋、展髋，外摆幅度尽可能是较大的扇形，并左右腿交替进行。

#### 5. 侧踹腿的训练

两眼目视腿踹出的方向；两脚并立；两手叉腰；两腿左右交叉，一腿在前，稍屈膝，随即伸直支撑，另一腿屈膝提起，脚尖内扣，脚跟用力向侧上方踹出，高度要与肩大致平衡；上体向腿踹出的反方向倾斜。在训练时，要注意挺膝、开髋、猛踹，脚外侧朝上，力达脚跟。

### （六）平衡的训练

#### 1. 提膝平衡的训练

一腿伸直支撑，另一腿屈膝高提近胸，脚面要绷直，垂扣在支撑腿前侧。支撑腿一侧的手臂上举于头上亮掌，另一手臂反臂后举成勾手。在训练时，要注意提膝平衡时要挺胸、立腰、收腹。

## 2. 燕式平衡的训练

一腿支撑站稳，另一腿屈膝提起，两掌在胸前交叉，掌心向内。然后两掌向两侧直臂分开平举，上体前俯，脚面绷平向后上蹬。在训练时，要注意两腿伸直，上体前俯，挺胸、抬头、腰后屈。

## 3. 望月平衡的训练

一腿支撑站稳；两手左右分开上摆亮掌；上体侧倾拧腰向支撑腿同侧方上翻，挺胸塌腰；另一腿在身后向支撑腿的同侧方上举，小腿屈收，脚面绷平；两眼目视支撑腿方向。在训练时，要注意展髋、拧腰、抬头。

## 4. 扣腿平衡的训练

以左腿扣腿平衡为例，支撑腿屈膝半蹲；另一腿屈膝外展，脚尖绷平或勾起，踝关节紧扣于支撑腿的膝后腘窝处。在训练时，要注意挺胸、塌腰。

## 5. 仰身平衡的训练

以右腿仰身平衡为例，右腿做支撑腿伸直或稍屈站稳，上体后仰接近水平；另一腿伸直向体前上方举出，双臂分别向两侧平展。在训练时，要注意挺胸、抬头，脚面绷平。

## 二、武术运动基本功的训练

对任何一项体育运动来说，只有练成了扎实的基本功，才能更好地掌握这项体育运动。因此，在进行武术运动训练时，不能忽略武术运动基本功的训练。而武术运动基本功的训练，可具体从以下几个方面着手：

### （一）肩功的训练

通过肩功训练，可以使肩关节韧带的柔韧性得到大大增强，同时使肩关节的活动范围得到大大扩展。此外，肩功的训练还有助于臂部力量的增强，锻炼上肢的灵活性。一般而言，可通过以下几种方法进行肩功训练：

#### 1. 压肩

面对肋木或一定高度的物体开步站立，与肩同宽或者略宽，两手抓握肋木，上体前俯下振压肩；也可两人面对面站立，互相扶按肩部，做体前屈振动压肩动作。在压肩时，要尽量向下压，压到最大程度后保持几秒钟，同时双人压肩时不可过于用力。

#### 2. 转肩

两脚开步站立，两手握棍在体前，和肩同宽，然后上举绕至体后，再从体后向上绕至体前，往复一周。转肩时，身体保证挺立，转肩过程中两臂要保持伸直。另外，可根据自身实际情况对两手握棍的距离进行调节。

### 3. 仆步抡拍

仆步抡拍练习能有效提高习武者肩关节的灵活性和活动范围。在练习时，两脚开立，上体左转成左弓步，同时右掌向左前下方伸出，左掌心向里，插于右肘关节处；保持上动不停，上体右转成右弓步，同时右臂由左向上、向右抡至右上方，左掌下落至左下方；保持上动不停，上体右后转，同时右臂向下、向后抡臂划弧至后下方，左臂向上、向前抡至前上方；保持上动不停，上体左转成右仆步，同时右臂向上、向右、向下抡臂至右腿内侧拍地，左臂向下、向左抡臂停于左上方，目随右手。练习时要注意两臂伸直，向上抡臂贴近耳，向下抡臂贴近腿，以腰带臂完成整个抡拍动作。

### （二）腰功的训练

在武术运动中，腰部的运用是很多的，因而要注意腰功的训练。进行腰功训练，最为主要的目的是增加腰部肌肉群的柔韧性及弹性，从而加大腰部的活动范围。在练习腰功时，可以采用以下几种方法：

#### 1. 俯腰

俯腰有前俯腰和侧俯腰之分。练习前俯腰时，要两脚并步站立，两手交叉，直臂上举，手心向上，上体前俯，膝关节挺立，两掌心尽量贴地；也可两手松开，分别抱住两腿跟腱处，胸部尽量贴近腿部，持续片刻后再站立。整个练习过程中要注意两腿挺膝伸直，挺胸、塌腰、收髋、前折体。在练习侧俯腰时，两腿并步站立，两手的手指交叉，直臂上举，掌心朝上。上体左转向左侧下屈，两手掌心触地。持续片刻后再起身做另一侧。两腿挺膝伸直，两脚不能移动，上体尽量下屈。

#### 2. 甩腰

开步站立，两臂上举，以腰、髋关节为轴，上体做前后屈动作，两臂也随着摆动。甩腰时，动作要快速、紧凑、富有弹性。

#### 3. 涮腰

开步站立，以髋关节为轴，上体前俯，两臂向前下方伸出。之后以臂带腰做向前、向左、向后、向右翻转绕环。涮腰过程中以腰为轴，两脚固定不动，借助上体的前俯、后仰，两臂尽量向远端伸出，以增大绕环的幅度。

#### 4. 下腰

两脚开立，与肩同宽，两臂伸直上举。腰向后弯，抬头、挺腰向上顶，两手撑地呈桥形，也可两手扶墙做下腰动作练习。弯腰后要求挺膝、挺髋，腰向上顶，脚跟不可离地。

### （三）腿功的训练

进行腿功训练，对于增强腿部和髋关节的柔韧性、灵活性和协调性具有重要的作用。同时，腿功的训练有助于腿部力量的增强。一般而言，武术运动中的腿功训练可通过以下几种方式进行：

1. 压腿

压腿包括正压腿、侧压腿、后压腿、仆步压腿，下面只对其中的正压腿与侧压腿进行阐述。正压腿时，要面对肋木或一定高度的物体时，并步站立。将左腿抬起，脚跟放在肋木上，脚尖勾紧，两手扶按在膝上。两腿伸直、立腰、收髋，上体前屈，向前下做振压运动。侧压腿时，要侧对肋木或一定高度的物体站立，用右腿支撑，脚尖向外展，左脚跟放在肋木上，脚尖勾紧，右臂上举，左掌附在右胸前，上体向左侧振压。练习过程中左右腿交替进行。后压腿时，背对一定肋木站立，上身挺直，然后左腿支撑，右腿后伸，将脚背放在与髋同高的物体上或稍高的物体上，脚面绷直，上体做后仰的压振动作。练习时，要注意支撑脚保持稳定，支撑腿伸直，尽量加大上体后仰幅度。仆步压腿时，两腿左右开立，右腿屈膝全蹲，全脚着地，左腿挺膝伸直，脚尖里扣；然后两手分别抓握两脚外侧，转成左仆步向下压振。接着右脚蹬地，左腿伸膝，重心左移，左膝弯曲，转成右仆步向下压振。练习时，要注意挺胸、塌腰、沉髋，使臀部尽量贴近地面，左右移动不要过快。

2. 扳腿

扳腿包括正扳腿、侧扳腿、后扳腿，这里只对正扳腿进行阐述。正扳腿时，右腿直立，左腿屈膝上提，右手握住左脚外侧，左手抱膝，之后右手握住左脚向上扳，同时左腿挺膝向前上方举起，左手压住左腿膝关节。

3. 劈叉

劈叉有横竖之分，横叉是两臂侧平举或在体前扶地，两腿左右分开成直线，脚内侧着地或者脚尖上翘，要求挺胸、立腰、展髋、挺膝；竖叉是两臂侧平举或扶地；两腿前后分开成直线，左腿后侧着地，脚尖朝上，右腿内侧或前侧着地，要求挺胸、立腰、沉髋、挺膝，两腿成一条直线。

4. 控腿

控腿包括前控腿、侧控腿、后控腿，这里主要分析一下前控腿的练习方法。

以左腿前控腿为例，右手扶肋木，侧向肋木并步站立，左手叉腰或侧平举。左腿屈膝前提，脚尖绷直或勾紧，慢慢向前上伸出，停留片刻再还原。训练时，要注意挺胸、立腰、支撑腿直立、站稳，尽量向前、向上控腿。

（四）桩功的训练

在武术运动的基本功中，桩功是较为独特的一项内容。它是通过静站对练习者的气息进行培养，并促使练习者的身体力量得到有效增强。在进行桩功训练时，可以采用以下几种方式：

1. 马步桩

两脚平行开立，约脚长的3倍。脚尖朝前，屈膝半蹲，大腿接近水平，全脚着地，身体的重心落在两腿之间。两臂微屈平举在胸前，掌心向下，目视前方。也可两手抱拳在腰间。马步桩要求挺胸、直背、塌腰，做深呼吸，静站的时间逐渐增加。

2. 虚步桩

两脚前后开立，右脚外展45°，屈膝半蹲，左脚脚跟提起，脚面绷直，脚尖稍微内扣，虚点地面，膝微屈，身体重心落在右腿上。两手抱拳在腰间，目视前方。

3. 升降桩

两脚平行开立，脚间距与肩同宽，两膝微屈，两肘稍屈，两手心向下，举于胸前，然后配合呼吸，做升、降动作。训练时，要注意头颈正直，沉肩垂肘，松腰敛臀，上体正直，同时升时配合吸气，小腹外凸；降时配合呼气，小腹内凹。

## 第二节 搏击运动训练

搏击运动包含的内容是十分丰富的，有散打、摔跤、跆拳道、空手道、自由搏击等。同时，每一种搏击运动都形成了自己独特的训练方法。这一节，将着重阐述散打运动的训练方法。散打运动是一种竞技搏击类体育项目，既是技术的较量，也是智慧与应变能力的较量。

### 一、散打运动基本动作的训练

#### （一）基本姿势的训练

散打基本姿势即实战前的准备姿势，又称"起势"或"格斗势"。只有基本姿势正确，才能在散打过程中有效地进行进攻和防守，并灵活地进行步法移动。

散打的基本姿势是由四部分内容构成的，即头部姿势、上肢姿势、躯干姿势和下肢姿势。同时，散打的基本姿势有左势和右势之分，左势就是左脚在前的姿势，右势就是右脚在前的姿势。这里以右势为例进行说明。

头部姿势：下颌内收，眼睛注视对方面部，并用余光兼顾对方全身的活动，牙齿合拢，用口鼻协同呼吸。

上肢姿势：右手握拳抬起，屈肘90°~120°，拳高与右肩平，右肘下沉，拳心斜向下，左拳轻握置于下颌左侧，屈肘80°~90°，左肘轻贴身体。

躯干姿势：头颈部正对前方，含胸、收腹、收臀，肩部放松，气沉于丹田，人体重心位于两脚中间。

下肢姿势：双脚前后开立，距离略宽于肩，两脚左右距离10~15厘米，右脚尖稍内扣，斜朝前方，脚前掌用力担负支撑，左足跟抬起约2厘米，前脚掌着地斜向前方，两膝微屈，左膝稍内扣，下肢肌肉保持一定紧张度即可，不可僵硬，以免造成过分紧张。

### （二）基本步法的训练

在散打中，步法的好坏将对散打技术的掌握与运用产生重要的影响。而且，只有掌握了基本步法，才能在实战中灵活地移动脚步，继而有效地进行攻击或躲避对方的攻击。

在散打运动中，基本的步法有滑步、垫步、环绕步和弹跳步。其中，滑步是散打中运用最多的步法，其最基本的技术原则是想移动到哪个方向，此方向的脚就要先移动，接着另一脚跟上；后动脚的移动距离要与前动脚的移动距离相同；后动脚的跟进要平稳且迅速。

垫步在散打运动中也经常被用到，有前垫步和后垫步之分。前垫步是右脚掌蹬离地面向前移动一步，左脚在右脚着地后向前移动一步，保持基本姿势不变；后垫步则相反。垫步的基本技术原则是想移动到哪个方向，反方向的脚就要先动，接着另一脚迅速跟进。在这一过程中，要注意基本姿势应保持不变。

环绕步的技术要求是从基本姿势开始，右脚前脚掌蹬地，同时左脚借右脚蹬地之力向左滑动一小步，右脚随即向左滑动一大步，保持基本姿势不变，右脚向左滑动时不能超过左脚。

弹跳步的基本要领是：双脚前掌发力弹离地面，保持基本姿势向任何方向跳动，双脚可同时落地，也可稍前后落地。弹跳步要轻快，不能跳得过高。

### （三）基本拳法的训练

在散打运动中，出拳的速度、力度和方式等，对于能否有效地攻击对方有着重要的作用。因此，在进行散打运动训练时，必须要包括拳法的训练。

散打运动中的拳法，主要有直拳、摆拳和勾拳。直拳又称"冲拳"，属于直线进攻拳法，行走的路线较短，是诸多拳法中最优秀的一种。它可直接攻击对手，也可在其他技法的掩护下出击，还可在后退中出击。此外，在散打运动中，直拳还能够对手的视线，继而用腿和其他技法对其进行攻击。直拳有左右之分，以左直拳为例，它的训练是左脚在前，实战步。前脚掌蹬地，身体稍左转，重心稍前移，左拳向前击出，右拳放于下颌外侧待发，随即拳顺原路收回成实战步。

摆拳又称"掼拳"，是从两侧对对手进行攻击，因而属于弧线进攻拳法。这种拳法有较大的攻击力量，而且击得较远。同时，它能直接攻击对手面部，也能在直拳和其他技法的掩护下进攻，还能在退步中或乱战中发拳。摆拳有左右之分，以左摆拳为例，它的训练是左脚在前，实战步。上体微向右转，同时左拳向外、向前、向里横掼，臂微屈，拳心朝下，力达拳面或偏于拳眼侧，右拳护于右腮，目视前方。

勾拳又称"抄拳"，是一种有较大的击打力量的拳法，可以直接击打对方腹部或面部。这种拳法可直接攻击对方，也可以配合摆拳、蹬腿、弹腿、防守动作出击，还可防对手近身施摔，并在虚摔的掩护下出击。勾拳有左右之分，以左勾拳为例，它的训练是左脚在前，实战步。身体右转，重心略下沉，同时左脚掌蹬地，脚跟外转，向右上挺髋，左拳借此力向右上出击，肘弯曲90°~110°，拳心朝里，力达拳面，目视前方。

### （四）基本腿法的训练

在散打运动中，腿部是运动较多的一个部位，而且腿法在实战中的运用也较多。散打运动中的腿法主要有蹬腿、踹腿和鞭腿。

蹬腿是用脚底部位向前直线蹬出，动作略同直拳，具有较大的杀伤力，在实战中实用价值很高。蹬腿低可击腿，高可蹬面，能向四面八方蹬。蹬腿的训练以左正蹬为例，左脚在前，实战步，右腿直立或稍屈，左腿提膝抬起，大腿尽量靠近胸腹部位，脚尖勾起，脚底向前蹬出，同时上体稍后仰，力达脚前掌。

踹腿是比赛中使用率较高的腿法之一，它直线运动，速度快、力量大，不易防守，而且配合步法运用，变化多，易于在不同距离上使用。踹腿的训练以左踹腿为例，左脚在前，实战步。右腿直立或稍屈支撑；左腿屈膝抬起，小腿外摆，脚尖勾起，脚掌正对攻击目标，展髋，挺膝向前踹出，力达脚掌，上体可侧倾。

鞭腿又称"边腿"，是从旁边攻击对方。鞭腿在实战中实用价值最高，它出收腿速度快，进攻力量、高低随意，因而被运用得非常多。鞭腿的训练，以左鞭腿为例，左腿在前，实战步。右腿直立或稍屈支撑，上体稍向右侧倾；同时左腿屈膝向左侧摆起，扣膝，绷脚背，随即挺膝向前弹踢小腿，力达脚背至小腿下端。

### （五）肘击法的训练

在散打运动中，肘击法有着很大的威力。散打运动中的肘击法主要有两种，一种是顶肘，另一种是盘肘。顶肘是使用肘尖顶击对手，它分上、中、下三层次，也就是上顶面、中顶胸、下顶腹，前后左右都可以运用顶肘。平顶肘动作过程：从基本姿势开始，左脚前进一步，同时左肘向前平顶，右掌猛推左拳，力达肘尖，目视攻击目标。盘肘是从侧面攻击对手，呈弧线形进攻的肘法，它进攻有力，多数攻击对方的肋和腹部。盘肘的动作过程：从基本姿势开始，左脚向前一步，同时左前臂内旋，上体向右猛转体，屈肘时用前臂外侧向前横打，目视对方，也可以向左右侧上部，同时使用盘肘。

### （六）膝击法的训练

膝盖是一个较为坚硬的部分，运用它进行攻击也会产生较大的进攻力量。因此在散打运动中，膝盖的运用也是很多的。而且，在近距离拳、肘乱战中突然使用顶膝，会使对手

· 195 ·

猝不及防，继而获得制伏对手的重要时机。

散打运动中的膝击法主要有顶膝（屈膝由下向上顶击对方身体，力达膝尖）、冲膝（屈膝向前冲撞对方身体，力达膝前部）、侧顶膝（屈膝由外向内顶击对方身体，力达膝尖或膝后部）、横撞膝（屈膝由外向内撞击对方身体，力达膝内侧）。

### （七）摔法的训练

摔法，也称跌法，因其在比赛中2秒内摔倒对手才得分，所以习惯上称快摔。快摔技术的合理运用是得分取胜的有效手段，同时也能给对手在精神上造成很大压力，并能极大消耗对手的体力。快摔是中国散打的特点。

散打运动中的摔法，主要有抱腿别腿摔、接腿勾腿摔、接腿上托摔、接腿涮摔、格挡搂推摔。其中，抱腿别腿摔是当对方用左边腿对自己的上体进行攻击时，就要迅速向对方靠近，用右手从上抓其左脚腕，并屈左臂用肘窝夹住其左膝窝，随即躬身用左手由裆下穿，用左手掌扣住其右膝窝，右手往右后扳拉其左脚腕。身体右后转，同时下降重心，右手继续向右后扳拉，形成力偶，迫使对方瞬间失去重心而倒地。接腿勾腿摔是当对方用右侧弹腿踢击时，左手抄抱其小腿，右手由对方右肩上穿过，下压其颈部；同时左手上抬，右脚向前上方踢其支撑腿将对方摔倒。接腿勾腿摔要点是拨颈、勾踢协调有力。接腿上托摔是当对方用右正蹬腿踢击时，两手抓握其小腿下端，随即屈臂上抬。两手挟托其脚后，同时上右步，向前上方推展将其摔倒。接腿上托摔的要点是抓脚准，托推动作连贯一致。接腿涮摔是当对方用右侧弹腿踢击时，双手抓握对方右脚，双手向左拉其右脚，随即向下，向右上方呈弧形摆荡将其摔出。接腿涮摔的要点是抓握要准确、牢固，右拉和弧形摆荡动作要连贯、有力。格挡搂推摔是对方左脚在前，用左冲拳或掼拳向你头部击来。你用右手臂上架来拳，并屈臂顺势向右后经由对方左臂外侧由上往下滑动，用力卡住其左臂。上左腿，右手下滑至对方左大腿时，向回按扒，同时用左手猛推对方左胸部，使其失去重心倒地。

## 二、散打运动组合动作的训练

### （一）左冲拳—左踹腿的训练

双方由实战姿势开始，一方疾步以左冲拳击打对方面部，随后直接以左踹腿踢击对方腹部。在运用这一技术组合时，要求出拳要快，左踹腿可以向前，也可以向身体右侧踹击，以防对方后退改变路线。

### （二）右踹腿—左右冲拳的训练

双方由实战姿势开始，一方垫步以右踹腿踢击对方腹部，随后直接以左右冲拳连击对方面部。在运用这一技术组合时，要求出腿要快，在右脚落地的同时出拳。

### （三）左踹腿—右踹腿的训练

双方由实战姿势开始，一方滑步以左踹腿踢击对方腹部，随后左脚落地，直接以右踹腿踢击对方的胸、头部。在运用这一技术组合时，要求第一腿踹完后，身体重心快速向左转移，以便起动右踹腿。

### （四）左侧弹腿—左右冲拳—左踹腿的训练

双方由实战姿势开始，一方垫步以左弹腿踢击对方腿部，随后直接以左右冲拳，连击对方面部，然后垫步以左踹腿踢击对方胸头部。在运用这一技术组合时，要求前三个进攻动作主要是打点，不一定力度很大，主要以左踹腿击打对方。

### （五）左冲拳—抱腿前顶摔的训练

双方由实战姿势开始，一方疾步以左冲拳击打对方面部，随后进步抱住对方双腿，以抱腿前顶摔将对方摔倒。在运用这一技术组合时，要求出拳要快；进步抱腿时身体下潜要快。

## 三、散打运动动作训练的常用方法

在进行散打运动的动作训练时，可以借助于以下几种方法：

### （一）单个技术练习法

单个技术练习法就是在对动作要领了解与熟悉之后，以其为依据进行单个动作练习。这种练习方法重点要求体会动作的要领和细部环节，提高单个技术的水平，逐渐形成正确的动力定型。

### （二）组合技术练习法

组合技术是散打技术训练的重点内容。在熟练掌握单个技术动作后，就要过渡到组合技术训练阶段。这一阶段的主要任务就是把进攻和防守中的某几种方法编串起来反复练习，促进练习者对散打技术运动规律的认识，以提高组合技术运用的协调能力。

在组合技术练习过程中，同样包含两部分内容：第一，进行固定组合技术的练习，即把散打技术中常用的、有规律的一些组合技术提取出来进行单独、反复的练习，以使练习者掌握基本的组合技术，熟知技术运用规律，锻炼练习者的机体协调性等。第二，进行随机组合技术练习，它是组合技术训练的高级阶段。这一阶段必须配合练习者的意识，通过假设中的对手，运用随机的组合技术进行想象中的攻防练习，以提高攻防意识及技术运用的能力。

### (三)攻防练习法

散打技术训练中的攻防练习法有不接触式攻防练习法和接触式攻防练习法两种。

#### 1. 不接触式攻防练习法

不接触式攻防练习法就是在双方肢体不接触的前提下,两人一组进行攻防练习,目的是提高对对方攻防动作的判断和及时做出相应动作反应的能力。

#### 2. 接触式攻防练习法

接触式攻防练习法就是在双方肢体接触的前提下,一人进攻,另一人防守。在练习的初始阶段,可规定进攻方用简单的单个技术进攻,防守方反复练习基本的防守技术,这一阶段一般采用原地练习的方式进行;随着练习者的反应能力、技术运用合理性等方面的不断提高,逐渐过渡到组合技术进攻,循序渐进地提高练习者的反应能力、技术运用的合理性等各方面的能力,这一阶段主要通过结合步法,在不断运动的状态中进行。

### (四)实战练习法

实战是双方在紧张、激烈和瞬息万变的情况下运用方法,提高技术。实战是检验和提高技战术的最重要的训练方法,是完全按照比赛的规定和要求进行的练习,是总结、积累实战经验的有效措施,其对抗激烈、真实性强,是散打训练的高级阶段。

## 第三节 街舞运动训练

街舞原是一种民间舞蹈,现已演变成集舞蹈、音乐、时装于一体的一种新概念的文化形式。由于这种舞蹈常出现在街头,不拘泥场地和表现形式,每个人都可以自由、放松地按照自己喜欢的方式移动身体,又具有极强的表演性和参与性,因而深受现代年轻人的喜爱,并迅速流传开来。

### 一、街舞运动基本动作的训练

街舞的基本动作是街舞的核心,只要掌握好这些基本动作,便能以此为基础创编出各种各样风格的街舞。概括来说,街舞的基本动作可以分为上肢动作、下肢动作和躯干动作。

#### (一)上肢动作的训练

上肢动作包括手臂的摆动、举、屈伸、环绕、波浪等,并涉及对称动作、不对称动作、单手动作、双手动作等内容。在练习上肢动作时,要注意和身体的弹动配合起来,做到协调统一,活泼而有动感。

## （二）下肢动作的训练

下肢动作主要指的是步法，包括踏步、侧向踏步、侧滑步、开合步、交叉步和前侧点步。在练习踏步时，要一腿屈膝抬脚，上体收腹向下压；在练习侧向踏步时，要一腿屈膝抬脚，上体收腹向下压，接着向同侧落腿，同时上体展腹抬起；在练习侧滑步时，要一腿向同侧跃出一步，双臂自然打开，同时另一腿向反方向跟步侧滑，并原地踏步一次；在练习开合步时，要双腿向外跳成分腿屈膝，然后向内跳成合腿；在练习交叉步时，以右腿交叉步为例，右腿向右侧踏步一次，左腿踏步落在右腿后侧；右腿继续向右侧踏步一次，提左膝，同时前压上体，然后并步落地；在练习前侧点步时，一脚前点，同时双臂体前直臂交叉，接着侧点同时双臂向侧打开。

## （三）肢体动作的训练

肢体动作包括的内容是很多的，这里着重介绍以下几个肢体动作：

第一，头转，用头转，训练时要注意用手和脚去配合旋转。

第二，绕肘，训练时右臂肘关节由内向外绕360°至右臂侧平举；左臂肘关节由内向外绕360°至左臂侧平举。

第三，顶肩，以顶右肩的训练来说，要右手半握拳，右臂屈肘，随右肩自然摆动，左臂自然下垂，五指自然分开。

第四，含展胸，训练时两腿并立，一腿向同侧一步，重心在两腿之间，同时做展胸动作，接着另一腿与侧步腿并拢，同时做含胸动作。

第五，单臂分腿转，训练主要是依靠手臂转换完成，一手做圆形的动作而不运用身体的力量，另一只手再做同样的动作。

第六，膝关节弹动，训练时要两腿并立，膝关节自然屈伸，两臂于体侧自然下垂。

第七，扣膝转踝，以右扣膝转踝来说，训练时要右腿向右侧一步，膝关节向外转，脚跟顶起向内转动，同时右前臂旋；右脚跟向外转动，膝向内扣，同时右前臂内旋。

第八，倒立手转，训练时用一只手倒立，尽可能地旋转直到脚着地为止。

第九，手掌分腿平衡，训练时大腿放在背后，膝盖放在肩膀或靠近耳朵的位置，小腿在前面，用手或脚或是两者使身体平衡。

## 二、街舞运动拓展动作的训练

街舞运动的拓展动作是在基本动作的基础上形成的，掌握了拓展动作，可以使街舞变得更加多样化。

## （一）侧屈体单臂支撑的训练

上体前倒，双手撑地，一腿弯曲蹬地，另一腿后上摆；当摆动腿摆至与地面垂直时，蹬地腿上摆倒立，然后推右手，右腿伸直侧落，左腿后屈，或两腿侧落，身体右侧屈，使身体重心落在左手上。在训练这一动作时，要特别注意以下几个方面：

第一，蹬摆腿的力量要适当。

第二，在推手时要注意迅速将重心转移到支撑臂上。

第三，在双手撑地时要注意含胸顶肩。

第四，在倒立时要注意顶肩、立腰。

## （二）手倒立的训练

上体前倒，双手撑地，一腿蹬地另一腿上摆，当摆动腿摆至与地面垂直时，蹬地腿上摆成倒立或屈膝倒立，含胸、顶肩、立腰，身体重心落在两手上。在训练这一动作时，需要注意的事项与侧屈体单臂支撑训练需要注意的事项相同。

## （三）无限头转的训练

固定腰部，使身体以垂直的角度转动。在训练这一动作时，以下三个方面要特别予以注意：

第一，要保持好身体的重心，并注意在转动的过程中不断寻找重心。

第二，在不断增加回转圈数的同时要注意速度。

第三，在重心稳定时要注意同时放开双手。

## （四）单腿全旋的训练

以右腿全旋为例，训练时要左腿全蹲，右腿侧伸开始，右腿沿地面经前向左绕跃，同时上体在两手支撑作用下，向左、右侧依次移动，并使右、左手离地让右腿绕过再撑；右腿绕至左脚时，左脚蹬地稍提臀腾空，让右腿迅速绕过至右侧方，回到开始姿势。在训练这一动作时，以下两个方面要特别注意：

第一，绕腿时，必须与上体重心移动相配合。

第二，右腿绕至左脚时，身体重心要前移。

## （五）风车的训练

左手靠近身体左侧撑地，左肘内夹靠住腰侧，右手在前撑地，两脚大分腿；左脚蹬地抬起，往右斜下方用力摆腿，同时左手放开，身体由左侧倒，沿着手臂至背部顺序着地，腰部稍抬起，两腿依次摆动，带动身体转动成俯卧；双手迅速撑地，使身体撑成开始姿势，然后再按照同样的步骤重复进行。在训练这一动作时，以下几个方面要特别注意：

第一，起步时脚要用力摆，手放开的时机要得当。

第二，转动风车时要大分腿。

第三，转动过程中尽量不要用脚碰触地面。

### （六）托马斯的训练

双脚张开呈大字形，然后左手伸直撑地。左脚用力往右脚脚跟的方向扫，右脚朝头的方向用力踢高，与此同时左脚也必须往头的方向用力踢高，使两只手撑着地面，双脚腾空，腰往前挺直，然后左脚继续保持在空中，右脚往斜后方拉回原来右脚起步的方向，左手远离地面仅剩右手撑住整个身体。在训练这一动作时，以下三个方面要特别注意：

第一，脚扫动的力量和腰力要够大。

第二，脚要有画圆的感觉。

第三，要把握好换手的时机。

## 第四节 形体训练

形体训练是一项以人体科学理论为基础的优美、高雅的健身项目，也是一种将健身、塑形、美体、矫正身体形态缺陷、培养气质融为一体的科学训练方法。它起源于芭蕾、舞蹈、体操的基本功训练，简单易行，适用性强。

### 一、形体基本姿态的训练

#### （一）基本站姿的训练

在形体训练中，站姿训练是最为基础的一项训练内容，对练习者保持良好的身体形态具有重要的作用。

要使一个人形成优美的站姿，可以借助于靠墙立和分腿立这两种有效的方法进行训练。其中，靠墙立是在立正姿态的基础上，双腿夹紧，收腹，挺胸立腰，立背，紧臀，双肩后张下沉，下颌略回收，头向上顶，脚跟、腿、臀、肩胛骨和头紧靠墙；分腿立是两腿在小八字立的基础上分开与肩同宽，双手叉腰，双肘微向前扣，收腹，挺胸，立腰，立背，双肩后张下沉。

#### （二）基本坐姿的训练

良好的坐姿对保持健美的形体具有重要的作用，因而在进行形体训练时不能忽略坐姿训练这一重要的内容。

要使一个人形成良好的坐姿，可以借助于以下几种方法：

第一，盘腿坐（地面），即重心落在臀部上，挺胸收腹，立腰提气，肋骨上提，头颈向上伸，微收下颌，两腿弯曲，两脚脚心相对盘于腹前，双肘放松，手腕搭于膝上，也可双手背于身后。

第二，正步坐，即上体姿势同盘腿坐，两脚并拢，脚尖正对前方，两膝稍稍分开，两臂自然弯曲，两手自然扶于大腿处，上体正直，微向前倾，肩放松下沉，立腰，头、肩、臀应在一条线上。

第三，侧坐，即上体姿势同盘腿坐，上体微向侧转，两臂自然放松，扶于腿处。两腿弯曲并拢，双膝稍移向一边，靠外侧的脚略放在前面，这样臀部和大腿看起来比较苗条，给人以美的感觉。

### （三）基本步态的训练

这里所说的基本步态，也就是人行走时的姿态。在人们的周期性位移运动中，行走是一种最为频繁且最为自然的运动。

在步态的影响因素中，除了颈、肩、腰、四肢等姿势外，脚踝也是不容忽视的一个。对人体来说，脚踝具有十分重要的作用，包括支撑身体、维持身体平衡等。因此，在进行基本步态的训练时，要重视对脚踝的训练，不断提高脚踝的灵活性、增强脚踝的力量。具体来说，可借助于以下几种方法对脚踝的力量和灵活性进行训练：

第一，光脚在椅子上端坐，用脚趾将地上的小卵石或笔夹起来，并抛向远处。左右脚要交替进行。

第二，保持站立姿势，将两脚脚尖用力踮起，同时伸直膝关节，并将脚后跟提起到自己的最大承受限度，接着脚跟下落还原。通常而言，一次要做25~30个。

第三，保持站立姿势，双手叉腰，用足尖、足跟、足外侧交替行走。在这一过程中，必须要伸直膝关节，而且每一个动作都需要走5米左右。

第四，坐在地上，保持双手撑地、上身挺直、双腿伸直并靠拢，用脚背屈伸。

第五，坐在地上，保持双手撑地、上身挺直、双腿伸直并靠拢，让两脚由内向外或由外向内绕环。在这一过程中，要注意不断加大脚踝的幅度。

第六，平衡感的训练。这一训练有助于在走路时保持背部挺直、上身稳定。在具体训练时，可将一个小布垫放在头顶，眼睛则向前方目视。

第七，修正线条训练。在具体训练时，要在地上放一条宽约5厘米的长带，先踏出一步，注意只有脚跟内侧才可以碰到带子，接着让大脚趾像踩在带子上一样着地。另外一脚也以同样的方法踏出，记住只能踏到带子边缘，使双脚呈倒八字形，以脚掌内侧接触带子。在这一过程中，必须要避免翘着臀部走路。

## 二、形体各部位的训练

### （一）手脚部的训练

#### 1. 手部的训练

在形体训练的脚部训练中，最常用到的方法是芭蕾手位训练法。芭蕾手位的具体训练内容是：手一位，即二臂弧形下垂于体前，手指相对，头右斜上45°；手二位，即二臂弧形前平举略低于肩，手心相对；手三位，即二臂弧形上举，手心相对，头右斜上45°；手四位，即一臂弧形上举，一臂弧形前平举；手五位，即一臂弧形上举，一臂弧形侧举，肘关节向后，手心向前，头右转；手六位，即一臂弧形侧举肘关节向后，手心向前，一臂弧形前平举；手七位，即二臂弧形侧举，肘关节向后，手心向前，头左转。

#### 2. 脚部的训练

在形体训练的手部训练中，最常用到的方法是芭蕾脚位训练法。芭蕾脚位的具体训练内容是：预备姿态，即保持挺胸、立腰、立背形态。双腿伸直，以左脚为基础脚，重心在两脚上；脚一位，即脚跟并拢，两脚成一横线；脚二位，即右脚擦地右移，两脚跟相距一脚；脚三位，即右脚向左移至右脚跟对左脚心处，脚跟并拢；脚四位，即右脚前移，两脚平行，相距一脚；脚五位，即右脚后移，两脚平行并拢，右脚跟对左脚尖。

### （二）颈肩部的训练

#### 1. 颈部的训练

进行颈部训练，能有效促进头部的血液循环，改善头部的营养供应，从而及时缓解脑部疲劳。同时，颈部训练有助于颈椎的正常发育，并使颈部的肌肉力量增强。

在进行颈部训练时，可以采用这样的方法：两脚分开站立，双手交叉握于头后。用力将头慢慢拉向前屈，至最大限度；然后头后仰，同时双手用力前拉，头对抗后仰；重复8~12次。

#### 2. 肩部的训练

肩部训练可以促进胸部肌肉和骨骼的活动，促进上体的血液循环，增强胸部肌肉群的力量和柔韧，使肩背部外形健美。

在进行肩部训练时，可以采用这样的方法：两脚分开站立，两臂垂于体侧，两手握拳。屈膝半蹲，同时两臂侧举与肩平，然后还原，重复20~25次。

### （三）胸腹部的训练

#### 1. 胸部的训练

对胸部进行训练，既能够使胸部肌肉的体积增大、血液循环加快，也能使胸廓变得更加优美。对女性来说，经常进行胸部训练，还能促进乳房发育、预防乳房下垂，从而使胸部保持良好的形态。

在进行胸部训练时，可以采用两种方法。一种是两脚分开站立，两臂胸前平屈，掌心向下。屈臂振肩扩胸，还原；再直臂振肩扩胸，还原成预备姿势，重复20~25次。另一种是两臂自然下垂于体侧，上体正直，胸部向后挺出，拱背，含胸低头，两臂前举，目视前斜下方，还原，重复20次。

**2. 腹部的训练**

通过训练腹部，可以使腹部的肌肉力量增强、腹部的脂肪减少，并有效预防腹部肌肉松弛，从而使身体保持优美的曲线。

在进行腹部训练时，可以采用三种方法。第一，屈腿提膝坐，两手扶膝，头部抬起；保持头部抬起，两腿伸直上举，两手臂后摆并手掌撑地；还原，重复16~20次。第二，仰卧，两臂伸直于体侧；两腿伸直，在空中做交叉动作；重复25~30次。第三，仰卧，双腿并拢伸直，双手扶头后；收腹抬上体，同时向右转体90°，屈右小腿与地面平行，左肘对右膝关节；控制1秒，还原；重复20~25次。

### （四）腰背部的训练

训练腰背部可以使腰背部的肌肉发达，并形成优美的背部线条曲线。另外，腰背部的训练还能有效预防腰背部的一些不良问题，如腰椎前突、胸椎后突、肩胛下垂、脊柱不良弯曲等。

在进行腰背部训练时，可以采用两种方法。一种是双人练习，练习者俯卧，双手臂向后伸出；协助者分腿立于练习者双腿两侧，双手与练习者相互拉紧。协助者用力拉起练习者，使其上体离开地面呈最大反背弓；然后将练习者轻轻放回俯卧位置；两人互换练习；重复10~25次。另一种是双人练习，练习者双脚并拢，右手上举，侧对协助者站立；协助者面对练习者左侧站立，右手拉住练习者右手，左手拉住练习者左手，以右脚抵练习者双脚。练习者左侧屈至最大限度，不低头；协助者左腿弯曲，右腿伸直抵住练习者双脚，双手拉住练习者双手，控制2~5秒，还原；两人互换练习，重复10~15次。

### （五）臀部的训练

通过对臀部的训练，既可以使臀部肌肉的弹性得到大大增强，也可以使髋关节的灵活性得到大大提高，还能有效预防或减少臀部脂肪的堆积，使臀部保持优美的形态。

在进行臀部训练时，可以采用三种方法：第一，仰卧，屈膝分腿与肩同宽，两臂置于体侧；两腿蹬伸，向上挺髋，臀部肌肉用力收缩，控制2秒钟；臀部落地，还原成预备姿势；重复30~35次。第二，双臂支撑地面，左腿屈膝后踢，抬头挺胸；两腿交替进行；重复20~25次。第三，跪撑，低头，右脚背点地。两臂伸直，抬头的同时右腿用力向右侧踢腿；还原；两腿交换做；重复20~25次。

## （六）腿部的训练

通过对腿部的训练，可以使腿部弹跳力量得到有效增加，并拉长腿部肌肉的韧带，使腿部关节的灵活性和柔韧性大大增加。同时，腿部训练能够削减腿部脂肪堆积，防止大腿肌肉萎缩，预防小腿弯曲，从而使腿部呈现优美的曲线。

在进行腿部训练时，可以采用两种方法：一种是直角坐，两臂体侧撑地，挺胸立腰，两腿并拢，脚尖绷直。足背屈，足趾张开；足背伸，还原；重复 20~30 次，另一种是仰卧，一腿伸直上举，另一腿屈膝点地。上举腿以踝关节为轴，在空中沿顺时针和逆时针方向依次画圆；还原；两腿交换做；重复 10~15 次。

# 参考文献

[1] 曹青军. 运动训练理论与实践 [M]. 北京：北京理工大学出版社，2010.

[2] 樊芹芹. 科学运动训练与运动员竞技能力发展研究 [M]. 广州：广东人民出版社，2022.

[3] 冯婷. 体育运动与训练研究 [M]. 北京：九州出版社，2018.

[4] 顾长海. 现代运动训练理论与实践研究 [M]. 上海：同济大学出版社，2018.

[5] 何巧红. 大学体育文化与运动训练研究 [M]. 长春：吉林科学技术出版社，2020.

[6] 侯彦朝. 现代体育教育与运动训练协同发展研究 [M]. 长春：吉林人民出版社，2022.

[7] 姜传银. 散打运动训练监控科学化探微 [M]. 北京：北京体育大学出版社，2005.

[8] 赵权. 足球运动的理论与科学化训练研究 [M]. 长春：吉林大学出版社，2021.

[9] 刘文学，李凤丽. 排球运动训练与指导 [M]. 长春：吉林摄影出版社，2017.

[10] 沈建敏. 体育教学创新与运动训练研究 [M]. 北京：新华出版社，2018.

[11] 唐进松，陈芳芳，薛良磊. 现代体育运动训练理论与方法探索 [M]. 北京：中国商务出版社，2019.

[12] 陶郁，魏嵩，范启国. 基于体育强国背景的现代运动训练方法研究 [M]. 北京：北京工业大学出版社，2020.

[13] 王茹. 运动训练功能评定测试方法 [M]. 上海：复旦大学出版社，2012.

[14] 王薇，黄德彬，轩志刚. 球类项目教学与运动训练 [M]. 吉林人民出版社，2021.

[15] 王旭瑞. 健美操运动训练及创编教学探索 [M]. 西安：西北工业大学出版社，2020.

[16] 翁锡全. 运动训练生物化学 [M]. 广州：广东高等教育出版社，2016.

[17] 肖涛，孔祥宁，王晨宇. 运动训练学 [M]. 重庆：重庆大学出版社，2016.

[18] 谢宾，王新光，时春梅. 高校体育教学与运动训练研究 [M]. 吉林人民出版社，2021.

[19] 杨京. 足球运动训练方法与技巧精要 [M]. 长春：吉林人民出版社，2020.

[20] 杨卓. 现代运动训练内容分析与创新方法研究 [M]. 北京：中国商务出版社，2018.

[21] 叶应满，王洪，韩学民. 现代运动训练的理论分析与科学方法研究 [M]. 成都：电子科技大学出版社，2017.

[22] 袁晗. 高校田径运动训练方法与实践研究 [M]. 长春：吉林人民出版社，2020.

[23] 张秀梅. 篮球运动基本技术教学与训练 [M]. 长春：吉林人民出版社，2021.